高等职业院校人力资源管理专业全国统编教材

招聘与测评实务

全国人力资源和社会保障职业教育教学指导委员会组织编写

主　编：王　红
副主编：田　辉　王舜华　王凤鸣
主　审：马忠良

中国劳动社会保障出版社

图书在版编目(CIP)数据

招聘与测评实务/王红主编. -- 北京：中国劳动社会保障出版社，2021
高等职业院校人力资源管理专业全国统编教材
ISBN 978-7-5167-3423-0

Ⅰ.①招… Ⅱ.①王… Ⅲ.①人才-招聘-高等职业教育-教材 Ⅳ.①C913.2

中国版本图书馆 CIP 数据核字(2021)第 078525 号

中国劳动社会保障出版社出版发行
(北京市惠新东街 1 号 邮政编码：100029)
*
保定市中画美凯印刷有限公司印刷装订 新华书店经销
787 毫米×1092 毫米 16 开本 14.5 印张 258 千字
2021 年 5 月第 1 版 2021 年 5 月第 1 次印刷
定价：38.00 元

读者服务部电话：(010) 64929211/84209101/64921644
营销中心电话：(010) 64962347
出版社网址：http://www.class.com.cn

序

“高等职业院校人力资源管理专业全国统编教材”与读者见面了。这套教材是全国人力资源和社会保障职业教育教学指导委员会（以下简称人社行指委）组织编写的第一套针对高职院校人力资源管理专业的综合性教材，是人力资源管理专业学生的参考教材和学习资料。

一、教材组织编写的背景

习近平总书记指出“人才是实现民族振兴、赢得国际竞争主动的战略资源”，党的十九大报告明确提出“人才强国”战略，对新时代高等职业院校人力资源管理专业人才培养提出更高要求。

我国在高等职业院校开设人力资源管理专业 30 多年，该专业规模大、布点多。教育部公布的最新数据显示，全国开设人力资源管理专业的本专科院校共有 750 所，其中高职院校 288 所，平均每五个院校就有一所开设人力资源管理专业，毕业生规模为每年 1.2 万~1.4 万人。为满足迅速发展起来的人力资源管理专业教学需要，有关部门和高校组织编写了一系列教材，为这一专业的教学、人才培养、学科发展做出了贡献。但应该看到，由于我国人力资源事业发展变化较大、教材编写人员水平参差不齐等，人力资源管理专业教材建设从总体上讲还相当薄弱，存在体系不健全、内容陈旧、大量交叉重复等问题。这些问题不解决，不仅影响教学活动的顺利进行，而且影响这一专业的健康发展。

2015 年教育部印发了《普通高等学校高等职业学校（专科）专业目录》，为了更好地培养符合经济社会发展需求的高职人力资源管理专业人才，人社行指委受教育部委托，在对人力资源管理相关行业、企业、学校及毕业生展开广泛调研的基础上，组织全国相关院校优秀专家对人力资源管理专业教学标准进行了修订，并于 2019 年由教育部正式公布执行。

2019 年，人社行指委副主任委员单位北京劳动保障职业技术学院牵头组织的人力资源管理专业教学资源库已经正式列入国家职业教育资源库，并上线运行。人力资源管理专业教学资源库的建设和应用主要满足在校学生的学习需求、教师的教学及专业建设需求、社会学习者的自我学习及科普需求，建立在校学生学习资源中心、教师课程建设实践中心和社会学习者科普中心。在“互联网+”的应用模式下，建立与各学习中心相匹配的定制化学习路径，从而满足用户在PC端、平板端和手机端等各种工具的随时随地学习需求。

鉴于以上背景，基于对人力资源管理专业及这一专业人才培养高度负责的精神，人社行指委组织全国高等职业院校的优秀专家学者，编写了这套“高等职业院校人力资源管理专业全国统编教材”。

二、教材组织编写的原则

这套教材在编写伊始，即确定了五项编写原则：

1. 紧扣专业教学标准，突出职业教育特色。根据人力资源管理专业教学标准的培养目标及其对知识体系的要求，确立完整的课程体系和教材体系，充分满足该专业的学历教学和专业人员知识培训的需要。

2. 突出理论与实践相统一，强调实践性。适应项目学习、案例学习、模块化学习等不同学习方式和要求，注重以真实项目、典型任务、案例等为载体组织学习单元。

3. 立足现实，反映前沿，力求创新。在教材建设中，既反映已经成熟或公认的理论与学术思想，又能够反映具有代表性的人力资源领域的最新理论、最新技术和方法，在理论体系、结构框架、体例格式和写作风格上有自己的特色。

4. 立足高起点、权威性。为确保这一目标的实现，主编一般为教学经验丰富的一线人力资源管理专业教师，多位主编是人力资源管理专业国家级教学资源库的相应课程负责人，以确保教材能够满足适用性、权威性和先进性的要求。审稿人全部是人力资源管理领域的权威专家，由他们对大纲和成稿进行把关，以确保教材的理论性、系统性和科学性。

5. 线上线下，衔接开发。在教材开发上，与人力资源管理专业国家教学资源库配套开发，在课程设置、案例选用上充分发挥教学资源库的作用，使教师在使用教材的同时可以在教学资源库中找到相应的素材辅助教学，实现教材与教学库资源的配套使用。

三、教材的体系设计

本套教材的体系设计紧紧围绕人力资源管理专业教学标准的要求，请教学标准的执笔专家、审定专家进行解读，整理归纳出要开设的基础课和专业核心课，并与人力资源管理专业国家教学资源库相匹配。全套教材共13种，具体是《人力资源管理基础》《招聘与测评实务》《薪酬管理实务》《绩效管理实务》《培训管理实务》《劳动法理论与实务》《人力资源服务实务》《人力资源管理专业文书》《管理基础与实务》《员工关系管理实务》《组织行为管理实务》《劳动经济基础》《人力资源第三方服务实训》。

人力资源管理专业建设还处于逐步完善阶段，在人力资源事业发展过程中还会不断出现新情况、新问题。这套教材的编写也只能是反映人力资源事业发展的阶段性成果。希望广大人力资源管理专业教师和学生多提宝贵意见和建议，我们将在今后的修订改版过程中不断更新教材内容，提高教材水平，打造人力资源管理专业领域的精品教材，为人力资源管理专业学生能力和素质提升提供有力支持。

高等职业院校人力资源管理专业全国统编教材编委会

2021 年 1 月

前 言

招聘与测评是人力资源管理专业及其相关专业的一门专业核心课程，具有很强的技术性和实践性。北京社会管理职业学院自2016年开始主持建设教育部人力资源管理专业教学资源库招聘与测评技能训练课程，该库于2019年正式列入国家专业教学资源库。

本着满足高职人力资源管理专业招聘与测评课程理实一体化教学改革、配合人力资源管理专业国家级教学资源库开展线上线下混合教学的需要，我们编写了本教材。本教材是全国人力资源和社会保障职业教育教学指导委员会组织编写的高等职业院校人力资源管理专业全国统编教材之一。

教材内容的选取充分体现了基于工作过程的职业教育课程开发理念，本着“理论适度”的原则，紧密结合《企业人力资源管理师国家职业技能标准》（四级、三级）的要求，围绕企业招聘专员（主管）的岗位职责和主要工作内容展开，按照项目模块化编写。教材内容共分为八个项目：项目一认知人力资源招聘流程、项目二招聘前的准备工作、项目三选择招聘渠道与方法、项目四人力资源测评与选拔方法、项目五应用面试技巧、项目六应用评价中心技术、项目七组织背景调查与体检、项目八人力资源录用与招聘评估。

教材编写分工如下：河北政法职业学院王舜华负责编写项目一、项目二；北京社会管理职业学院王红负责编写项目三；北京社会管理职业学院孙源负责编写项目六；安徽城市管理职业学院王凤鸣负责编写项目四；贵州中医药大学田辉负责编写项目五、项目七；长沙民政职业技术学院伍贤达负责编写项目八。全书由王红修改定稿。

本教材具有以下3个特点：

1. 突出职业能力训练。高等职业教育以培养高端技术技能人才为目标，因此教材内容必须强化这一培养目标。本教材立足于企业招聘专员（主管）岗位，以项目、任务为载体，强化对人力资源招聘核心职业能力的训练。

2. 体现“做中学、学中做”，实现理实一体化。在内容编排上，每个项目由主题案例导入，提出问题，引出本项目学习目标，带着问题与学习目标进入知识准备、业务演练，体现“做中学、学中做”，通过练习题来强化基本理论知识，力求最大限度地满足高职院校招聘与测评课程理实一体化教学的需要。

3. 嵌入信息化教学资源，满足线上线下混合教学需要。《国家职业教育改革实施方案》提出“倡导使用新型活页式、工作手册式教材并配套开发信息化资源”。本教材的大量实训项目等内容均来自人力资源管理专业国家教学资源库，使得教学使用与资源库有效衔接，既促进了资源库的应用，又满足了线上线下混合教学需要。

本教材广泛吸取和参考了国内专家同行有关最新招聘与测评学术研究和管理咨询成果，在引注和教材的参考文献中予以列入，在此表示诚挚的谢意！

伴随着经济全球化和大数据时代的到来，人力资源招聘管理模式处在不断变革中，需要我们适应时代潮流，执着探索。由于编者水平有限，本教材一定存在诸多问题和不足，恳请广大读者批评指正。

编者

2021 年 5 月

招聘与
测评实务

目录

CONTENTS

目录

CONTENTS

项目一

认知人力资源招聘流程

【项目说明】

本项目主要对人力资源招聘的概念及招聘原则、招聘的重要性等作了介绍，强调了人力资源招聘的影响因素，同时强调了人力资源招聘的基本程序及人力资源部门与用人部门的职责分工。知识结构如下：

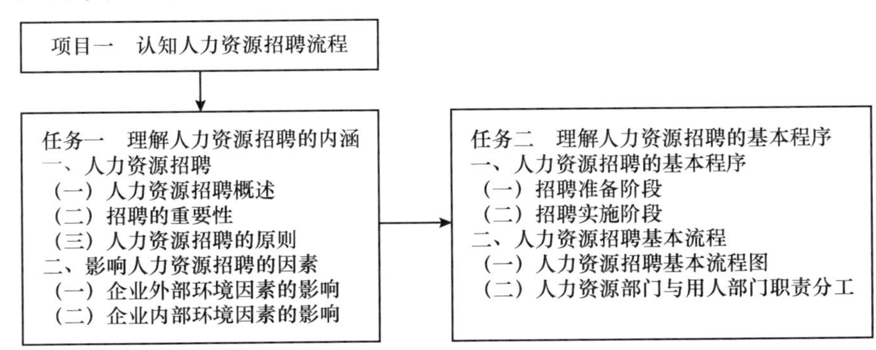

【项目导入】

一、主题案例

缘何招聘总发生

小王是某房地产公司的人事经理，前几天老板说有一个大的房地产项目将要上马，须在一个月内招聘到30名专业人员。原来小王所在的公司一直在郊区策划一个房地产项目，两年来因各种原因未能审批下来，这几天项目终于获批，并且需要马上配合当地政府在最短时间内派驻相关人员开展工作。这下可把小王急坏了，到哪里立即招到那么多人呢？而且，按照正常的工作计划，年初的重点工作应该是进行人力资源规划和绩效考核体系设计，目前这两项工作已经让小王和人力资源部的同事们加班加点了，如何再抽身应付这么急的大规模招聘呢？

招聘缘何总突发

现实当中，很多企业都有突然需要在短时间内招聘大量人员的情况，这种“突发性招聘”常常是令人力资源部门非常头疼的问题之一。之所以发生“突发性招聘”，一个很重要的原因是企业的人力资源规划没有做好，对人才需求的数量和质量缺少预测，所以也就无法做到事先充分准备。而人力资源规划能否做好，很大程度上取决于企业战略规划是否完备，具体又可分为以下三种情况。

情况一：缺乏必要的战略规划和人力资源规划，人力资源部门到处“救火”。

实际上，许多企业根本没有战略规划，人力资源规划也就更无从谈起。一个软件公司的人力资源部门主管这样抱怨：“管理层做事想起一出是一出，我的主要工作就是救火。今天 A 部门提出要招人，明天 B 部门出现员工关系问题，后天 C 部门可能又出现薪酬不公平的投诉。有时刚为 A 部门招到了人，他们却又不需要了。这些问题往往都被直接捅到总经理那里，我三天两头要跑总经理办公室，每次都会领回来一堆令人头疼的问题。”所以，这种情况下，“突发性招聘”往往就在所难免了。

情况二：企业虽然制定了战略规划，但缺少人力资源相关内容。

出现这种情况的原因之一便是企业高层管理者对经营和市场格外注重，资源和注意力主要向这两者倾斜，但对人力资源管理缺乏应有的重视和实际行动的支持。例如，某化工企业董事长天天喊着重视人力资源，但在召开重要的、与企业战略有关的会议时，却从来想不到应让人力资源经理参加，也很少与人力资源部针对企业战略和人力资源战略进行沟通，所以人力资源管理工作根本无法为企业战略的顺利推行提供人员方面的保障。常常是到了各部门急需新人上岗的时候，才向人力资源部提出招聘需求，使得人力资源部措手不及、非常被动；而且如果人力资源部不能在特别短的时间内把人招到，便会成为用人部门的众矢之的。

情况三：有的企业确实很难制定非常明确的战略和人才规划。

像本文最初提到的房地产公司，新的房地产项目受客观环境影响非常大，不以企业的意志为转移，对于项目的进展无法作出准确预测。还有一些受季节性或项目影响比较大的企业，即使制定了较完整的人力资源规划，但计划赶不上变化，总还会遇到突发性招聘事件。如一些规模不大、以项目为主要业务形式的公司，当一个新项目谈成，会突然需要大量的专业人员进场；项目结束后，又不得不面临大量员工的去留问题。

二、学习目标

1. 掌握人力资源招聘的概念。
2. 掌握人力资源招聘的原则。
3. 熟悉人力资源招聘的基本程序。
4. 能够分析人力资源部门与用人部门的职责分工。

任务一　理解人力资源招聘的内涵

知识准备

一、人力资源招聘

企业人力资源管理是一个动态的系统工程，其中人员招聘与任用工作是该系统工程的人才输入环节。企业要想获得持续长久的发展动力和源泉，就必须要求人力资源招聘工作效率高、质量高，能吸引到足够多、能力强、潜能大和工作态度好的适宜人才，否则，企业的发展将会受到由于人力资源招聘工作的失误而带来的限制甚至是遏制。因此，人力资源招聘工作是一项基于科学考察和科学决策基础的系统工程。人力资源招聘工作的终极目标应该是“岗得其人，人适其岗”。

（一）人力资源招聘概述

1. 人力资源招聘的含义

人力资源招聘是指组织为了发展的需要，根据人力资源规划和工作分析的数量、质量以及对人员的要求，采取一些科学的方法，通过招募、甄选、录用等环节获得组织所需要的适宜人才的过程。人力资源招聘是现代企业管理活动中一项重要的、经常性的工作，是人力资源管理的一项具体职能活动，它直接影响到组织人力资源的质量。

现代企业的竞争归根到底是人才的竞争，而企业要想获取优秀人才就必须通过人力资源招聘这项工作来实现。准确理解招聘的含义需要把握以下两点。

第一，人力资源招聘的前提和基础是人力资源管理其他两项职能——人力资源规划和工作分析。也就是说，招聘工作必须符合企业战略发展的需要，建立在企业人力资源规划和工作分析两项工作基础之上。

第二，人力资源招聘工作对人员具有数量、质量和层次上的要求。招聘工作通过招募活动吸引足够数量的、符合企业空缺岗位需求的人力资源，通过甄选和录用活动对吸引来的人员进行严格、科学的选择，以便完成招聘工作。

2. 招聘需求的产生

人力资源招聘工作的产生是组织生存和发展的需要，组织在发展过程中，对人力资源的数量、质量、层次和结构问题会不断地提出新的要求和需求。由于企业人员的流动（如晋升、降职、退休、解聘、辞职等）情况导致组织会随时出现岗位空缺；同时，组织规模的扩大，组织业务的发展也需要大量的人力资源来支撑，因此，企业的人力资源经常出现处于短缺的状态，需要不断补充新员工，并为组织的发展储备必要人才。

企业招聘人员的原因一般来讲分为两大类别，即绝对的岗位空缺和相对的岗位空缺。

（1）绝对的岗位空缺

1）为满足新建企业的战略目标、技术、生产、经营等方面的需求，需要招聘在数量、质量和结构上合适的或优秀的员工。

2）企业现有战略规划的调整、组织结构的改变、业务发展的调整等会出现更多的新岗位空缺，需要及时填补。

3）企业现有岗位上的人员不称职，对企业提高整体绩效有障碍，需要及时补充优秀人才。

4）现有职工队伍结构不合理，在裁减多余人员的同时，需要及时补充短缺的专业人才。

5）企业内部因为原有员工调任、离职、退休或升迁等原因而产生岗位空缺，需要弥补岗位的空缺，以免造成工作上的延误。

（2）相对的岗位空缺

1）企业为了人才储备而进行招聘，以备未来发展之需。

2）企业管理风格的改变、经营理念的更新，必须通过外部招聘人员得以实现。

知识链接 1-1

如何进行战略性人才储备

A 公司是山东一家知名民营科技企业，近年来取得突飞猛进的发展。然而，随着市场扩大，公司的各种资源被利用到了极限，市场营销、产品开发、财务管理等各个部门都处于超负荷运行状态。管理层明显感到在用人上捉襟见肘、顾此失彼，公司发展后劲不足，发展速度趋于下降。

分析：A 公司出现上述情况的原因在于缺乏战略性人才储备，以致人才不能满足组织扩张的需要，即人力资源与公司发展脱节。这种情况是处于高速成长阶段的企业的常见问题。当公司经营活动以远高于人才增长的速度发展时，就会产生人才缺口（包括数量和结构两方面），这时高速成长带来的副作用也显现出来：员工超负荷工作，身体透支，知识老化，效率下降；市场服务能力不足，产品质量下降；技术储备缺乏人力推动，无法应对将来产品进入衰退期的市场战略转型；后续激励不足，员工跳槽等。人才储备不足，轻则会减慢企业发展速度，重则可能被企业自己的快速成长拖死。

诊断：战略性人才储备是指根据公司发展战略通过有预见性的人才招聘、培训和岗位培养锻炼，使得人才数量和结构能够满足组织扩张的要求。由此可见，战略性人才储备是为公司的长远发展战略服务的，它服从和服务于公司的长远发展，包括前瞻性的人才招聘和内部培养两个方面。

1. 为企业发展战略服务

战略性人才储备以企业战略为指导并构成企业战略的重要组成部分，战略性人才储备应建立在公司发展战略的基础上。战略主要涉及组织的远期发展方向和范围。理想情况下它应使资源与变化的环境，尤其是它的市场、消费者或者客户相匹配，以达到所有者的预期。在对未来发展预期的基础上，就可以确定与这一特定战略相对应的人力资源需求，包括人员数量、结构，人员所拥有的知识、能力和水平等。同时战略性人才储备也构成了公司发展战略的重要组成部分。

战略性人才储备贯穿于企业战略发展的全过程，但容易被忽视，特别是在一些规模小、成长快的企业，经营者的注意力往往集中在高速成长的表象上。当企业发展到一定规模并由企业家精神为主导向专业化管理转变时，战略性人才储备的重要性就凸显出来。

在这一阶段，一个自发、混乱、随意的公司要转型为一个更加有计划、有组织、有纪律的实体，需要在包括产品研发、生产、销售、财务、人力资源管理乃至后勤服务等方面进行人才扩张。如果人才储备不足，就会不可避免地把公司从增长快车道上拉下来。而且，转变过程中这种人才扩张如果是应急补缺性的，将不能从战略上解决人力资源问题。因此需要将人才储备提到战略角度考虑，以减轻企业增长导致的组织转型痛苦。

2. 骨干人才的储备是核心

人才储备是有成本的，包括：(1) 人员工资支出的增加；(2) 冗员造成人浮于事，工作效率下降；(3) 因人员缺乏发展机会造成的人才流失。对快速发展的企业来说，过量的人员储备会使前两项成本大幅度增加，第三项成本则会因为企业发展产生的机会而抵消。人才储备不足同样会产生额外的成本，应付人员短缺的招聘、培训活动需要花费较长时间，新员工学习曲线的降低需要较长过程。因此，骨干人才的获得在时间上的滞后性会造成很大的机会成本。企业要在两种成本之间进行权衡。

骨干人才是指拥有较高的专业技术和技能，或有丰富的本行业从业经验和高超的管理技能的员工，其能力通常需要经过长期的学习、培训和工作锻炼才能获得。当企业因业务发展出现职位空缺时，骨干人才便可以顶上去，不至于出现发展瓶颈时用人上捉襟见肘，从而保证企业发展的连续性。

3. 储备途径

(1) 内部培养。内部培养包括建立内部晋升机制和工作内容设计两个方面。

内部晋升机制——通过内部晋升，可以把组织发展形成的岗位空缺留给内部员工，使员工与企业共同获得发展，增加员工尤其是优秀员工对企业的忠诚度。如 A 公司的营销组织体系包括营销副总、区域经理、办事处主任和业务代表等几个层次，随着华南市场的开发被列入公司计划，公司总部可以调任某些业绩较好的区域经理或副经理甚至某些优秀的办事处主任负责华南地区的市场开发，同时一些表现优异的业务代表也可以被提升到办事处主任的岗位上来。

工作内容设计——员工工作内容设计的合适与否直接关系到内部人才培养的质量。在一个运作良好的人力资源体系中，人才培养不只是人力资源部一个部门的事，各部门各级经理人员都应担负起人才培养的重任，同时把人才培养的效果作为对他们业绩考核的重要依据。各级经理人员应针对本部门人员的不同特征和岗位的不同要求，为他们设计有针对性的工作内容，并进行持续的跟踪考核，根据考核结果对工作内容进行调整。通过建立层层负责的人才培养制度，对员工进行有针对性的人力资源开发，可以使优秀员工在实际工作锻炼中快速成长起来。

(2) 招聘。招聘应该是有一定预见性的，而不是出现人员短缺时才进行的应急行为。人才招聘可以通过常规的招聘会、报纸广告等进行，也可以建立人才信息库，通过对企业内部和外部人才的关注和经常性沟通，及时补充人才，保证关键性岗位有适度的力量储备。如A公司计划开拓华南市场而当前公司的营销人员已经处于满负荷状态，因此，公司可以根据华南市场的发展计划或预期，提前半年甚至更长时间招聘一定数量的营销人员，并对他们进行公司介绍、业务培训以及岗位实践，以便他们在开拓华南市场时能够迅速进入角色。

（3）培训。由于市场竞争压力增大和知识更新的加快，需要不断地对人员进行系统培训。否则，不但新员工不能适应新岗位的工作，即使是公司的骨干员工也会因知识老化被淘汰出局。人力资源部门应从工作分析开始，根据各岗位的不同要求和员工的差距进行业务和技能的培训，同时针对市场竞争情况和知识发展，采取多种培训方式对员工进行知识的完善和更新。

（二）招聘的重要性

比尔·盖茨曾经说过："如果把我最优秀的20名雇员拿走，那么微软将会变成一个不起眼的公司。"可见，招聘工作是企业经营活动成功的关键因素之一。在一定意义上，成功的招聘对组织的发展有着积极的推动和促进作用，主要体现在以下几个方面。

1. 有助于创造组织的竞争优势，提高企业的核心竞争力

现代的市场竞争归根到底是人才的竞争，企业经营发展的各个阶段都需要适当的人才作为支撑。一个组织拥有什么样的员工，在一定意义上决定了它在激烈的市场竞争中处于何种地位——是立于不败之地，还是最终面临被淘汰的命运。招聘工作是企业获取人力资源的重要手段，通过有目的、有计划地招募、甄选和录用人员，企业就可以获得足够数量的、符合企业需要的人员，改善和提高企业人力资源在知识、能力和技术等方面的结构和层次的需求，实现企业内部人力资源的科学合理配置。因此，招聘工作能否有效完成，对提高组织的竞争力、组织绩效以及发展目标的实现，均有至关重要的影响。

知识链接 1-2

企业竞争获胜的法宝就是获取优秀人才

人才的价值有多大？世界银行对全球许多国家经济增长差异进行分析，结果表明，国家经济增长之间的差别，只有30%是由物质资本推动的，而70%是由知识资本也就是人力资本造就的。美国Symmetrics公司曾对一个员工总数超过3万人的国际大型金融

机构做过一次长期的跟踪调查，结果显示：员工的忠诚度每提高10%，将使客户的满意度提高4%，并促使利润水平增长4%。这就促使整个国际社会越来越关注人力资源，人才的竞争也由此成为国家之间、企业之间最为激烈的竞争。因此，在未来的市场竞争中，谁拥有了对企业发展有用的人才，谁就具备了企业快速发展的基础。

资料来源：王贵军．招聘与录用：第4版［M］．大连：东北财经大学出版社，2018.

2. 为组织补充新生力量，增强企业的创新能力

在知识经济时代，企业人力资源的重要性是不言而喻的。企业通过人员招聘可以补充新员工、新生力量，特别是从企业外部招聘来的“新鲜血液”，在工作中可以为企业带来新的管理思想、新的工作模式、新的技术，为企业的生产和经营注入生机和活力，为企业的发展开创一个全新的局面。另外，新员工的到来给企业原来的员工带来了竞争压力，在员工中间产生“鲶鱼效应”。老员工由于担心被超越或被淘汰必须奋起直追，挖掘自身的潜力，激发更多的工作热情，改变自己的工作态度，从而改变自己的工作绩效，进而提高企业整体的效益。

3. 有助于扩大企业的知名度，树立企业良好的社会形象

企业的外部招聘是通过大量的媒体发布广告的，企业在向潜在的应聘者宣传和介绍企业的同时，也不会忘记向社会大众宣传企业的产品和形象。许多经验表明，人员招聘既是吸引、招募人才的过程，又是向外界宣传企业形象、扩大企业影响力和知名度的一个窗口。应聘者可以通过招聘过程来了解该企业的组织结构、经营理念、管理特色、企业文化等。另一方面，求职者在招聘工作各环节中，会对企业工作环境的状况、企业管理水平以及招聘人员的素质等形成求职者自己的判断和评价。所以在某种程度上，尽管招聘工作不是以传播企业形象为主要目的的，但实际的招聘过程却具备了这样的功能，这也是企业在招聘过程中不能忽视的一个附带功能。

4. 有助于减少员工流失，提高员工队伍的稳定性

在人才流动频繁的今天，如何在招聘环节采取必要的措施降低员工的流失率是众多企业一直在追求的目标。如果在招聘环节中，企业将更多的注意力放在求职者的能力、经验与所聘岗位要求之间的匹配度测试，以及求职者的价值观与企业文化之间的匹配度的衡量上，将有利于提高员工的稳定性，减少员工的流失率。一个有效的招聘系统，能够帮助企业实现内部员工的合理配置，能使员工愉快地工作，增强企业员工的稳定性，减少企业员工的流失以及员工流失可能会给企业带来的损失，增强企业内部的凝聚力和员工队伍的稳定性。

5. 有助于降低招聘成本

企业的任何管理活动都需要成本的支出，员工招聘也不例外。如果招聘工作做得好，就会形成一个比较优化的人力资源管理平台，为后续人力资源管理的其他活动如培训开发、绩效管理、员工关系管理提供一个良好的基础；如果招聘工作做得好，会直接节约后续人力资源管理成本，有助于提高后续人力资源管理工作的效率和质量。

知识链接 1-3

无效招聘的损失

无效招聘就是企业没有招聘到合适的员工，没有做到人岗匹配、人人匹配、人与组织匹配、人与文化匹配，这会给企业带来诸多的损失。这些损失主要包括以下几个方面。

1. 浪费企业资源

新招人员入职不久即离职，这会导致企业在招聘广告、参加招聘会、筛选简历、复试和录用等工作方面投入的人力资源、物力及财力的浪费，进而还将浪费企业在人力资源部门、财务部门、后勤部门、行政部门等多部门为这些人员办理离职手续时投入的人力、物力及财力。根据统计，在招聘质量不高的企业中，有20%~40%的新招人员在到新公司的半年之内因为各种各样的原因离开了公司。

2. 降低劳动效率和增加培训的开支

合格的新招人员经过少量的培训就能胜任工作，而不合格的新招人员既会降低劳动效率，又会因接受培训而增加直接成本和间接成本。

3. 影响生产、服务与管理的持续性与效能

新入职员工离职人数较多的话，会造成企业运作流程的不连续或中断，会增大在岗员工的工作量和压力，会影响在岗员工的心理情绪，进而会影响整个企业的效能。

4. 影响企业组织文化建设

组织文化要深入人心，特别是组织的理念与核心价值观的提炼需要一个较长的过程，员工流失率高或员工与组织文化格格不入，会严重影响组织文化建设的进程和可持续性。

资料来源：王贵军. 招聘与录用：第 4 版［M］. 大连：东北财经大学出版社，2018.

（三）人力资源招聘的原则

人力资源招聘不仅要为企业挑选到符合企业岗位需求的人才，它还是一项经济活动，同时也是一项社会性、政策性较强的工作。因此，人力资源招聘工作必须遵循一定的原则。

1. 遵守国家相关法律法规的原则

人力资源招聘工作作为企业人力资源管理活动的一项重要职能，在招聘过程中，企业必须严格遵守国家与就业相关的法律法规，还要兼顾社会整体利益。尤其要强调在招聘中坚持双向选择、公平竞争、平等就业，在招聘录用过程中，避免种族、性别、年龄、信仰的歧视，保护妇女儿童的合法权益，禁止雇用未成年人，对特殊的就业人群给予保护和关心。

2. 能岗匹配、全面考评的原则

在招聘工作中，企业应该以空缺岗位和企业的实际需要为出发点，根据企业人力资源规划和岗位说明书的要求来进行招聘，根据岗位对任职者的资格要求来考察人、甄选人和录用人；应该坚持所招聘的人的知识、经验、技能、素质与岗位相匹配，一定要从品德、专业、能力、特长、个性等方面衡量应聘者与应聘岗位之间的匹配程度，尽量做到“人尽其才、量才录用、人得其位、岗得其人”，避免大材小用或小材大用。

3. 公平、公正、公开的原则

公平、公正、公开是保证人力资源招聘工作效果的基础。公平就是给予所有应聘者获得平等竞争的机会；公正是确保所有的应聘者在参加应聘时经过的所有选拔环节、选拔标准都科学、规范；公开是在人力资源招聘时把岗位种类、数量、要求的资格条件以及甄选的方法和环节公开。这样才能吸引足够数量的应聘者，达到招贤纳士的目的，也使招聘工作置于阳光之下，防止了暗箱操作。

4. 信息对称、相互认同的原则

在当前的人才市场上实行的是双向选择机制，企业和人才双方要平等、客观地交流，互相考察，衡量彼此是否真正适合。尤其是用人单位要向应聘者提供足够的信息，把企业的发展前景、发展现状、当前存在的问题等信息实事求是地向应聘者客观地介绍，以便应聘者充分地了解企业、了解岗位。

在实际的招聘过程中，很多企业为了招聘到员工，总是不自觉地夸大自己企业的情况，甚至给应聘者一些无法兑现的承诺。当应聘者进入企业之后，就会有一种上当

受骗的感觉，极大地挫伤了员工工作的积极性，甚至产生人员流失的状况。这种情况无疑给双方都造成了巨大的损失，企业因为员工的流失而陷入不断去招聘的“恶性循环”，应聘者因为对企业招聘信息的不相信而降低了他们对企业的忠诚度，从而会影响企业整体绩效。

5. 效率优先、手段科学的原则

效率优先就是要用最少的招聘成本获得最合适企业岗位需求的人员。为了实现这一目标，科学、合理的招募、甄选流程是非常必要的。因此，企业需要制定一套科学、合理又实用的招募、甄选和录用程序，使招聘工作规范有序进行，确保能够挑选出符合企业需要的合格人选。

人力资源招聘本身是一项对员工工作能力的预测工作，通过面试甄选和其他各种测试活动来预测应聘者在未来工作中可能出现的工作绩效和工作表现。但通常情况下，应聘者在面试时都会有意无意地夸大自己的能力，因此，准确判断应聘者的能力是一件非常不容易的事。近年来，一些新兴的测试技术被运用到招聘甄选中，如个性化面试、无领导小组讨论、文件筐技术等。这些方法都可以用来了解应聘者的岗位胜任特征、能力结构和职业适应性，可以用来甄选高层次岗位人才或高端人才。对普通岗位的人员招聘来说，可以采用简单的面试测评技术，这样既可以保证应聘人员的质量，又可以节省招聘成本。

二、影响人力资源招聘的因素

在现实中，企业总是在一定的社会经济环境中运行的，企业的管理活动会受到诸多因素的影响。为了保证招聘工作的效果，必须对这些因素有所了解。归纳起来，影响招聘工作的因素主要包括企业外部环境因素和企业内部环境因素。

（一）企业外部环境因素的影响

一般而言，企业外部环境是对企业外部的政策法规环境、社会文化环境、自然环境、技术及行业发展状况、劳动力市场状况等的总称。

1. 政策法规环境

政策法规环境是指那些制约和影响企业的政治要素和法律系统及其运行状态。政策环境包括国家的政治制度、权力机构、颁布的方针政策、政治团体和政治形势等因素，法规环境包括国家制定的法律、法规、法令以及国家的执法机构等因素。这些政治和法律因素是保障企业生产经营活动的基本条件，也对企业的招聘活动起到了一定的限制和约束作用。

在我国，以《中华人民共和国劳动法》为依据，已经发布了一系列与招聘录用相关的法律、法规，包括《中华人民共和国劳动合同法》《集体合同规定》《女职工劳动保护特别规定》《禁止使用童工规定》等，用来规范企业劳动用工行为。地方性的法律、法规、政策也对企业招聘有着重大的影响。近年来，随着经济因素的活跃，我国很多地区也出台了一些政策用来吸引人才。

2. 社会文化环境、自然环境

社会文化环境是指企业所处的社会结构、社会风俗和习惯、信仰和价值观念、行为规范、生活方式、文化传统、人口规模与地理分布等因素的形成和变动。自然环境是指企业所处的自然资源与生态环境，包括土地、森林、河流、海洋、生物、矿产、能源、水源、环境保护、生态平衡等方面的发展变化。这些因素关系到企业确定投资方向、产品改进与革新等重大经营决策问题。同时，也会影响到企业招聘的政策。

3. 技术及行业发展状况

技术及行业发展状况是指企业所处环境中的科技要素及与该要素直接相关的各种社会现象的集合，包括国家科技体制、科技政策、科技水平和科技发展趋势等。

技术进步给劳动力市场带来深刻的影响。如果企业所在行业具有巨大的发展潜力，那么就能吸引大量的人才涌入这个行业，从而使企业的人才选择的范围较大；相反，当企业所在行业发展前景欠佳时，企业就很难从人才市场上选择到合适的人才。技术进步对就业者的基本素质带来了新的更高的要求，引起人员需求的变化，技术和产品更新周期也越来越短，导致现有的工作岗位不可避免地被淘汰、被更换。同时，技术进步影响了人们的工作和生活方式，也使得需要运用新技术进行工作的岗位出现人员空缺的问题，过去的工作岗位如司炉工、纺织工、邮递员等岗位数量骤减，而与新技术相适应的如软件开发、物流、理财、通信、快速消费品等行业人员需求量增加。

4. 劳动力市场状况

劳动力市场状况包括劳动力市场的地理环境和劳动力市场的供求关系。

劳动力市场地理环境是指根据某一特定类型的劳动力供给和需求状况，劳动力市场的地理区域可以是局部性的、区域性的、国家性的和国际性的。通常，那些不需要很高技能的人员可以在局部劳动力市场招聘，而区域性劳动力市场可以用来招聘那些具有更高技能的人员。

劳动力市场的供求关系变化直接影响就业并影响招聘的质量。一般来说，当失业率比较高时，在外部招聘人员比较容易，而且招聘岗位的价格相对比较低；相反，某类人员的短缺可能引起其岗位价格上升迫使企业扩大招聘范围，从而使招聘工作变得错综复杂。所以，劳动力市场状况对企业招聘计划、招聘范围、招聘来源和招聘方法以及招聘所需费用都有着直接的影响。

劳动力市场的发育程度、服务水平将影响招聘工作。劳动力市场越发达，劳动服务水平越完善，就越会吸引到更多的求职者，企业也越容易招聘到员工。

行业、地理和竞争对手三个因素决定了相关劳动力市场，并直接影响招聘工作。企业所在的行业、企业所招聘的岗位以及企业本身所在地理位置会直接影响到应聘的人数、质量和结构。在招聘活动中，竞争对手也是一个非常重要的影响因素。应聘者往往是在进行多方比较之后作出决策，如果企业的招聘政策尤其是同岗位所给付的薪酬与竞争对手存在着差距，那就会影响到企业对应聘者的吸引力，从而降低招聘的效果。

（二）企业内部环境因素的影响

企业内部环境具体包括企业的战略规划、企业自身的形象和条件、企业的招聘成本预算、企业的招聘政策等。

1. 企业的战略规划

企业的战略和经营计划、战略决策的层次、战略类型，会直接影响到企业人力资源招聘工作。例如，企业招聘人员的岗位层次、岗位类型、员工数量以及员工结构都要服从企业的战略规划，与企业的战略规划相适应，才能服务于企业的战略规划。反过来，招聘决策与招聘工作质量能够通过录用的员工来影响企业战略的实施。

人力资源部门一是要通过人力资源管理一系列的工作和实践活动支持企业的战略决策；二是要在人力资源胜任能力方面进行清晰的界定，确保企业战略策略得以实现，从而能够积极应对瞬息万变的经济环境。

2. 企业自身的形象和条件

企业良好的社会声誉、持续上升的发展趋势、人性化的管理、合理的报酬和福利、自由广阔的发展空间、优越的地理位置都可以使企业增加对优秀人才的吸引力。

一般来说，企业在社会中的形象越好，对招聘活动越有利。良好的形象会对应聘者产生积极的影响，引起他们对企业空缺岗位的兴趣，从而有助于增强招聘的效果。

在企业能有广阔的发展空间几乎是所有应聘者关注的要素，一个透明的上升空间对一个人的激励作用是来自内心深处的。

3. 企业的招聘成本预算

招聘成本预算是否充裕直接影响信息发布、选拔测试等工作的效果，并最终影响招聘的效率和效果。

招聘活动必然要支出一定的成本，因此企业的招聘预算对招聘活动有着重要的影响。充足的招聘资金可以使企业选择更多的招聘方法，扩大招聘的范围，如可以花大量的费用来进行广告宣传，选择影响力比较大的媒体；反之，有限的招聘资金会使企业进行招聘时的选择余地大大缩小，对招聘产生不利的影响。

4. 企业的招聘政策

企业高层决策人员对企业内部招聘或外部招聘的倾向性看法，会对企业招聘产生多方面的影响，如员工补充的来源、招聘的方式方法、录用决策等。调查表明，70%的企业在进行人员招聘时会选择内部招聘，中小企业更青睐有经验的应聘者，大型企业则更看重大学毕业生的培养价值。

所以，企业的相关政策对招聘活动有着直接的影响。企业在进行招聘时一般有内部招聘和外部招聘两种渠道，至于选择哪个渠道来填补岗位空缺，往往取决于企业的招聘政策，如有些企业倾向于外部招聘，而有些企业则倾向于内部招聘。在外部招聘中，企业的招聘政策也会影响到招聘来源的选择，如有些企业愿意从学校内招聘，而有些企业则更愿意从社会上招聘。

业务演练

任务 1-1 分析案例：他为何闪电离职？

【实训目的】

理解人力资源招聘流程。

【实训步骤】

1. 全班 5~6 人为一组，分为若干小组。

2. 提供案例：他为何闪电离职？

小李是一个优秀的物流管理人才，有着多家大型快速消费品企业的物流管理经验，而且业绩突出，在业内享有盛名。

A 公司是一家 2013 年 10 月注册成立的快速消费品生产和销售企业。由于产品独特，一经投入市场，便有大批订单蜂拥而至。2014 年入夏以来，随着业务量的激增，物流运转不够顺畅，物流成本不断增加，效率大打折扣，一些经销商的不满情绪渐增。

在这种情况下，公司迫切需要一位优秀的物流管理人才。

此时，恰逢想换换工作环境和希望接受新挑战的小李前来应聘，人力资源部经理久闻小李大名，见机会难得，直接上报总裁。总裁求贤若渴，亲自上阵面试，经过交谈发现小李确是自己梦寐以求的物流管理人才，于是当场拍板，让小李次日上班，担任物流部经理。

人力资源部经理和总裁如释重负。但是，三个星期以后，两人都意外地收到小李的辞呈。

经过多方面了解，人力资源部经理弄清了小李离职的原因：

（1）思想活跃、喜欢创新和挑战的小李与保守稳重的直接上级生产副总多次因意见不统一而发生冲突。

（2）小李在A公司物流部面对一群“素质不高”的同事，经常产生一种“曲高和寡”的孤独感。

（3）小李无法适应一个各项制度不健全、管理流程混乱的企业，认为在这样的企业，自己的能力无从施展。

3. 根据本案例，请回答下列问题。

（1）小李为何闪电离职？

（2）对此，你觉得如何招聘到合适的人？

4. 以小组为单位，以书面形式提交讨论成果。

【实训要求】

能够抓住问题的关键点进行分析，联系学习的理论，紧密联系案例事实加以论证；小组代表发言应对小组的讨论活动情况做真实概括，总结性强。

案例分析实训参考

小李的闪电离职令人深思。究其原因，根源在于A公司的招聘失误。对这一失误的集中概括就是：公司只是急于招聘到优秀的人才，而没有考虑要招聘合适的人才以及怎样去招聘合适的人才。

（一）从总体上说，失误在一个“急”字

A公司急于招聘到能人，导致招聘过于仓促，企业与拟聘人才双方缺乏深入了解。当公司一碰到优秀的物流管理人才小李时，人力资源部经理和总裁就犯了同一个错误：只看到小李的物流管理能力，而没有考察其能力在本公司到底能发挥多少作用。

任何人能力的发挥都是需要条件的，A公司至少没有考虑以下问题：小李习以为常的或者说小李能承受的工作环境和氛围本公司现在是否具备？小李能适应一个刚刚成立、尚在起步中的企业吗？从小李的角度来讲，他想换换工作环境和接受新的挑战，而对A公司的实际情况缺乏深入了解，也没有考虑自己能否适应。

（二）招聘策略失误

这是造成小李闪电离职的主要原因。A公司招聘策略上的失误集中反映在只关注人岗匹配，而没有考察人与组织的匹配问题。人岗匹配固然重要，但是对于处于初创期的A公司来说，人与组织的匹配问题更重要。而A公司不但没有在追求人与组织的高度匹配上下功夫，反而根本没有考虑这一问题。

1. 没有考察个人与团队的融合程度。A公司的招聘没有考虑小李的风格是否与主管以及拟任职团队的特性相匹配。在A公司，小李的直接上级是一个保守稳重的人，而小李是一个喜欢挑战和思想活跃的人，二者的个性和行为风格迥异，所以双方配合发生冲突也在预料之中。

另外，A公司物流部现有的工作人员观念相对陈旧、素质不高，而刚刚上任的经理小李却是一个观念超前、能力优异的人，小李“曲高和寡”的孤独感由此而生。

2. 没有考察个人对企业现状的适应程度。小李业务能力强、业绩佳，但未必是A公司拟聘的最佳人选。因为小李的工作经历都是在大型快速消费品企业工作，相对来说，大型企业的各项管理制度和流程比较成熟和完善，小李也因此养成了一种工作习惯和行事作风，甚至是思考问题的方式。而A公司成立不久，各方面管理制度和管理流程还不规范，小李能否适应是应该提前考虑的问题。

（三）招聘准备不足

1. 没有明确的选人标准。A公司无论是人力资源部，还是公司总裁，都急于招聘一个优秀的物流管理人才，而对于具体招聘一个什么样的物流管理人才却没有明确的定位，导致在招聘过程中只关注小李的能力和业绩，以至于仓促作出录用决策。

2. 人才评价方法和工具缺失。在A公司的整个招聘过程中，各种判断和决策都带有浓厚的主观色彩，几乎是一种“跟着感觉走”的情况。A公司对于小李的评价只有公司总裁的主观感知，缺乏科学依据。例如，没有对小李的个性特征作出评价，同时也没有对小李的胜任特征、适应能力、价值观念等作出科学的判断。

（四）招聘流程失误

A公司没有考虑怎样去招聘合适的人才的问题，招聘流程的失误为小李的离职埋下了伏笔。

例如，在招聘小李的过程中，只有人力资源部经理和公司总裁面试，而真正的用人单位，也就是小李的直线上级生产副总则没有参与招聘，也没有征求他任何意见。这一关键人物在招聘过程中的缺失，是导致小李闪电离职的另一个重要原因。

任务二　理解人力资源招聘的基本程序

知识准备

一、人力资源招聘的基本程序

人力资源招聘工作是一个复杂、系统而又连续的程序化操作过程。企业的人力资源招聘工作没有一个公认的、统一的程序和规范，企业的性质、企业的规模、企业所处的发展阶段、企业文化以及企业招聘人数、岗位等信息都会影响到企业人力资源招聘的基本程序。为了保证招聘工作科学规范，提高招聘效果，使招聘工作科学有序进行，制定并遵循严格的招聘程序是非常必要的。这个工作一般包括招募、选拔、录用和评估等一系列活动。

从广义的招聘来讲，人力资源招聘工作包括招聘准备、招聘实施、招聘评估三个阶段；狭义的招聘就是指招聘实施阶段。

（一）招聘准备阶段

在招聘准备阶段需要做好以下几项工作。

1. 招聘需求分析

根据企业对未来一段时间的人力资源规划，明确预测出企业需要招聘人员的数量、质量、层次以及结构等问题，为企业招聘计划的制订提供准确的信息。科学合理的招聘计划为招聘工作提供了客观的依据，并能规范招聘行为，避免员工招聘录用工作的盲目性和随意性，进而提高招聘质量，展示良好的企业形象。

2. 招聘标准

根据岗位说明书，明确掌握需要招聘的工作岗位的性质、责任、特征以及对人员任职资格和能力的要求，以避免在招募、甄选和录用过程中对招聘标准把握的不确定性和随意性。

3. 提出具体可行的招聘策略

企业的招聘工作总是受到企业内外部诸多因素的影响，如何掌握和应对这些影响因素，具体来说，就是要制定正确的招聘策略，根据企业招聘人员的质量、层次、数量等问题，制订出符合实际的具体可行的工作计划，采用合适的招募和筛选方法，最大限度地提高招聘工作效率。

（1）时间策略

招聘时间策略选择有两项任务：一是选择招聘开始的时间点，二是确定整个招聘过程的时限。招聘开始的时间点就是企业决定招聘并开始招聘准备工作的日期，招聘过程的时限是指从开始招聘准备工作到招聘结束所需要的时间。

选择确定招聘开始的时间点要考虑以下几个因素。一是要考虑到对人才需求的轻重缓急程度。如果企业迫切需要人力资源，当前企业岗位空缺，特别是影响到企业正常工作的岗位空缺，招聘工作就应该立即着手去办。如果企业是为了储备人才而要进行招聘，则不必急于投入招聘准备工作，以免造成不必要的人力、物力及时间上的浪费，引起招聘成本的上升。二是要考虑到人才市场供给的市场变化。每年高等院校学生的毕业，都造成人才市场供给情况发生季节性的变化。如果企业想从高等院校毕业生中招聘员工，则需要将招聘的时间点提前到学生毕业的前半年开始。

一般来说，人才市场每年有两个人才供给的旺季。一个是每年的1—2月，这是需要招聘应届毕业生的企业需要注意的时间点；另外，每年的这时候也是很多“跳槽者”活跃的时间。从企业的角度来说，企业要重新规划新一年度的人力资源规划；从个人的角度来说，许多人才也可能需要考虑“跳槽”换工作。第二个人才供给的旺季是每年的7—8月，这个时间跟许多员工的劳动合同期限有关（尤其是与毕业就职时间有关），特别是上一年度的应届毕业生一般都是在这个时间合同到期，他们也会考虑是续签合同还是“跳槽”换工作，这就导致了人才市场相对其他时间来说较为活跃，人才供需两旺。

（2）地点策略

招聘地点策略选择也是关系到企业是否能招聘到合适员工的重要因素。选择招聘地点时要对企业所需要人员的类型、人才市场所在的地点、招聘地点人才的分布和供求状况、招聘成本等因素加以综合分析。例如，企业如果要招聘操作工人，就可以选择企业所在地的劳动力市场；如果招聘高级管理人才则需要扩大招聘范围，选择全国性的人才市场。如果企业选择校园招聘的方法，则可以选择高等院校相对集中的地区，也可以到专业对口的院校，这样招聘的成功率较高，同时也可以招聘到素质较高的人才，提升招聘效果。

（3）成本策略

企业的任何管理活动都是需要成本的，招聘成本的高低是衡量招聘工作好坏的重要指标之一。既降低招聘成本又提高招聘工作的经济效益，是进行招聘成本策略选择的重要目的。招聘成本在某些程度上决定着企业在何时、何地以及如何进行招聘工作，因此，企业在招聘面试工作开始前必须对招聘成本作出科学的预算，以便为下一步制订详细的招聘计划提供思路和基本的经济支持。

制定招聘成本策略时应考虑企业的招聘总预算、需要招聘的员工的数量和类型以及人员甄选方法等因素。招聘成本有时与招聘效果在某些程度上是矛盾的，所以招聘成本策略选择的关键是要把握好“度”的问题，尽量做到在保证招聘效果的同时适度地控制招聘成本。

进行招聘策略选择时还应考虑到所招聘员工的岗位类型、岗位层次高低等因素。不同岗位类型的员工采用不同的招募和甄选方法，花费的招募成本和甄选成本也存在着很大差异。例如，招聘一名操作工，招募渠道单一，筛选方法简单，那么招聘的成本和费用相对低；招聘一名高端技术人才或职业经理人，可能会需要加大范围去招募，甄选的方法和手段也较为复杂，特别是请专业的招聘机构（猎头公司）招募时，招聘成本和费用就会更高。

（4）宣传公关策略。招聘工作是企业不可忽视宣传和公关的好契机。在招聘工作中，企业加大宣传力度，一方面是要吸引足够多的有效的应聘者，以便增加甄选的空间为企业挑选出最合适的员工；另一方面也是向社会传播企业文化，树立企业形象的好机会。因此，在招聘中，企业不仅需要提供与岗位相关的包括工作类型、薪酬、工作安全感、晋升机会等信息，还需要让应聘者了解企业文化、企业管理模式、工作环境、工作时间等企业信息。在这些有效信息的基础上，应聘者才会在评价自身的基础上判断自己是否符合企业的岗位需求、是否适合这个工作。这就帮助应聘者在参加企业甄选之前就对自己完成了一次自我筛选的过程。

企业宣传公关的渠道很多，如企业网站主页的建设、产品发布会等，这些公关的渠道也助力了企业招聘工作。另外，企业也可以通过一些专门的公关活动，例如在高校设立企业奖学金、赞助高校学生的校园活动、接收学生实习等，这些都对企业的招聘活动有着直接促进作用。例如，微软亚洲研究院通过在全国范围内举办微软“创新杯”软件开发大赛，使大学生提高了软件开发水平，增强了对软件开发流程的理解；对于微软来说，这不仅推广了 Windows 开发平台，还选拔出一批有潜力的软件开发人才。

4. 组建一支招聘团队

招聘团队决定着招聘的质量，他们不仅是招聘者，也是人才的管理者，他们影响着企业是否能招聘到合适的人才。许多企业的招聘团队是从各用人部门临时抽调的一些人员组成的，这很难保障招聘工作的效率和效果。招聘团队一般由人力资源部经理、招聘专员、用人部门主管、企业高层领导人和外聘专家组成。招聘团队成员的合理组成和招聘团队成员的技能和素质，对招聘工作的效率和效果有着关键性的影响。

招聘团队成员需要心底无私且具有判断人的眼光，需要对本企业的业务很熟悉。必要时企业还要对招聘团队成员进行培训，使他们了解企业的招聘政策，统一面试录用标准，掌握必要的招聘面试技巧。企业还要根据招聘任务需要，对招聘团队成员进行明确的职责分工，为做好招聘工作打下基础。

（二）招聘实施阶段

招聘工作的实施阶段是整个招聘活动的核心环节，一般包括招募环节、甄选环节和录用环节三个步骤。

1. 招募环节

根据招聘计划确定的招聘策略和用人、选人的标准，选择恰当的招聘时间、招聘范围、招聘来源、信息、成本和招聘方法，采取措施吸引足够多的、合格的应聘者，建立应聘者的“申请池”，为招聘活动的成功完成提供坚实的基础。

2. 甄选环节

在吸引到足够多的应聘者之后，运用恰当的简历筛选方法，根据岗位的需求、职责标准，对吸引来的应聘者进行第一轮的筛选；通过筛选的应聘者可以进入下一轮的面试测试。面试测试环节是整个甄选环节的重中之重，在这一环节，面试官会使用多种面试方法和技术对应聘者进行全方位的测试，如测试应聘者知识、能力和技能的简单的面试技术，测试应聘者关键胜任特征的一系列的评价中心技术。为了更好地测试应聘者是否真正与岗位需求相匹配的心理测试方法以及性格测试方法等，都将在这一阶段使用，以实现人和岗位最佳匹配。

3. 录用环节

通过甄选环节测试的应聘者，将会成为企业招聘的候选人进入录用环节。根据企业对招聘岗位的录用标准，对候选人发出录用通知，当组织和应聘者达成一致意向后，按照法律程序和相关法律法规政策，为录用人员办理合法的劳动用工手续。

（三）招聘评估阶段

在这一阶段，需要对整个招聘过程和录用人选进行科学评估，评估所录用人选是否与岗位匹配，评估整个招聘过程是否做到科学、规范、高效，重点还要评估招聘投入与产出的关系。分析原因、查漏补缺、及时发现问题、寻找对策，有利于及时调整相关的招聘计划和用人计划，并为下次招聘提供宝贵的经验。

二、人力资源招聘基本流程

（一）人力资源招聘基本流程图

招聘工作是一个复杂、系统而又连续的程序化操作过程。为了保证招聘工作科学规范，提高招聘效果，使招聘工作科学有序进行，制定并遵循严格的招聘程序是非常必要的。这个工作一般包括招募、选拔、录用和评估等一系列活动，如图 1-1 所示。

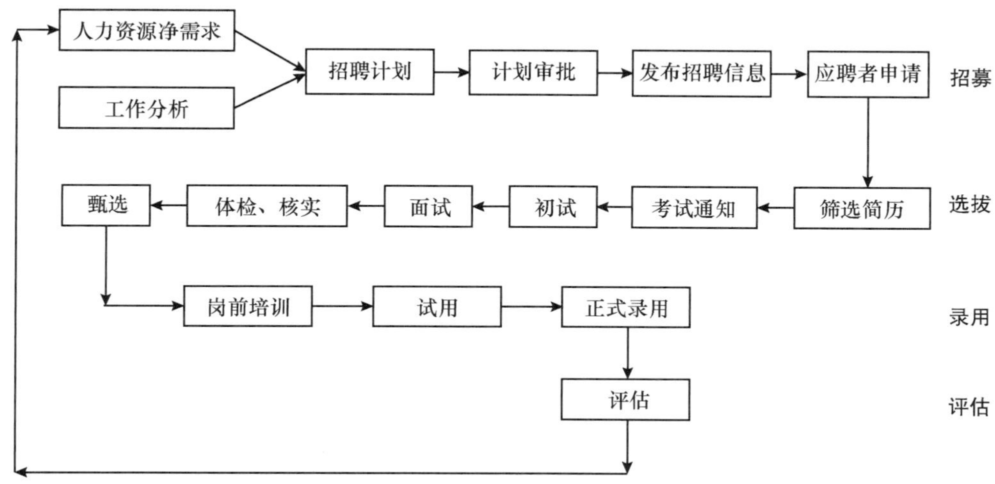

图 1-1　人力资源招聘基本流程图

（二）人力资源部门与用人部门职责分工

在现代企业人力资源招聘过程中，除了人力资源管理部门，企业中不同部门管理层以及不同用人部门都负有人力资源管理的职责，也需要用人部门直接参与人力资源招聘工作，并对人员招聘计划、初试、面试、人员录用及配置有很大的决策权。在实施人力资源招聘过程中，应当明确不同管理层、人力资源管理部门以及用人部门的不同分工与协作问题。

1. 企业高级管理层

企业高层管理者在制订招聘计划中的主要职责是在全局上、战略上把控人力资源招聘计划的指导思想和总体原则，其主要工作内容包括审核和批准招聘计划、制定招聘的总体政策、批准招聘录用的标准、参加甄选工作。中高层管理者多数情况下都会参与甄选工作。

2. 用人部门

企业用人部门尤其是有用人需求的部门在制订招聘计划时就应参与人力资源招聘工作。用人部门不仅要提供用人的岗位信息、岗位类型、用人数量、用人标准，还要参与对本部门应聘者的面试、甄选工作，对本部门人员的招聘进行把关。

3. 人力资源部门

人力资源管理部门是制订招聘计划的核心部门。首先，它需要同所有相关部门一起研究员工需求情况，确定招聘的总人数、招聘对象的专业要求等信息。其次，它要分析内外部因素对招聘的影响和制约，以便降低这些因素对招聘风险的影响程度。再次，人力资源管理部门需要制定具体的招聘策略和招聘程序，如具体的招聘渠道、招聘规模等信息。最后，人力资源管理部门实施具体的招聘工作，如对候选人进行招募、筛选、面试和录用等。

在实际工作中，企业所有的管理者都需要参与到人力资源管理工作中去，但是具体的职责分工有所不同，企业应当根据自身情况制定企业各用人部门与人力资源管理部门的具体分工与合作事宜。通常情况下，企业各用人部门需要承担或者参与以下工作：提出人员需求计划，新岗位岗位说明书撰写，提出录用标准，参加面试和其他筛选测评工作，确定录用人员的名单以及试用期的考核等。具体职责分工见表 1-1。

表 1-1　　有关部门在招聘工作中的职责分工

用人部门	人力资源部门
1. 用人计划的提出 3. 用人部门招聘计划的制订与审批 5. 招聘岗位的岗位说明书及录用标准的提出 7. 应聘者的初选、确定参加面试的人员名单 9. 负责面试、筛选及测试工作 10. 确定录用人员名单、人员工作安排以及试用待遇问题 13. 正式录用决策 15. 员工培训决策 17. 新员工的绩效评估与招聘工作评估 18. 人力资源规划修订	2. 作出用人计划的汇总 4. 企业总的招聘计划的制订与审批 6. 招聘信息的发布、接待应聘者、资格审查 8. 应聘者初选、为初试合格者发面试通知 9. 负责面试、考试工作的组织，参与面试 11. 个人资料的审核、组织面试合格人员体检 12. 试用期合同的签订、录用人员报到及生活安排 14. 正式合同的签订 16. 员工培训服务 17. 新员工的绩效评估与招聘工作评估 18. 人力资源规划修订

说明：表中的数字表示招聘工作中各项活动的顺序

资料来源：郑晓明．人力资源管理导论［M］．北京：机械工业出版社，2005.

业务演练

任务1-2 分析案例：唐僧师徒与个性

【实训目的】

理解人力资源甄选的策略。

【实训步骤】

1. 全班5~6人为一组，分为若干小组。

2. 提供案例：唐僧师徒与个性。

《西游记》中唐僧团队，虽然是虚拟的，但是师徒经历百险求取真经的故事，家喻户晓。唐僧师徒四人个性鲜明，特点突出，各有优缺点，是一个比较理想的团队组合。

3. 根据本案例，请回答下列问题。

（1）试分析唐僧师徒四人分别有什么性格特点？

（2）这师徒四人谁最适合当领导？

4. 以小组为单位，以书面形式提交讨论成果。

【实训要求】

能够抓住问题的关键点进行分析，联系学习的理论，紧密联系案例事实加以论证；小组代表发言应对小组的讨论活动情况做真实概括，总结性强。

案例分析实训参考

唐僧：

——目标明确，矢志不渝。不惧妖魔鬼怪，不怕跋山涉水，去西天获取真经的远大理想与目标始终不变，最终取得真经，修成正果。

——洁身自好，慈悲为怀。严格要求自己与三位徒弟，悲天悯人，真诚善良，立场坚定，不受女色金钱所诱惑。

——相貌堂堂，以德服人。唐僧仪表出众，是个大帅哥，虽然三个徒弟相貌丑陋，但有唐僧作为这个团队的形象代言人足以弥补其他人的缺陷，同时他还能以高尚的人格魅力得到徒弟的尊重。

——才能平平，咒语制人。唐僧既手无缚鸡之力，又头脑不清，但却有紧箍咒这个尚方宝剑，能够制服孙悟空这个能人。

综合唐僧的特点，他虽然能力一般，但形象佳、德行好、心地善良，是个合格的、称职的领导。他作为领导最为恰当，能团结和带领一班人达到预期的目的。

孙悟空：

——本领高强，肩负重任。持如意金箍棒，能腾云驾雾，会七十二变，曾大闹天宫，是四人中最有本事的，也是唐僧的大徒弟。在去西天取经过程中降妖除怪，功劳最大。

——爱憎分明，机敏灵活。对师傅师弟爱惜保护，对妖魔鬼怪深恶痛绝，眼观六路，耳听八方，聪敏机警。

——狂妄自大，蔑视权贵。自恃本领高强，刚愎自用，妄自尊大，目中无人，就连玉皇大帝也竟直呼其为老儿，其他人在他心中的地位就可想而知。

——性格顽劣，不守约束。好勇斗胜，活泼好动，刁蛮顽皮，撒泼耍赖，好大喜功，不服从领导，不遵守纪律。

孙悟空虽然本领高强，但只能被别人领导。如果让他做领导，那就会乱，比他强的他不服气，不如他的他看不上，不善于团结和带领大家一起共事。

猪八戒：

——憨态可掬，不拘小节。大大咧咧，满不在乎，脸皮特厚，不怕批评。

——性格直爽，喜欢告状。口无遮拦，心直性耿，怕担责任，喜欢打小报告。

——好吃懒做，贪财好色。心宽体胖，永远吃不饱睡不够。贪婪财物，尤喜女色。

猪八戒只适合被人领导，如果让他当领导，那就有可能变成贪官污吏，甚至变成阶下囚。

沙僧：

——忠诚老实，表里如一。忠厚可靠，寡言少语，对师傅忠心耿耿，言听计从；对师兄唯唯诺诺，一片真诚。没有花言巧语，兢兢业业，任劳任怨。

——思想保守，亦步亦趋。不敢越雷池半步，缺乏开拓创新精神与积极进取意识。

沙僧永远是最可靠的成员，如果让他做领导，他谁也领导不了，只会一盘散沙，无功而返。

正是因为这师徒四人的优势互补，才能克服千难万险，排除重重阻力，最终实现了其根本目标——从西天取回真经，达到了功德圆满。

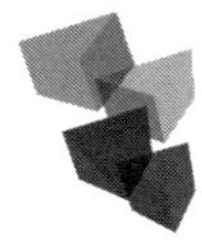

练习题

1. 单选题

（1）人力资源管理过程主要包括人力资源规划、培训与开发、绩效管理、薪酬管理、员工关系管理以及（　　）六大职能性活动。

A. 评估　　B. 招聘与录用　　C. 人事管理　　D. 解聘

(2) 在招聘工作中，尽量做到“量才录用、取得其才、人得其位、人尽其才”是指以下招聘原则中的（　　）

A. 能岗匹配、全面考评的原则　　B. 信息对称、相互认同的原则

C. 遵守国家相关法律法规的原则　　D. 效率优先、手段科学的原则

(3) 企业（　　）尤其是有用人需求的部门在制订招聘计划中就应参与人力资源的招聘工作。

A. 企业管理层　　B. 销售部

C. 人力资源管理部　　D. 用人部门

(4)（　　）在制订招聘计划中的主要职责是在全局上、战略上把控人力资源招聘计划的指导思想和总体原则。

A. 人力资源管理部　　B. 生产部

C. 企业高层管理者　　D. 用人部门

(5)（　　）部门是制订招聘计划的核心部门。

A. 总经理　　B. 人力资源管理

C. 市场开发部　　D. 企业高层管理者

2. 多选题

(1) 完整的招聘工作流程大致依次为（　　）。

A. 评估　　B. 甄选　　C. 录用　　D. 招募

E. 准备

(2) 影响一个组织招聘效果的外部环境包括（　　）。

A. 政策法规环境　　B. 社会文化环境

C. 技术及行业发展状况　　D. 劳动力市场状况

E. 企业自身的形象和条件

(3) 影响一个组织招聘效果的内部环境包括（　　）。

A. 政策法规环境　　B. 企业的战略规划

C. 企业自身的形象和条件　　D. 企业的招聘政策

E. 企业的招聘成本预算

(4) 在招聘准备阶段需要做好以下（　　）工作。

A. 招聘需求分析　　B. 招聘标准

C. 提出具体可行的招聘策略　　D. 企业的招聘政策

E. 组建一支招聘团队

（5）企业在管理过程中人员招聘的重要性体现在以下（　　）方面。

A. 有助于创造组织的竞争优势，提高企业的核心竞争力

B. 为组织补充新生力量，增强企业的创新能力

C. 有助于扩大企业的知名度，树立企业良好的社会形象

D. 有助于减少员工流失，提高员工队伍的稳定性

E. 良好的招聘有助于降低招聘成本

3. 简答题

（1）请结合实际，说明企业招聘工作的重要性。

（2）企业的招聘流程由哪几个阶段组成？每个阶段的主要工作内容是什么？

（3）影响招聘的内外部环境包括哪些方面？

4. 案例分析题

大地科技有限公司是一家国有高科技企业（以下简称大地科技），主要从事交换、传输等通信设备以及计算机、信息管理系统的研发和生产。去年公司收购了文达电脑有限公司，开始大规模进军信息行业，希望在信息技术及网络方面占有重要的市场份额。目前公司在程控交换、传输设备等领域具有较强的研发实力和技术，在华东、华南市场中具有较好的知名度和市场份额，并被认为是服务非常有特色的企业。公司目前的客户主要来源于以前使用公司程控交换、传输设备产品的老客户，而在新客户发展方面做得不是很有成效。

公司主要竞争对手是天宇公司，它是一家民营企业，在信息管理系统、计算机等领域具有较强的研发实力，目前在大型企业的市场中占有较大的份额。

根据公司的发展战略，公司决定进行一次大规模的招聘，为公司的未来发展储备人才，尤其是计算机、市场营销等专业人才。

人力资源部经理王希根据他与应聘人员短暂的几分钟面谈得出的个人判断来选聘应届毕业生。在这个简短的会谈之前，王希的助手审查了候选人的过去经历、受教育程度，并通过证明人核查情况。一旦候选人被聘用，他或她先完成一些如填写申请表和进行身体检查等正式手续，然后被聘用人员就会得到所分配的工作。工作指示仅持续几分钟时间。但新员工无论何时遇到困难，都会得到一些指导和帮助。

请回答：该公司的招聘工作有哪些问题，该如何改进？

项目二

招聘前的准备工作

【项目说明】

本项目主要对人力资源规划的概念、内容、分类及基本程序等作了介绍，同时介绍了工作分析的概念、流程、主要方法及方法的优缺点，并强调了分析招聘需求、制订招聘计划的技巧。知识结构如下：

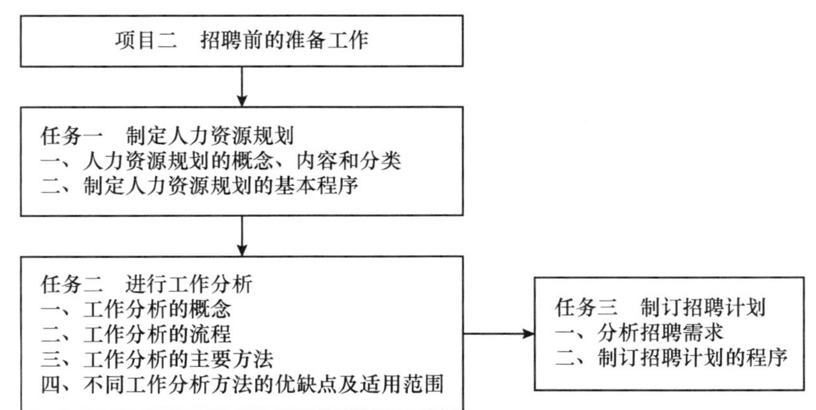

【项目导入】

一、主题案例

联想公司的发展历程

在经历了几代联想人不懈的努力后，联想品牌逐步实现了从最早的产品名称发展到今天这样一个价值200亿元的优秀品牌。从1984年到2003年的19年中，联想品牌的发展经历了三个非常重要的品牌时期。第一个阶段是“计算所”品牌时期，这一阶段从1984年联想成立，到联想拥有“Legend”这一品牌；第二个阶段是“Legend”时期，从香港联想的成立到2003年4月28日，这是一个漫长且高速发展的品牌历史时期；“lenovo”新标识的发布，揭开了联想新品牌发展的第三个历史时期。

一、“计算所”时期

联想在创业初期还没有“联想”这一品牌的概念。1984年11月，柳传志带领11名科技人员，以20万元的资金创立联想，那是个艰苦创业时期，以技术服务作为积累资金的主要手段，而公司的名称“联想”则来自其第一个拳头产品“联想式汉字系统”。

计算所公司通过为电脑用户提供各类服务，以及汉卡的推出，为联想的初期发展奠定了坚定的基础。而“计算所”这一品牌在中关村逐渐小有名气。“联想汉卡”也赢得了用户的信赖。1988年，联想汉卡荣获国家科技进步一等奖。创业初期，联想人通过办展会、做平面广告和门牌广告等多种方式对“计算所”品牌进行了塑造，而“诚信”成为当时的联想人一贯坚持的理念。柳传志常说：“一个好的技术力量、好的适应价格、好的销售服务、去争取和赢得一个好的用户市场，这就是我们信誉的全部内容。”而这一时期“研究员站柜台”“诚信对客户”等故事成为打造“计算所”品牌不可或缺的重要内容。1988年4月16日，计算所公司“开创高科技外向型产业动员大会”在人民大会堂召开，而选择在人民大会堂召开，则表明了联想人树立自己品牌的坚定信心。

二、“Legend”时期

1988年6月23日，香港联想开业。为适应当地发展需求，第一次采用“Legend”作为自己的英文品牌标识，这也是联想海外战略第一步，也为进一步打开国际市场创造了良好的开端。1989年11月联想集团公司成立，对于“联想”品牌建设的积累开始初步尝试。联想新品的不断推出，市场活动和理念在全国的推广成为联想品牌发展的助推力。

第一台联想自有品牌电脑在1990年推出。1992年“联想1+1”“家用电脑”概念的提出，成为中国家用电脑的创始。1994年2月14日联想股票在香港上市，同年成立联想微机事业部。1996年成为中国电脑史上的一个里程碑，联想产品连续四次大降价，“万元奔腾”使得联想第一次市场占有率中国第一。在1996年以前洋品牌一统天下的时期，国内电脑品牌步履维艰，联想品牌承诺扛起民族产业大旗，让电脑在中国百姓中普及，联想的理念是让中国人用得起电脑，推出了面向家庭用户的“联想1+1”家用电脑，通过“联想电脑快车”“1+1”暑期培训等活动普及电脑知识等一系列品牌活动使得“联想”这一品牌知名度在中国迅速提升。联想在1996年成为国内PC市场第一品牌并保持至今，“Legend”的本意“传奇”在联想的发展历程中得到了最完美的演绎。

1997年、1998年国外市场的本土化运作使竞争日趋激烈，应用成为阻碍市场发展的瓶颈，联想的品牌承诺是电脑品质与世界同步，让中国人用得起好电脑。在1997年与世界同步推出奔腾Ⅱ电脑，1998年推出“天鹤\天鹭\商博士”等面向消费者、企业客户的电脑，并通过“着想中国、应用为本”为主题的百城巡礼活动，传播功能和应用的理念，普及电脑的应用。这一时期使得联想品牌的知名度进一步提升，并赋予了功能和应用的内涵。

随着因特网（Internet）的推广，1999年到2000年联想逐步成为用户提供Internet产品和服务，推动Internet在中国普及的企业。尤为让人关注的是1999年推出的具有“一键上网”功能的第一代因特网电脑“天禧”，这一电脑体现了联想品牌中的“容易”特性，同时联想PC荣登亚太PC销量的榜首。1999年举行的覆盖300多城市的“联想Internet中国行”活动推动了因特网在中国的发展，2000年举行覆盖600多个城市、企业、行业的“联想电子商务中国行”活动，大大推动了电子商务在中国的应用和发展。在这关键的两年，联想品牌树立了Internet厂商的形象，联想品牌美誉度迅速提升。

进入2001年，已经在国内IT市场占据首席的联想进入了“Legend”品牌发展中非常关键的阶段。2001年4月1日联想分拆，联想新一代领导人承担起联想进一步发展的责任，并制定了三年规划，成立了面向四大类客户的6大业务群组，坚决推进向技术转型、向服务转型的企业战略，加大研发力度，以客户为导向，不断推出高技术含量的信息产品，并大力发展服务业务。联想品牌承诺为客户提供信息技术、工具和服务，使人们的生活更加简便、高效且丰富多彩。这时的联想品牌被赋予技术和服务的内涵，初步树立高科技的、服务的、国际化的联想的品牌形象。

三、“lenovo”时期

在技术创新与服务转型战略相继启动后，联想在IT领域多元化的发展也呈现出积极的态势，联想按照“从单一到丰富、从前台到后台、从产品到服务”这三个转变来布局，使业务范围更趋于多元化，产品和服务体系日趋完善。在这样的背景下，需要思索如何进一步发展并清楚联想的品牌内涵，使它更好地与公司战略愿景相结合，成为联想面临的问题之一。

“Legend”创造了中国PC市场上的一个个辉煌，但也面临冲破天花板、开辟新征程的瓶颈，对于一个志存高远，希望能够比肩国际一流企业的中国公司而言，品牌是否能与自身的发展状况相适应，将直接影响目标的实现。崭新的“lenovo”就这样应时而生。

杨元庆说：“我们不畏艰辛、成功地打造了中国IT产业第一品牌——联想Legend，这个标识为我们留下了无数美好的记忆和辉煌。今天，新的品牌标识‘联想lenovo’即将启航，它寄托着新老联想人在21世纪的巍巍宏图，它将使我们的定位更明确，我们的公司更具凝聚力，我们的国际化进程更坚实，我们的眼光更长远，我们的心胸更宽广。”联想一位高层这样评述lenovo：“它将是我们做一切的根本，它为我们描绘未来行动的蓝图，它使我们的客户、合作伙伴从中体会到未来广阔的利益。”

二、学习目标

1. 了解制定人力资源规划的流程。
2. 掌握工作分析的方法。
3. 能对岗位进行工作描述，并编写岗位说明书。
4. 掌握招聘计划的内容。
5. 能够制作人员需求表。
6. 能够根据背景材料，撰写招聘计划书。

任务一　制定人力资源规划

知识准备

一、人力资源规划的概念、内容和分类

对任何组织而言，拥有一支高水平、高素质的人才队伍是实现组织目标的保证，而要招聘到优秀员工，就必须要对企业人力资源管理进行规划，即在研究和分析企业战略的基础上，对未来企业人力资源的需求和供给情况进行科学的预测，确定企业人力资源管理的目标、实现目标的途径、需要完成的主要任务及工作的重点，为企业战略和经营目标的实现提供人力保证，这就是企业人力资源战略规划。

（一）人力资源规划的概念

人力资源规划是从企业战略规划和发展目标出发，根据其内外部环境的变化，预测企业未来发展对人力资源的需求，以及为满足这种需求所提供人力资源的活动过程。

人力资源规划是组织发展战略的重要组成部分，可以确保组织发展过程中对人力资源的需求，是实现组织战略目标的重要保证。人力资源规划是预测未来的组织任务和环境对组织的要求，以及为了完成这些任务和满足这些要求而设计的提供人力资源的过程。人力资源规划的实质是根据企业经营方针，通过确定企业人力资源和确保人力资源供给来实现企业的目标。

（二）人力资源规划的内容和分类

1. 人力资源规划的分类

（1）从规划的时间期限上看

人力资源战略规划可分为短期规划、中期规划和长期规划。短期规划一般指1~3年的规划，中期规划一般是3~5年的，长期规划通常是5年以上的。短期规划最为具体，中期规划有一定的指导性，长期规划则具有战略意义。

（2）从规划的范围上看

人力资源战略规划可分为整体性人力资源战略规划、部门人力资源规划、某项任务或工作的人力资源战略规划。

（3）从规划的性质上看

人力资源战略规划可分为人力资源战略性规划和人力资源战术性规划。

长期的人力资源规划多属于战略性和整体性的，短期规划多属于战术性的和策略性的。

2. 人力资源规划的内容

企业人力资源规划的内容，也就是最终结果，一般包括以下两个层次。

（1）人力资源总体规划

人力资源总体规划即人力资源战略性规划，主要依据企业发展战略规划，通过建立人力资源信息系统，预测人力资源供给和需求状况，指出满足企业人力资源需求的总原则和指导性措施，阐明人力资源管理的重大方针、政策和原则，确定人力资源管理工作投资的预算等问题。

（2）人力资源业务规划

人力资源业务规划即人力资源战术性规划，一般包括人力资源的各项业务计划，具体有人员补充计划、人员分配计划、人员晋升计划、培训开发计划、薪酬福利计划、薪酬福利计划、劳动关系计划、退休解聘计划等内容。这些业务计划是总体战略规划的具体化，每一项业务计划都由目标、任务、政策保证、实施步骤及经费预算等组成（见表2-1）。

表2-1　　人力资源战术性规划内容

规划项目	具体内容
人员补充计划	制定需补充人员的数量、类型、层次，拟定人员任职资格，确定拟招募地区、形式及甄选方法
人员分配计划	拟定各职位人员任职资格，做到人适其位，并规定工作轮换的范围、时间以及轮换人选等
人员晋升计划	建立后备管理人员梯队，规划员工职业发展方向，确定晋升比例和标准，安置未提升人员
培训开发计划	拟定重点培训项目，包括培训时间、培训对象、培训教师、培训方式、培训效果以及与工资、奖励、晋升制度的联系
薪酬福利计划	进行薪资调查和内部工作评价，拟定工资制度、奖励政策及绩效考核指标
劳动关系计划	为了提高员工满意度，加强沟通，实行全员参与管理，建立合理化建议制度等
退休解聘计划	制定退休解聘规定，拟定退休解聘人选

二、制定人力资源规划的基本程序

人力资源规划的目的是通过制定规划保证人力资源战略符合组织发展需要。人力资源规划的制定一般包括六个步骤。

第一步是收集信息，即要对企业内外部环境进行分析。企业管理者应当密切关注企业外部环境的发展变化，并且清楚这些发展变化对人力资源管理会带来什么样的变化，如劳动力市场变化、行业竞争状况等。企业内部环境则是对企业内部人力资源现状及人力资源管理活动的了解和评估，企业管理者应当及时了解、清楚企业内部的人力资源现状。

第二步是进行人力资源的需求预测。这个环节是基于第一步完成的基础上，企业按照制定的战略目标、经营计划，利用合适的信息技术估计在某一目标时间内企业所需人员的数量。

第三步是进行人力资源内部供给预测。人力资源供给主要来源有两个渠道：一是企业内部供给状况，如人员的晋升、调岗等人员变动情况，由此可以推算企业某些岗位人员变动的数量；二是企业内部招聘。通常情况下，企业应当在第一步完成的基础上利用适当的技术和方法估计在某一时间段内企业内部所能提供的人员数量。

第四步是确定招聘的人员数量，即在第二步和第三步的基础上，人员需求预测数减去内部人员供给数即可得到企业是否需要从外部招聘以及需要招聘多少的信息。

第五步是要把人力资源规划与企业的其他相关规划相结合。

第六步是对人力资源规划的实施结果进行评估与反馈，用评估的结果去指导下一次人力资源规划。

人力资源规划的主要内容及流程如图 2-1 所示。

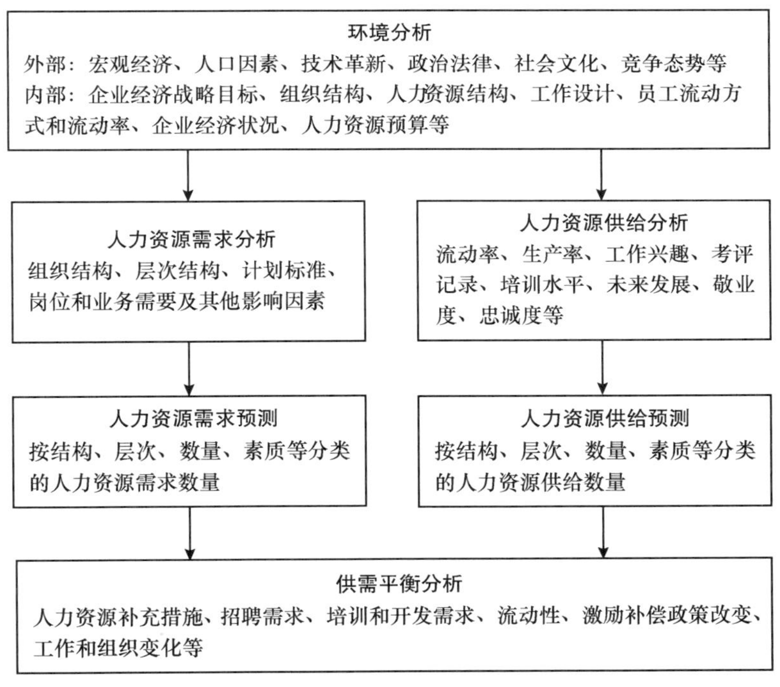

图 2-1　人力资源规划的主要内容及流程

（一）收集信息阶段

人力资源规划的信息要靠人力资源信息系统来提供，拥有这一系统的组织收集和分析信息的效率要高一些。无论有无人力资源信息系统，信息的收集都要从组织内外两个环境入手来进行分析。

1. 外部环境分析

所谓外部环境就是影响组织正常经营的外部因素。如组织所在地的政治、经济、文化、法律、人口以及社会环境等。外部环境中最重要的因素是劳动力市场因素、政府相关法律法规以及劳动者的自主择业情况。

2. 内部环境分析

内部环境主要包括组织的经营战略、组织的人力资源结构以及组织的环境等。

（二）人力资源的供需预测

人力资源的供给和需求预测是人力资源规划的核心部分，也是技术要求最高的部分，供需预测的准确性直接决定着人力资源规划的成败。

1. 人力资源需求预测

人力资源需求预测主要是根据组织战略规划和组织的内外条件选择预测技术，然后对人力资源需求结构和数量进行预测。影响人力资源需求预测的因素主要有：组织的业务量或产量；预期的人员流动率；人员的质量以及进入新行业的决策对人力资源需求的影响；生产技术水平或管理方式的变化对人力资源需求的影响；组织所能拥有的财务资源对人力资源需求的约束。通过需求预测可以得出组织在员工数量、组合、成本、新技能、工作类别等方面的需求，以及为完成组织目标所需的管理人员数量和层次的列表。

（1）人力资源需求预测的内容

第一是企业人力资源存量与增量预测，即对企业现在和未来拥有的不同层次的人力资源的数量的推测与判断。企业人力资源存量主要是指企业人力资源的自然消耗（如自然减员）和自然流动（如专业转移、变动而引起的变动），企业人力资源增量主要是指随着企业规模扩大、行业调整等发展变化带来的人力资源的新的需求。

第二是企业人力资源结构预测。当社会总的人力资源结构和经济结构发生变化时，就会引起企业人力资源结构的变化。进行人力资源结构预测，可以保证企业在任何情况下都具有较好的人力资源结构的最佳组合，以避免出现不同层次人力资源组织的不配套或结构及比例失调等状况。

第三是企业特殊人力资源预测。特殊人力资源是指企业需要的特殊人才资源，这种人才往往与现代高科技发展紧密相连，在产业结构调整、新兴行业发展、支柱产业形成、提高科技含量和竞争力方面起着决定性作用。对企业特种人力资源进行预测具有极强的针对性，能够使企业通过一些特殊的手段与方法，加快开发和培养特殊人才资源，使企业人力资源在变革中占有一席之地。

（2）人力资源需求预测的方法

1）经验预测法。这种方法是指利用现有的情报和资料，根据有关人员的经验，结合本公司的特点，对公司的人员需求加以预测，可以采用“自下而上”和“自上而下”两种方式。“自下而上”就是由直线部门经理向自己的上级主管提出用人要求和建议，征得上级主管的同意；“自上而下”就是由公司经理先拟定出公司总体的用人目标和建议，然后由各级部门自行确定用人计划。最好是将“自下而上”与“自上而下”两种方式结合起来运用。经验预测法是人力资源预测中最简单的方法，比较适用于较稳定的小型企业。由于不同管理者的预测可能有所偏差，可以通过多人综合预测或查阅历史记录等方法提高预测的准确度。

2）现状规划法。这是一种最易操作的方法。这种方法假定企业保持原有的生产和生产技术不变，企业目前各种人员的配备比例和人员的总数完全能适应预测期内企业对人力资源的需要。在此预测方法中，人力资源规划人员要测算出在规划期内有哪些岗位上的人员将得到晋升、降职、退休或调出本组织，再准备调动人员去弥补。

此方法是根据以往的经验，对人力资源进行预测规划，预测的效果受经验影响较大，因此，保留组织历史档案并采用多人集合的经验，可减小误差。这种方法比较简单，适用于技术较稳定的企业的中短期人力资源预测规划。

3）德尔菲法。德尔菲法是发现专家对影响组织发展的某一问题的一致意见的程序化方法。这里的专家可以是基层的管理人员，也可以是高层经理；可以来自组织内部，也可以来自组织外部。总之，专家应该是对所研究的问题有发言权的人员。这种方法的目标是通过综合专家们各自的意见来预测某一领域的发展状况，适用于对人力资源需求的长期趋势预测。

德尔菲法分为背对背和面对面两种方式。背对背方式可以避免某一权威专家对其他专家的影响，使每位专家独立发表看法；面对面方式可以使专家之间相互启发。

德尔菲法的操作方法是：首先在企业中广泛地选择各方面的专家，每位专家都拥有关于人力资源预测的知识或专长。这些专家可以是管理人员，也可以是员工。他们不需要面对面坐在一起开会，需要做的是以下工作（如图 2-2 所示）。

第一，设计一系列问卷，要求专家提供可能的解决方案。

第二，匿名、独立地完成第一组问卷。

第三，汇编结果，复印后再分发给每位专家，由他们再次提出方案。

第四，再将方案汇编，直到专家们的意见趋于一致。

听取专家对未来发展的分析意见和应采取的措施，并通过多次反复达到在重大问

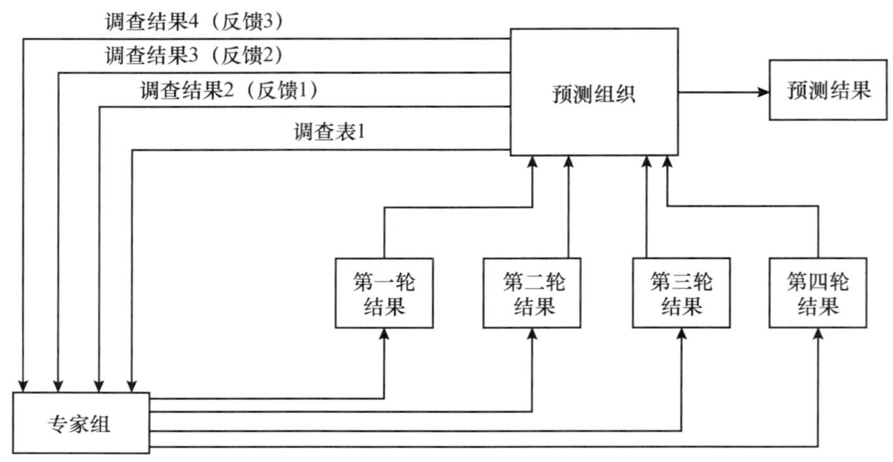

图 2-2　德尔菲法的基本过程

资料来源：王丽娟．招聘与录用［M］．北京：中国人民大学出版社，2018.

题上有较为一致的看法。通常经过 4 轮咨询，专家们的意见可以达成一致，专家的人数以 10~15 人为宜。

知识链接 2-1

德尔菲法

德尔菲是古希腊地名。相传太阳神阿波罗在德尔菲杀死了一条巨蟒，成了德尔菲的主人。阿波罗不仅年轻英俊，而且对未来有很高的预见能力。在德尔菲有座阿波罗神殿，是一个预卜未来的神谕之地，于是人们就借用此名，作为这种方法的名字。

德尔菲法最早出现于 20 世纪 50 年代末，是当时美国为了预测在其“遭受原子弹轰炸后，可能出现的结果”而发明的一种方法。1964 年美国兰德公司的赫尔默（Helmer）和戈登（Gordon）发表了“长远预测研究报告”，首次将德尔菲法用于技术预测中，之后便迅速地应用于美国和其他国家。除了科技领域之外，它几乎可以用于任何领域的预测，如军事预测、人口预测、医疗保健预测、经营和需求预测、教育预测等。此外，该方法还可用来进行评价、决策和规划工作，并且在长远规划者和决策者心目中享有很高的威望。据《未来》杂志报道，从 20 世纪 60 年代末到 70 年代期间，专家会议法和德尔菲法（以德尔菲法为主）在各类预测方法中所占比重由 20.8%增加到 24.2%。

4）转换比率法。这种方法是将企业的业务量转换为对人力资源的需求。应用时，需首先根据企业生产任务或业务量的多少估计所需要的一线生产人员或业务员的数量，然后根据这一数量来估计企业行政秘书、财务人员和人力资源管理人员等辅助人员的数量。转换比率法的关键是找出转换的比率关系，这种比率关系往往体现为辅助（服务）人员的生产率。例如，某企业每名电工可以为 20 名一线生产工人服务，假如知道一线工人人数为 600 名，那么总共需要电工数就是 30 名。

5）回归分析法。这种方法是根据数学中的回归原理对人力资源需求进行预测。人力资源的需求水平通常总是和某个或某些因素具有高度相关的关系，这样就可以用数理统计的方法定量地把这种关系表示出来，从而得到一个回归方程，并用此方程可以简单、方便地预测人力资源需求量。使用这一方法的关键在于找出与人力资源需求高度相关的变量。如以时间为变量，首先需要收集企业在过去几年内人员数量的数据，并且根据这些数据做图，然后用数学方法进行修正，使其成为一条平滑的曲线，将这条曲线延长就可以看出未来的变化趋势。

以上方法中，经验预测法、现状规划法和德尔菲法属于定性的方法，转换比率法和回归分析法属于定量的方法。人力资源需求预测方法还有其他方法如劳动定额分析法、计算机模拟法等，不再一一赘述。

2. 人力资源供给预测

人力资源供给预测也称人员拥有量预测，只有进行人员拥有量预测并把它与人员需求量相对比之后，才能制定各种具体的规划。人力资源供给预测包括两部分：一是内部拥有量预测，即根据现有人力资源及其未来变动情况，预测出各规划时间点上的人员拥有量；二是对外部人力资源供给量进行预测，确定在各规划时间点上的各类人员的供给量，主要考虑社会的受教育程度、本地区劳动力的供给状况等。

（1）人力资源内部供给预测

当组织出现人力资源短缺时，优先考虑的应该是从内部进行补充，因为内部劳动力市场不但可以预测，而且可调控，能有效地满足组织对人力资源的需求。人力资源内部供给预测的方法主要有以下三种。

1）档案清查法。这种方法通过对组织现有人力资源质量、数量、结构和在各岗位上的分布状况进行检查，掌握组织拥有的人力资源状况。通过一些员工记录信息的资料，可以反映员工的工作经验、受教育程度、特殊技能、竞争能力等与工作有关的信息，以帮助人力资源规划人员估计现有员工调换工作岗位的可能性和决定哪些员工可以补充当前空缺岗位。

2）人员接替计划。根据工作分析的信息，明确岗位对员工的要求和任职者情况，安排人员接替计划。一种是继任卡方法，主要用于管理者的内部接续管理。该预测技术首先要根据岗位分析给出的任职资格和要求，在次一级职务或岗位上的现职人员中找出可以被提升的人员，但他们只是人才储备而已，不一定都会得到提升。另外一种是员工接续计划，将每个岗位均视为潜在的工作空缺岗位，而该岗位的每个员工均是潜在的供给者。人员替代法以员工的绩效为预测的依据，当某位员工的绩效过低时，组织将采取辞退或调离的方法；而当员工的绩效很高时，其将会被提升替代其上级的工作。这两种情况均会产生岗位空缺，其工作则由下属替代。通过人员替代图可以清楚了解到组织内人力资源的供给与需求情况，为人力资源规划提供依据。

3）马尔可夫模型。马尔可夫模型又称转换概率矩阵分析法，它使用的基本工具是人员变动矩阵，该矩阵描述的是企业中员工流入、流出和内部流动的整体状况。该方法的第一步是做人员变动矩阵，矩阵中的每一个元素（P_{ij}）表示从一个时期到另一个时期在两个职务或岗位之间调动的员工数量的历史平均百分比（即员工流动概率），表 2-2 是某企业不同层次管理人员之间的变动矩阵，P_{ij} 表明企业高层管理人员中仍留在该企业的占 70%，另有 30%离开了该企业。然后，将计划期初每个职务上的人员数量与变动概率相乘并纵向相加，就可以得出企业内部的人力资源供给量（见表 2-3）。

表 2-2　　某企业不同层次管理人员变动矩阵

P_{ij}	员工流动矩阵				
	高级经理	部门经理	业务主管	技术人员	离职
高级经理	0.7	0.7	0.6	0.1	0.3
部门经理	0.1	0.2	0.2	0.6	0.2
业务主管					0.1
技术人员					0.2

表 2-3　　企业内部人力资源供给量

	初期人员数量	高级经理	部门经理	业务主管	技术人员	离职
高级经理	10	7				3
部门经理	30	3	21			6
业务主管	50		10	30	5	5
技术人员	50			10	30	10
内部人力资源供给量		10	31	40	35	24

（2）外部人力资源供给预测

企业岗位空缺不可能完全通过内部供给解决，需要进行外部人力资源供给预测。外部人力资源供给的渠道主要有：大中专院校应届毕业生、复转军人、技职校应届毕业生、失业人员、其他组织人员、流动人员等。大中专院校及技职校应届毕业生的供给较为确定，主要集中于夏季，且其数量和专业、层次、学历均可通过各级教育部门获取，预测工作比较容易；复转军人也较容易预测。比较困难的是城镇失业人员和流动人员预测，在预测过程中应综合考虑城镇失业人员的就业心理、国家就业政策、政府对农村劳动力进城务工的控制程序及其他一些因素。

对于其他组织在职人员的预测则需考虑诸如社会心理、个人择业心理、组织本身的经济实力及同类组织人员的福利、保险、工资、待遇等因素。企业应在本单位可能提供的待遇基础上，科学地预测外部人员的供给量。另外还要考虑到影响劳动力供给的主要因素，如人口政策及人口现状、劳动力市场的发育程度、社会就业意识及择业心理偏好等。严格的户籍制度也制约着企业内部人员的供给。

（三）人力资源的供需平衡

在整个企业的发展过程中，企业的人力资源状况不可能始终自然地处于平衡状态。人力资源部门的重要工作之一就是不断地调整人力资源结构，使企业的人力资源始终处于供需平衡状态。只有这样，才能有效地提高人力资源利用率，降低企业人力资源成本。

企业人力资源供给与需求预测的结果，一般会出现以下四种可能：人力资源供大于求；人力资源供小于求；人力资源供求总量平衡，结构不平衡；人力资源供给和需求基本保持平衡。但企业人力资源供求完全平衡的情况极少见，且都是短期行为，任何一个组织都不可能存在长期的均衡，这是由组织内外环境的复杂性所决定的。即使是供求总量上达到平衡，也会在层次上、结构上发生不平衡。

1. 人力资源供大于求时采取的措施

（1）通过企业自身的发展，如可通过扩大经营规模、开发新产品、实行多种经营等增加人力资源的需求，来吸收过剩的人力资源供给。

（2）撤销、合并臃肿的机构，减少冗员。

（3）鼓励提前退休（内退）。企业可以适当放宽退休年龄和条件限制，促使更多的员工提前退休（内退）。如果将内退条件修改得足够有吸引力，会有更多的员工愿意接受提前退休（内退）。

（4）减少人员补充。当出现员工退休、离职等情况时，对空闲的岗位不进行人员补充。

（5）增加无薪假期。当企业出现短期人力资源过剩的情况时，采取增加无薪假期的方法比较适合。例如，规定员工有一个月的无薪假期，在这一个月没有薪水，但下个月可以照常上班。

（6）裁员。裁员是一种最无奈但最有效的方式。在进行裁员时，首先要制定优厚的裁员政策，如为被裁减者发放优厚的失业金等；其次，裁减那些主动希望离职的员工；最后，裁减工作考核成绩低下的员工。

2. 人力资源供不应求时采取的措施

（1）内部晋升或招聘。内部晋升是当较高层次的岗位出现空缺时，优先提拔企业内部的员工。内部招聘是指当企业出现岗位空缺时，人力资源部先在企业内部发布招聘需求，优先由企业内部员工调整到该空缺岗位的方法。

（2）外部招聘。如果企业内部人员无法满足某些岗位的需求，可有计划地使用外部招聘。当人力资源总量缺乏时，采用此种方法比较有效。但如果企业有内部调整、内部晋升等计划，则应该先实施这些计划，将外部招聘放在最后使用。

（3）技能培训。如果企业即将出现经营转型，企业应该及时对员工培训新的工作知识和工作技能，以保证企业在转型后，原有的员工能够符合岗位任职资格的要求，这样做的最大好处是防止企业的冗员现象。

（4）聘用非全日制临时工，如返聘已退休人员，或聘用小时工等。

总之，以上措施虽然是解决企业人力资源短缺的有效途径，但最有效的方法是通过激励和培训来提高员工的业务技能，调动员工的积极性，提高工作效率，提高劳动生产率，从而减少对人力资源的需求。

案例分析 2-1

A 公司的人力资源预测准备

A 公司是一家实力雄厚的汽车制造企业，根据公司未来五年总体发展规划，企业将达到年产 200 万辆汽车的生产规模。人力资源部正在讨论 2018—2022 年度企业人力资源总体规划问题，负责起草该规划的是人力资源部副经理王平，她对规划起草小组成员小章交代，在进行企业人力资源外部供给预测之前，先组织一次全面深入的调查，尽可能多地收集相关的数据资料，为人力资源内部供给预测做好准备。

问题：

（1）该公司在进行人力资源内部供给预测时，可以采取哪些方法？

（2）当预测到企业人力资源在未来的几年内可能发生短缺时，可以采取哪些措施解决人力资源供不应求的问题？

业务演练

任务 2-1　组建模拟公司

【实训目的】

锻炼学生的团队意识，包括团体荣誉感、团队协作以及强化学生对企业运营管理等知识的认识，提高学生的综合能力。

【实训步骤】

1. 全班 5~6 人为一组，自由组合分为若干小组；
2. 确定公司架构；
3. 确定公司各部门职责；
4. 确定人员分工。

【实训要求】

每个人在公司里要完成实质性工作，可以担任模拟公司各部门的岗位，也可以集中在人力资源部。实训成果包括公司名称、公司架构、各部门职责、人员分工等。小组代表发言主要围绕实训成果概括，要求总结性强。

任务二　进行工作分析

知识准备

人力资源管理是对人进行的管理，这种管理要通过工作活动来体现。而将人的管理纳入组织中，首先是将人放在一个工作岗位上进行管理，因此要将人管理好，必须对组织内部各岗位的工作活动进行充分界定，以确保各岗位的工作活动职责清晰，任务明确，工作规范，工作关系清楚，工作条件完备，从而实现组织的整体目标，而这项工作就是工作分析所要完成的任务，工作分析的结果之一就是岗位说明书。

招聘的目的是为企业选择符合岗位要求的人员。每个不同的岗位需要什么样的员工是岗位说明书需要明确的最重要的内容之一，招聘的全过程都是围绕这些任职资格来进行的。因此，招聘的另一前提就是进行工作分析。

一、工作分析的概念

工作分析又称职务分析、岗位分析，是对组织中某个特定工作岗位的目的、任务或职责、权利、隶属关系、工作条件、任职资格等相关信息进行收集与分析，以便对该岗位的工作作出明确的规定，并确定完成该工作所需要的行为、条件、人员的过程。工作分析主要回答两个问题，即这个工作岗位是做什么的以及什么样的人来做。

因此，工作分析的结果是工作描述和工作规范。工作描述是说明某项工作的职务目的、职责或任务、权利、隶属关系、工作条件及使用的设备等内容。工作规范指为了完成某种特定的工作所必须具备的知识、技能、能力以及其他身体和个性特征的说明。

二、工作分析的流程

工作分析是一个全面的评价过程，这个过程可以分为四个阶段：准备阶段、调查阶段、分析整理阶段和完成阶段。这四个阶段关系十分密切，它们相互联系、相互影响。

（一）准备阶段

准备阶段是工作分析的第一阶段。这一阶段主要是设计调查方案，组建工作分析小组，确定调查的范围、对象。这一阶段主要完成以下几项任务。

1. 确定工作分析的目的

工作分析的目的不同，所收集的信息和使用的方法也不同。只有确定了工作分析的目的，才能确定调查的范围、对象和内容，同时在一定程度上也决定了将使用何种方法来收集资料。例如，如果工作分析的目的是为企业的文书性工作职务培训项目提供依据，则无须取得其他工作岗位的信息，一般来说，采用观察法和面谈法就可以了。

2. 成立工作分析小组

为了保证工作分析的顺利进行，要成立工作分析小组，从人员上为这项工作的开展做好准备。小组的成员一般由以下三类人员组成：一是企业的高层领导；二是工作分析人员，主要由人力资源管理专业人员和其他职能部门情况的人员组成；三是聘请的外部专家和顾问。

3. 对工作分析人员进行培训

为了保证工作分析的效果，还需由外部的专家和顾问对本企业参加工作分析小组的人员进行业务培训。

4. 掌握各种基础数据和资料

根据工作分析的目的，对企业各类岗位的现状进行初步了解，掌握各种基础数据和资料。要注意工作分析的目的与所要调查、收集的信息内容是密切相关的。例如，如果工作分析是为了开发一项书面测试来评估求职者的知识水平，则分析者就应把调查的目标定在关于该工作的具体任务信息以及完成每项任务所需要的知识技能上。

5. 建立有效的沟通体系

向参与工作分析的有关管理人员、员工解释与说明职务分析的目的、内容、作用及意义，使他们充分了解职务分析进行的程序并建立友好合作关系，做好心理准备。

6. 确定调查和分析对象的样本

受时间、资金和人力的限制，不可能所有的岗位任职者都参加工作分析工作。因此，在选择工作分析对象时，一定要选择有代表性、典型性的工作任务进行分析。

（二）调查阶段

这个阶段的主要任务是根据调查方案，对工作过程、工作环境、工作内容和工作人员等作全面的调查。调查通常是面对面的访谈和问卷调查，还可以结合资料分析，使用现场观察、关键事件、工作日志、小组讨论等方法，广泛、深入地收集有关岗位工作的各种数据和资料。主要有以下几项步骤。

1. 设计工作分析方案

工作分析方案是工作分析小组开展工作的依据。进行一次完整的工作分析，需要调动大量的资源，花费相当长的时间，需要来自各个层面的人员配合，所以在实施之前要制定详细方案，以便有计划、有条理地实施工作分析。

2. 选择收集工作内容及相关信息的方法

依据工作分析的目的，确定收集工作内容的方法。收集工作信息的方法有很多，如互联网信息收集法、查阅资料法等。

3. 收集工作的背景资料

这些资料包括公司的组织结构图、工作流程图以及国家的职位分类标准，如果可能的话，还应当找到以前保留的工作分析资料。

4. 收集职位的相关信息

一般来说，工作分析中需要收集的信息包括：工作活动，在工作中所使用的机器、工具、设备以及工作辅助用品，与工作有关的有形和无形因素，工作地点以及工作对任职者的要求等。

（三）分析整理阶段

此阶段是工作分析的关键环节，是对岗位调查的结果进行深入的分析，并初步整理出岗位说明书。工作分析并不是简单、机械地收集和积累某些信息，而是要对各个岗位的特征和要求作出全面考察，创造性地提出各岗位的主要成分和关键因素，并在深入分析和认真总结的基础上，编制出岗位说明书。这一阶段需要进行以下几项工作。

1. 整理资料

将收集到的信息按照岗位说明书的各项要求进行归类整理，看是否有遗漏的项目，如果有的话要返回到上一个步骤，继续进行调查收集。

2. 审查资料

资料进行归类整理以后，工作分析小组的成员要一起对所获工作信息的准确性进行审查，如有疑问，则需要与相关的人员进行核实，或者返回到上一步，重新进行调查。

3. 分析资料

如果收集的资料没有遗漏，也没有错误，那么接下来就要对这些资料进行深入的分析，也就是说要归纳总结工作分析的必需材料和要素，揭示出各个岗位的主要要素和关键因素。

（四）完成阶段

此阶段的任务就是根据规范和信息编制“工作描述”和“工作规范”，主要是对工作分析的初步结果进行反馈与修正，最后形成完整的岗位说明书。岗位说明书的内容必须经过不断反馈与修正，才能把工作的误差降到最小。

有些企业往往忽略这一阶段的工作，导致岗位说明书的内容存在漏洞或不合理，容易引起其他工作的混乱和员工的不满。因为后续人力资源管理工作的各个环节都是以此为基础，所以必须引起足够的重视。同时，要注意总结工作分析调查工作中的问题和经验，以便于在适当的时间进行调整和修正。

三、工作分析的主要方法

（一）访谈法

访谈法是访谈人员就某一岗位与访谈对象，按事先拟订好的访谈提纲进行交流和讨论。访谈对象包括岗位的任职者、对工作较为熟悉的直接主管人员、与岗位工作联系比较密切的工作人员、任职者的下属等。为了保证访谈效果，一般要事先设计访谈提纲并交给访谈者准备。访谈法按对象可分为个体访谈和集体访谈两种；按访谈问题形式可分为结构化、半结构化、无结构三种；按访谈深度可分为一般访谈、深度访谈、焦点问题访谈。进行访谈时要坚持的原则有：

（1）明确访谈的意义；

（2）建立融洽的气氛；

（3）准备完整的问题表格；

（4）要求按工作重要程度排列；

（5）访谈结果让任职者及其上司审阅修订。

其优点是可以得到标准和非标准的、体力和脑力工作以及其他不易观察到的多方面信息。不足之处是被访谈者对访谈的动机往往持怀疑态度，回答问题时有所保留，且易从自身利益考虑而导致信息失真。因此，访谈法一般不能单独使用，最好与其他方法配合使用。此外，分析者的观点可能影响对工作信息的正确判断；职务分析者如果问些含糊不清的问题，可能影响信息收集。

该方法适用于不可能实际去做某项工作或不可能去现场观察以及难以观察到的某种工作；适用于短时间的生理特征分析，也适用于长时间的心理特征分析；适用于对文字理解有困难的人，也适用于脑力职位者，如开发人员、设计人员、高层管理人员等。

（二）问卷调查法

问卷调查法是指根据工作分析的目的、内容等，事先设计一套岗位问卷，由被调查者填写，再将问卷加以汇总，从中找出有代表性的回答，形成对工作分析的描述信息。问卷调查法的关键是问卷设计。

问卷设计形式分为开放型和封闭型两种。开放型是由被调查人根据问题自由回答；封闭型是调查人事先设计好答案，由被调查人选择确定。设计问卷时要做到：问卷表前面要有指导语；问卷表格要精炼，提问要准确；语言通俗易懂，问题不可模棱两可；

问题排列要有逻辑，引起被调查人兴趣的问题放在前面。

问卷调查法的具体实施要求工作分析人员首先要拟订一套切实可行、内容丰富的问卷，然后由员工进行填写。正式进行工作分析前，要考量各部门的工作内容及可行时间，先行拟定问卷填写时间表，若不可行，则可弹性调整。使用问卷调查法时所要注意的问题有以下几点。

1. 问卷发放

问卷发放时，先集合各部门的各级主管进行半小时的说明，说明内容有工作分析目的、工作分析问卷填答及问题解答，并清楚告知此次活动的进行不会影响到员工现有权益。确定各主管清楚如何进行后，由主管辅导下属进行工作分析问卷的填答。

2. 填答期间

跟踪了解各部门的填写状况，并予以协助。

3. 问卷回收及整理

对于回收的资料，首先必须检查是否填写完整，并仔细查看是否有不清楚、重叠或冲突之处；若有，由工作分析人员与人力资源主管进行讨论、判断是否对此任职者或其主管进行面谈，以确认资料收集的正确性。

问卷调查法在工作分析中使用最为广泛，其优点是费用低、速度快、调查范围广，尤其适合对大量工作人员进行工作分析，调查结果可实现数量化，进行计算机处理。它免去了长时间观察和访谈的麻烦，也克服了进行工作分析的工作人员水平不一的弱点。

其缺点是对问卷设计要求较高，设计比较费时、费力，不像访谈法那样可以面对面地交流信息，因此，不容易了解被调查对象的态度和动机等较深层次的信息。问卷调查法还有三个缺陷：一是不易唤起被调查对象的兴趣；二是除非问卷很长，否则就不能获得足够详细的信息；三是需经说明，否则会因被调查者理解不同，产生信息误差。该方法适用于对工作进行量化排序并与工作报酬相联系的工作分析。

（三）观察法

观察法就是工作分析人员在不影响被观察人员正常工作的条件下，通过观察将有关工作的内容、方法、程序、设备、工作环境等信息记录下来，最后将获取的信息归纳整理为适合使用的结果的过程。利用观察法进行工作分析时，应力求观察的结构化，根据工作分析的目的和组织现有的条件，事先确定观察的内容、观察的时间、观察的位置、观察所需的记录单等，做到省时高效。观察法分为以下两种。

1. 直接观察法

工作分析人员直接对员工工作的全过程进行观察。直接观察法适用于工作周期很短的岗位。如保洁员，其工作基本上是以一天为一个周期，工作分析人员可以一整天跟随保洁员进行直接观察。

2. 阶段观察法

有些员工的工作具有较长的周期，为了能完整地观察到员工的所有工作，必须分阶段进行观察。如行政文员，其需要在每年年终时筹备企业总结表彰大会，工作分析人员就需要在年终时再对该岗位进行观察。有时由于时间阶段跨度太长，工作分析工作无法拖延很长时间，这时采用阶段观察法更为合适。

观察法对于工作周期短和突发性事件较多的工作比较适合。如保安工作，除了有正常的工作程序以外，还有很多突发事件需要处理，工作分析人员可以让保安人员表演盘问的过程，来进行该项工作的观察。应用观察法的要求有以下 5 点。

（1）注意所观察的工作应具有代表性。

（2）观察人员在观察时尽量不要引起被观察者的注意。

（3）观察前应确定观察计划工作，计划工作中应含有观察提纲、观察内容、观察时刻、观察位置等。

（4）观察时思考的问题应当结构简单，并反映工作有关内容，避免机械记录。

（5）在使用观察法时，工作分析人员要用适当的方式将自己介绍给员工，使之能够被员工接受。采用观察法进行工作分析的结果比较客观、准确，但需要工作分析人员具备较高的素质。

一般来说，观察法适用于外显特征较明显的岗位工作，如生产线上工人的工作、会计员的工作等；不适用于工作循环周期很长的、脑力劳动的，偶然、突发性的，不易观察且不能获得有关任职者信息的工作。

（四）关键事件法

关键事件法要求岗位工作人员或其他有关人员描述能反映其绩效好坏的“关键事件”，即对岗位工作任务造成显著影响的事件，将其归纳分类，最后能够对岗位工作有一个全面的了解。关键事件的描述包括导致该事件发生的背景、原因，员工有效的或无效的行为，关键行为的后果，员工控制上述后果的能力。

采用关键事件法进行工作分析时，应注意三个问题：调查期限不宜过短；关键事件的数量应足够说明问题，事件数目不能太少；正反两方面的事件都要兼顾，不得偏颇。

关键事件法直接描述工作中的具体活动，可提示工作的动态性；所研究的工作可观察、衡量，故所需资料应适应于大部分工作。由于归纳事例需耗费大量时间，易遗漏一些不显著的工作行为，难以把握整个工作实体，该方法适用于员工过多或者岗位工作内容过于繁杂的工作。

（五）工作实践法

工作实践法是指工作分析人员直接参与某一岗位的工作，从而细致、全面地体验了解和分析岗位特征及岗位要求的方法。

与其他方法相比，工作实践法的优势是可获得岗位要求的第一手真实可靠的数据资料，可以准确地了解工作的实际任务和体力、环境、社会方面的要求，适用于短期内可以掌握的工作。由于工作分析人员本身的知识与技术的局限性，其运用范围有限，只适用于对较为简单的工作进行工作分析，不适用于在现代化大生产条件下，对操作的技术难度、工作频率、质量要求高及有危险性的岗位进行工作分析。

（六）工作日志法

工作日志法是让员工以工作日记或工作笔记的形式记录日常工作活动而获得有关岗位工作信息资料的方法。

使用工作日志法的关键，在于制定工作记录的格式表，使所需的信息能够系统记录下来。在实际工作中，不同的工作分析目的往往需要不同的工作日志格式。常用的格式设计，通常包括工作的内容、程序和方法，工作的时间消耗和结果形式，工作中的典型事件和涉及的关系等。

其优点在于，如果这种记录很详细，那么经常会提示一些其他方法无法获得或者观察不到的细节。工作日志法最大的问题可能是工作日志内容的真实性问题。该方法适用于高水平、复杂工作的分析，可以显示出其比较经济与有效的优势。

案例分析 2-2

某公司财务部的岗位调查

某公司财务部有5人，一位经理，两位会计，两位出纳。两位出纳中，一位是银行出纳，另一个是现金出纳，他俩的工作有时交叉。60多人的公司有5名财务人员，公司管理者觉得财务人员有点多，但是又没有依据，不知裁减谁才好。公司就用岗位写实的办法进行调整。记录他们每天都在做什么，看工作是不是饱和，或者说工作有没有重叠。财务部的5人每人用本子把他们每天的工作全部记录下来。例如，几点到几点做什么，这样记了两周。

通过记录发现，出纳的工作确实很紧张，有一名出纳因为提款一天去了四次银行。问他为什么一天去四次呢？能不能去一次就把款提了。他说不行，因为公司规定一次提款现金量不能超过1万元。另外，公司需要的现金量大，经常出现这种情况。公司工作计划性差，因此才造成出纳工作很忙。找到问题后，如果能够改进，出纳就可以从2人减为1人。

问题：

1. 以上案例是通过什么样的岗位调查方法来查找企业管理中存在问题的？
2. 如果让你来对财务部的岗位进行调整和改进，你有什么办法？

四、不同工作分析方法的优缺点及适用范围

前面介绍的几种工作分析方法各有优缺点，表2-4是对这几种方法的比较，各种方法的优缺点与适用性一目了然。在实际工作分析活动中应视具体情况将各种方法结合使用。

表2-4　　工作分析方法的比较

方法	优点	缺点	适用范围
访谈法	能了解到工作者的工作态度和工作动机等深层次的内容；收集信息简单、迅速、具体，有助于缓解工作压力	访谈者要接受专门训练；费时；成本高；信息易于失真	任务周期长、工作行为不易被直接观察的工作
问卷调查法	成本低；速度快；适用范围广；结果可量化	问卷设计费时；员工与调查者之间交流不足	各种类型的工作；样本数量较大的场景
观察法	工作分析人员能较全面深入地了解工作要求	不适用于脑力活动为主的工作和处理紧急情况的间歇性工作，不能得到任职资格的要求，被观察者可能会反感	标准化、任务周期较短、以体力活动为主的工作
关键事件法	行为标准明确；能更好地确定每一行为的利益和作用	费时费力；无法描述工作职责、任务、背景、任职资格等；对中等绩效员工难以涉及	以招聘选拔、培训、绩效评估等为目的的工作分析

续表

方法	优点	缺点	适用范围
工作实践法	便于深入了解、获取工作职责、内容与关系、劳动强度等信息	存在因分析员工素质、认识、参与程度等差异而导致的对于工作特征和任职资格要求的不同认识	任务周期较短、工作状态稳定的工作
工作日志法	便于获取工作职责、内容与关系、劳动强度等信息，费用低，分析复杂工作时比较经济有效	关注过程而非结果；整理信息量大；存在误差；可能影响正常工作	任务周期较短、工作状态稳定的工作

业务演练

任务 2-2　编制岗位说明书

【实训目的】

运用工作分析的方法编制岗位说明书，提高学生人力资源管理专业知识的运用能力，培养学生职业技能。

【实训步骤】

1. 全班 5~6 人为一组，分为若干小组；
2. 以小组为单位成立模拟公司，确定每位同学在模拟公司所承担的岗位职责；
3. 选择岗位合适的工作分析方法进行工作分析；
4. 编制岗位说明书。

【实训要求】

每个人在公司里要完成实质性工作，可以担任模拟公司各部门的岗位，也可以集中在人力资源部。实训成果为岗位说明书。小组代表发言主要围绕实训成果概括，要求总结性强。

任务三　制订招聘计划

知识准备

企业在完成人力资源规划和工作分析的有关工作之后，就要着手准备招聘的相关工作了。企业人员招聘工作的第一步就是要制订周密的招聘工作计划，确保招聘工作顺利实施，并在节约招聘成本的前提下，能招聘到适合企业岗位的优秀人才。

一、分析招聘需求

（一）分析招聘人力资源的需求情况

在企业出现岗位空缺时，企业需要做好人力资源规划工作，以便确定企业的人力资源需求情况，主要包括企业拟招聘的岗位名称、数量。人力资源需求一般有两种情况：一是人力资源规划中的人员储备信息；二是因为企业在职人员的离职所产生的岗位空缺。人力资源需求情况一般是先由企业各用人部门提出用人申请，再由企业人力资源管理部门进行汇总并提交企业高层审核批准，最后作出招聘决策。

其实，企业各用人部门在申报用人计划时，虽然都是建立在人力资源供需规划和工作分析的基础上，但是仍然可能存在一些部门为了提高本部门在企业中的地位，有意虚报岗位需求，使本部门人才需求超出实际需求量，或者为了部门或个人的既得利益隐瞒人员的实际需求情况，这些都不利于企业的正常发展。因此，企业人力资源管理部门不能只简单地汇总各用人部门的人员需求计划，还应该对企业各部门提出的用人计划进行平衡，并根据企业的战略发展规划、财务状况等情况，最后形成企业人力资源需求情况（见表2-5）。

（二）确定招聘岗位的资格要求

在招聘计划中，必须写清楚拟招聘岗位的任职资格要求，这些也是录用人员时的标准。一般包括以下几项内容。

表 2-5　　企业各部门用人数量增减申请表

<table>
<tr><td colspan="4">单位名称：</td><td colspan="6">部门名称：</td></tr>
<tr><td colspan="4">填表日期：　年　月　日</td><td colspan="6"></td></tr>
<tr><td rowspan="2">所需职位</td><td rowspan="2">编制人数</td><td rowspan="2">现有人数</td><td rowspan="2">拟增减人数</td><td rowspan="2">工作内容</td><td rowspan="2">建议招聘渠道</td><td colspan="3">所需条件</td><td rowspan="2">增减理由</td></tr>
<tr><td>年龄</td><td>性别</td><td>学历</td></tr>
<tr><td></td><td></td><td></td><td></td><td></td><td></td><td></td><td></td><td></td><td></td></tr>
<tr><td></td><td></td><td></td><td></td><td></td><td></td><td></td><td></td><td></td><td></td></tr>
<tr><td></td><td></td><td></td><td></td><td></td><td></td><td></td><td></td><td></td><td></td></tr>
<tr><td colspan="3">用人部门意见
年　月　日</td><td colspan="3">人力资源管理部门意见
年　月　日</td><td colspan="4">领导意见
年　月　日</td></tr>
<tr><td colspan="4">填表人：</td><td colspan="6">审核人：</td></tr>
<tr><td colspan="10">填表说明：本表用于部门申请补充和减少人员时使用，由各部门提出申请，交人力资源管理部门汇总后呈报领导批复。招聘渠道有内外部招聘可选。</td></tr>
</table>

资料来源：陈丽琳. 员工招聘与配置［M］. 长春：东北师范大学出版社，2011.

1. 一般要求

主要包括年龄、性别、学历和工作经验等内容。

2. 知识技能要求

主要包括与工作职责要求相关的教育背景、培训背景、工作经验、工作技能等内容。

3. 生理要求

主要包括健康状况、体力、运动的灵活性、感觉器官的灵敏度等内容。

4. 心理要求

主要包括观察能力、记忆力、计算能力、语言表达能力、学习能力、解决问题的能力、创新能力、领导能力、兴趣、爱好、团队合作性等内容。

某企业招聘申请表示例见表 2-6，供参考。

表 2-6　　　　　　　　　　**某企业员工招聘申请表（示例）**

<table>
<tr><td colspan="4">单位名称：×××××××</td><td colspan="2">部门名称：生产部</td></tr>
<tr><td colspan="4">填表日期：　　年　　月　　日</td><td colspan="2"></td></tr>
<tr><td>岗位名称</td><td>副总经理</td><td>岗位代码</td><td>×××</td><td>申请理由</td><td>上一任副总经理离职</td></tr>
<tr><td>招聘信息说明</td><td colspan="5">请在相应的□内打√：
1. ☑ 在部门目标之内　□在部门目标之外
2. ☑ 在部门计划之内　□在部门计划之外
3. ☑ 补充新人　□替换现有员工
4. ☑ 正式员工　□临时工　□小时工
5. ☑ 从公司外部聘请　□从公司内部调配</td></tr>
<tr><td>上岗时间</td><td colspan="3">××××年××月××日</td><td>服务年限</td><td>××年</td></tr>
<tr><td>岗位职责</td><td colspan="5">工作职责：
1. 参与管理评审，执行管理评审的有关决议；
2. 生产、供应、设备管理；
3. 确保原辅材料的稳定供应；
4. 根据公司年度经营目标审批月生产计划，进行产品生产过程的组织和管理；
5. 领导和组织事业部的工作，确保各类生产条件（动力、设备、工模具、监视和测量装置、基础设施、工作环境等）的完备，并按计划完成供货合同，均衡稳定地满足顾客的需求；确保工作环境、安全状态符合产品要求。</td></tr>
<tr><td>岗位要求</td><td colspan="5">任职要求：
1. 管理、金属材料、化工、采矿及相关专业，专科以上学历，接受过管理能力培训、ISO9001 标准及体系文件宣贯培训，在管理、金属材料或化工及相关领域工作 3 年以上，工程师以上职称；
2. 具有优秀的资源协调、调配及组织能力，优秀的沟通及良好的计算机基本操作能力；
3. 从事生产管理岗位 2 年以上；
4. 熟悉钼矿开采、选矿、钼酸铵和氧化钼生产技术。</td></tr>
<tr><td colspan="6">填表人：　　　　审核人：　　　　人力资源部经理：　　　　总经理：</td></tr>
<tr><td colspan="6">填表说明：本表用于用人部门向人力资源管理部门提出招聘人员申请时使用，由用人部门填写后，交人力资源管理部门汇总。由人力资源管理部门统一组织招聘。填写时一个岗位一张表格。</td></tr>
</table>

资料来源：陈丽琳. 员工招聘与配置［M］. 长春：东北师范大学出版社，2011. 有改动

二、制订招聘计划的程序

“凡事预则立，不预则废。”做任何工作都要做到未雨绸缪，企业的招聘工作也不例外。在完成了招聘之前的人力资源规划和工作分析的相关工作后，就需要根据招聘

的需求来确定招聘工作人员，制定严密的招聘方案或招聘计划书，必要时还需要设计制作应聘人员申请表、准备面试工作需要的材料。

制订招聘工作计划是人力资源招聘工作的一项核心任务。招聘计划书是用人单位对聘用新员工的程序、时间、要求等作出安排的文书。它通常是由企业人力资源管理部门在招聘员工前向企业高层提交的书面报告，同时也要向社会公布，以便让应聘者了解企业录用员工的标准。因此，做好招聘计划书，有利于企业招聘工作有效、有序进行。

招聘计划书的主要内容包括：招聘人员的数量，拟招聘岗位的任职资格，招聘信息发布的时间和渠道，招聘的地点安排，应聘者的笔试面试方案，新员工上岗的时间，招聘经费的预算等。

（一）组织招聘小组

招聘小组成员的素质决定着招聘质量，他们影响着组织是否能招聘到合适人才。对招聘小组的组织方式一般有三种：一是集中方式，即成立专门的招聘部门（由人力资源管理部门的部分人员组成）；二是分散方式，如从企业各部门抽调一些人员组成招聘小组；三是联合方式，即从各部门抽调招聘人员的同时，还有一个长期服务的招聘部门存在并提供专业支持。

招聘小组成员的专业技能非常重要。他们需要熟悉本企业的规章制度、用人政策、企业文化甚至企业的一些重要业务。必要时还需要对招聘小组成员进行培训，以保证招聘小组成员在招聘过程中能正确解释应聘者提出的问题，掌握必要的招聘面试技巧，执行统一的面试标准。为提高招聘的效率和效果，还要根据招聘任务的需要，对招聘小组成员进行明确的职责分工。招聘小组的职责和任务主要有以下几项：

（1）根据招聘任务的需求，作出正确的招聘策略选择，制订招聘工作计划；

（2）发布招聘信息，组织和开展企业的宣传活动；

（3）解答应聘者的咨询，收集并整理筛选应聘者的材料；

（4）组织招聘笔试、面试或其他测试甄选工作；

（5）对应聘者进行必要的个人背景资料调查；

（6）组织岗位候选人进行体检，负责最后的审批录用工作；

（7）对招聘工作进行全面评估，总结招聘工作中的得与失。

（二）选择招聘渠道

招聘渠道就是企业决定从哪里寻找并录用人才。每种招聘渠道都有各自的优势、劣势，企业在选择招聘渠道时需要进行综合平衡和考虑。

通常情况下，当企业招聘高层管理人员或比较稀缺人才时会选择猎头公司招聘，当然，企业也需要付出较高的招聘费用；当企业想要招聘应届毕业生或者一般专业技术人员和管理人员时会选择校园招聘，但相对来说，招聘到的人员多缺乏工作经验；如果企业需要招聘一线员工或技术水平要求不高的办事员时，应选择人力资源市场或职业介绍所，费用也较低；通过各类媒体发布招聘广告，可以吸引到大量的各种类型的求职者，但可能会耗费大量时间和精力来筛选。

当企业紧急需要人员或者只需要少量人员时，也可以通过员工推荐的方式来招聘新员工。员工推荐的方式既节约招聘成本，降低招聘风险，又能在较短的时间内招到企业需要的人员。当企业出现空缺岗位较多时，单一的招聘渠道可能无法满足实际招聘的需要，所以企业可以同时选择多种招聘渠道和方法，以保证企业在预定的招聘时间内招聘到企业所需要的、合适的人员。

（三）确定招聘时间

一次正式的招聘所花费的时间是比较长的，很多企业由于没有做好企业人力资源规划工作，没有很好地去规划招聘时间和招聘过程，最后不得不迫于时间压力和用人的紧张，降低招聘标准，致使企业无法招聘到最合适人选。因此，招聘计划中需要确定恰当的招聘时间。

在确定招聘时间时要注意以下两个问题：第一，要确定好招聘的截止时间，尤其是新员工上岗的时间，并据此安排招聘工作的进程；第二，企业计划招聘时间要根据本企业的招聘流程制定。招聘流程大致包括以下几个步骤。

1. 收集应聘者的个人资料

应聘者投递应聘资料的途径不同，所需要的时间也不相同。现在是电子邮件速度最快，邮寄信件较慢。因此，企业应该根据实际接受的方式估算出合适的时间，预留出充足的时间，以便能够收到足够数量的应聘者的资料供下一步筛选。

2. 简历筛选

企业在收到足够多的应聘者的简历后就要进行初次筛选，依据企业招聘岗位的职责要求，剔除明显不符合企业要求的简历，然后通知通过简历筛选的应聘者进行下一步测试，并留给应聘者足够的测试准备时间。

3. 招聘测试环节

在这个环节，企业会使用笔试、面试或者其他测试方式对应聘者进行专业技能、心理等方面的考核。这一阶段耗费的招聘时间较长。

4. 录用决策

企业根据对应聘者的考核结果进行综合评价，协调并平衡人力资源管理部门和用人部门经理的评价结果，作出最后的录用决策。这一环节的时间需要根据人力资源管理部门和直接用人部门经理的工作安排来确定。

5. 岗前培训时间

录用人员的体检、报到，岗前培训都需要时间，企业也应该在招聘计划中将这些因素考虑进去。

用下面一个例子来说明招聘时间的选择。某企业欲招聘 30 名销售人员，预测招聘中每阶段所需要耗费的时间见表 2-7。

表 2-7　　某企业招聘时间安排

顺序	招聘的各个阶段	平均天数
1	信息发布，收集应聘者的信息，筛选，通知面试者	8
2	笔试、面试，各种测试	5
3	录用审批、背景调查	10
4	通知录用人员报到	15
5	岗前培训	10
合计		48

资料来源：曹晖，陈新玲. 人员招聘与配置［M］. 北京：中国劳动社会保障出版社，2011.

因此，要想保证新员工能准时上岗，就应该在招聘计划中对招聘流程时间进行严格规划。

（四）选择招聘地点

为了提高招聘的效率和效果，招聘地点也是企业应该考虑的重要因素之一。企业在选择招聘地点时除了充分考虑企业招聘成本之外，还应该考虑企业所在地、人才分布的规律、求职者活动的范围、劳动力市场状况等要素。一般招聘地点的选择规律如下。

1. 高级管理人才或者某领域专家在全国乃至全球范围选择

例如，美国把在世界范围内争夺科技人才作为一项国策，使其在第二次世界大战之后经济飞速发展；近年来我国一些中央企业也开始面向全球招聘高管。

2. 中级管理人员和专业技术人才通常在跨地区的人才市场选择

当前，我国已经建立了不少跨地区、跨省级的人才交流市场，会定期举行一些人才交流活动，为求职者和招聘单位创造了更大范围的双向交流选择的可能性。

3. 一般技术人员和工人选择在企业所在地招聘

这样选择，企业可节约很多招聘成本。企业之所以这样选择招聘地点，是因为在不同的范围内劳动力供给的数量和质量是不同的。

（五）招聘流程

这里的招聘流程是指整个招聘计划中各个招聘环节的工作程序安排。企业招聘过程包括招聘准备、招聘实施和招聘评估三个阶段。每一个阶段都有主要的工作任务，而招聘计划的内容就是将整个招聘过程的实际操作过程提前撰写好，以便招聘工作顺利实施。具体包括招聘计划、筛选计划和聘用计划。招聘计划制订好后，招聘工作人员应明确每个阶段的具体任务，使招聘工作按部就班地进行。招聘过程及流程如图 2-3 所示。

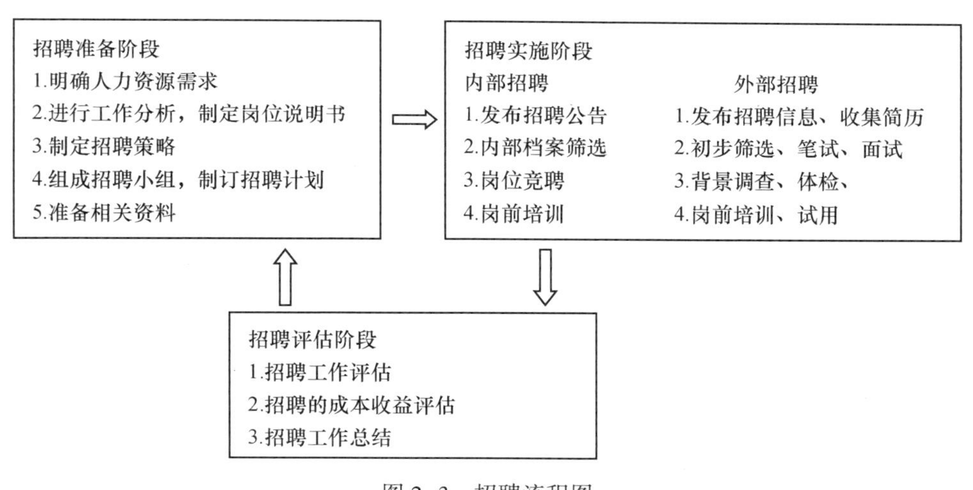

图 2-3　招聘流程图

资料来源：曹晖，陈新玲. 人员招聘与配置［M］. 北京：中国劳动社会保障出版社，2011.

（六）招聘经费预算

企业要尽可能准确地估算招聘中每项活动所需要的费用。经费预算既可以防止招聘工作占用过多的资金，又可以保证招聘工作有足够的活动经费。尤其是当企业异地招聘频繁或招聘重要岗位的时候，没有足够的招聘经费会使招聘工作陷入被动。在做招聘计划时需要将每一笔经费都列举清楚。

将上述几项具体内容综合起来，就形成了比较详细的招聘计划。但是在实际招聘过程中，因企业内外部因素发生变化、某一操作环节的失误或者经费问题等原因造成招募、筛选和录用工作发生差错时，招聘计划要适时进行调整，必要时还有可能需要重新制订招聘计划。

知识链接 2-2

2019 年某公司招聘计划书

随着企业规模不断扩大，人才需求日益增加，本着发扬企业文化、提高企业员工素质的目的，以获取企业发展所需人才、为企业发展提供强大的人力支持为宗旨，结合公司 2019 年度发展战略及相关计划安排，特制订公司 2019 年度招聘计划。

一、2018 年度招聘情况回顾及总结

2018 年度是公司快速发展的一年，面对严峻的人员招聘问题，人力资源管理中心通过不同渠道为企业招聘人员，然而由于多方面原因，录用比例不容乐观。同时，较高的人员流失率也是招聘过程中的一个重要问题。但是也基本保障了公司 2018 年度的用人需要。

二、2019 年度岗位需求状况分析

经公司对组织架构的调整，对各职能部门岗位进行反复统计与核算，2019 年岗位需求涵盖各部门现有人员空缺、人才储备、新部门人员配备等方面。

根据各部门人员需求及预估计流失率，经初步分析 2019 年度招聘岗位信息如下。

（一）长期人才储备

1. 普工类：公司各车间、仓库等；

2. 技术岗位：机修工、电工等技术人员；

3. 职能岗位：各部门职员、文员等。

（二）人员空缺

1. 管理岗位：人事科科长、管理科科长；

2. 技术岗位：印染行业机修工、PLC 电工、质检部质检员、抽验员等；

3. 职能部门：管理部统计员、仓库保管员；

4. 由于人员流动造成的空缺岗位；

5. 公司体制改革过程中需要的新设岗位。

三、2019 年度招聘需求明细

岗位	岗位描述	待遇	需求人数
普工类	年龄 18~55 周岁，身体健康，视力正常，工作认真负责，12 小时倒班工作制	保底工资或计件工资，3 500~6 000 元/月	30
统计员	年龄 30~45 周岁，已婚已育，熟练操作办公软件，8 小时工作制	2 200~2 500 元/月	1
管理科科长	生产型企业行政管理相关经验 3 年以上，8 小时工作制	4 500~7 000 元/月	1
人事科科长	生产型企业人事管理相关经验 3 年以上，8 小时工作制	4 000~6 000 元/月	1
质检员	年龄 18~35 周岁，负责工艺参数、毛效值、白度的检测，12 小时倒班工作制	保底 2 800 元/月，有产量提成	1
抽验员	年龄 18~35 周岁，负责客户白坯布的检测及外观疵点的检验，9 小时长白班工作制	2 800 元/月	1

四、招聘方式

1. 外部招聘

（1）网络招聘：与海城人才人事网、智联招聘、58 同城合作，职能部门岗位基本满足需求。

（2）校园招聘：鞍山职教城、营口职业技术学院、辽东学院等。

（3）现场招聘：海城人才市场现场招聘会、营口市劳动就业中心招聘会、鞍山市人才市场现场招聘会等。

（4）户外招聘：在公司周边镇区、工业区设点做定期招聘，主要针对普工招聘。

2. 内部招聘

人员空缺、人才储备可优先在公司内部进行内部招聘，主要形式有部门负责人推荐、用人部门考核等。

五、招聘费用预算

序号	渠道	分类明细	收费项目	费用（元）	合同到期日	合计（元/年）
1	网络招聘	海城人才人事网	前排会员	850	2020-01-25	850
2	网络招聘	智联招聘	简历查看，简历下载，发布职位	1 980	2019-10-22	1 980

续表

序号	渠道	分类明细	收费项目	费用（元）	合同到期日	合计（元/年）
3	网络招聘	58 同城	简历查看，简历下载，发布职位	3 200	2019-09-25	1 600
4	招聘会	海城、营口、鞍山	不定期进行			
5	户外招聘	周边村镇	不定期进行			
6	人才中介		中介推广费			
7	员工推荐		推荐奖励			
8	条幅		门口、村镇			
9			海报、展架制作	500		500
合计						4 930

六、招聘团队成员

人力资源部工作人员负责招聘网站的维护；现场招聘和校园招聘时，由人力资源部及用人部门各派一名代表参加。

七、招聘的实施流程

1. 第一阶段

2 月中旬至 4 月底，这一阶段是招聘高峰阶段，以校园招聘、现场招聘、户外招聘为主，同时高度重视网络招聘，具体方案如下。

（1）参加相关院校的校园招聘会，为技术部门储备人才（目前已申请参加的院校有辽东学院、鞍山职教城等）。

（2）积极参加人才市场的专场免费招聘会，补齐部门人员空缺（目前参加的是营口劳动就业中心现场招聘会、鞍山人才市场现场招聘会、海城人才市场招聘会）。

（3）每周安排 2~3 天在公司周边镇区、工业区设点进行户外招聘。

（4）坚持每天刷新网络招聘信息及简历筛选与联系，每周集中候选人进行集体面试。

2. 第二阶段

5 月初至 7 月，这一阶段现场招聘会逐渐冷淡，新增应聘人员较少，同时各院校论文答辩等事宜陆续结束，毕业生求职者达到最高水平。这段时间以网络招聘和校园网络招聘为主，具体方案如下。

（1）坚持每天刷新网络招聘信息及简历筛选与电话沟通，确保人员面试质量。

（2）将招聘信息发至全省与公司需求相关的各大高校，必要时参加校园招聘会。

（3）请面试人员进行招聘信息的转告及代介绍。

（4）每周安排2~3天在公司周边镇区、工业区设点进行户外招聘。

3. 第三阶段

7月底至10月底，这一阶段整体求职人员数量较少且分散，故此段时间以网络招聘为主，必要时参加现场招聘会，具体方案如下。

（1）坚持每天刷新网络招聘信息及简历筛选与电话沟通。

（2）每周安排2~3天在公司周边镇区、工业区设点进行户外招聘。

（3）每周坚持2次以上主动搜寻联系网络人才，补充少数岗位的空缺及离职补缺。

（4）加强对组织部门架构以及在岗人员的了解分析。

（5）加强对当年新入职人员的关注、沟通、培训、统计分析，准备申报下半年的校园招聘会。

4. 第四阶段

11月初至12月底，这一阶段各大高校都将陆续举办校园招聘会，主要以校园招聘会为主，主要招聘各部门的储备性人才，具体方案如下。

（1）积极参加各校园综合招聘会。

（2）网络招聘平台及论坛等信息正常刷新关注。

5. 第五阶段

12月底至2020年1月，这一阶段整体招聘环境不理想，非紧急空缺或新增岗位不重点做招聘工作，把工作重心转移到招聘效果分析、解决招聘过程中遇到的问题、制订下一年度招聘计划上。

八、录用决策

公司根据面试的综合结果，将会在最后一轮面试结束当天或2个工作日内告知应聘者结果，并告知录用者办理手续。

九、入职手续

1. 新人入职必须证件齐全有效。

2. 新人入职当天，人力资源部应告知其基本日常管理规定。

十、招聘效果统计分析

1. 人力资源部应及时更新员工花名册，每季度做一次全面的招聘效果统计分析。

2. 根据效果分析的结果，调整改进工作。

3. 定期对新入职不足1年的员工工作沟通了解，并采取相应的管理措施。

十一、招聘原则及注意事项

1. 做到宁缺毋滥，认真筛选，部门负责人不允许以尝试的态度对待招聘工作。

2. 对应聘者的心态要很好地把握，要求应聘者具备敬业精神和正确的价值观。

3. 招聘人员应从培养企业长期人才考虑（明确考虑异地工作），力求受聘人员的稳定性，同等条件下，可塑性强者优先。

4. 要注重受聘者在职业方面的技能，不要被自身头脑中岗位要求所限制。

5. 在面试前要做好充分的准备工作（有关面试问答、笔试等方面），并要求注意个人着装等整体形象。

6. 接待前来应聘人员须热情、礼貌，言行得体大方，严禁与应聘人员发生争执。

7. 招聘过程中若有疑问，请向人力资源部咨询。

某公司人力资源部

2019 年 1 月 20 日

业务演练

任务 2-3　撰写招聘计划书

【实训目的】

熟悉编制招聘计划的基本步骤；掌握一份完整的招聘计划书的主要内容。

【实训步骤】

1. 全班 5~6 人为一组，分为若干小组，以小组为单位成立模拟公司；
2. 依据模拟公司的背景材料，对于人力资源部门或业务部门的岗位进行人员招聘；
3. 撰写一份招聘计划书。

【实训要求】

以小组为单位，提交招聘计划书。小组代表汇报应对小组的分工活动情况作真实概括，要求总结性强。

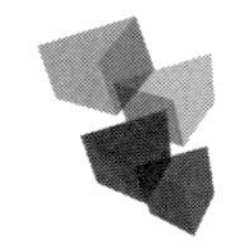

练习题

1. 单选题

（1）（　　）是对企业人员总量、构成、流动的整体规划，包括人力资源现状分析、企业定员、人员需求与供给预测和人员供需平衡等。

A. 战略规划　　B. 组织规划

C. 企业人力资源制度规划　　D. 人员规划

（2）（　　）就是工作分析人员在不影响被观察人员正常工作的条件下，通过观察将有关工作的内容、方法、程序、设备、工作环境等信息记录下来，最后将获取的信息归纳整理为适合使用的结果的过程。

A. 工作实践法　　B. 问卷调查法　　C. 关键事件法　　D. 观察法

(3)（　　）是指访谈人员就某一岗位与访谈对象，按事先拟订好的访谈提纲进行交流和讨论。

A. 问卷调查法　　B. 工作实践法　　C. 访谈法　　D. 关键事件法

(4)（　　）是工作分析人员直接参与某一岗位的工作，从而细致、全面地体验了解和分析岗位特征及岗位要求的方法。

A. 问卷调查法　　B. 工作日志法　　C. 访谈法　　D. 关键事件法

(5)（　　）是让员工以工作日记或工作笔记的形式记录日常工作活动而获得有关岗位工作信息资料的方法。

A. 问卷调查法　　B. 工作日志法　　C. 工作实践法　　D. 访谈法

2. 多选题

(1) 工作分析常用的主要方法有（　　）。

A. 访谈法　　B. 关键事件法　　C. 观察法　　D. 问卷调查法

E. 工作实践法

(2) 工作分析过程中的分析整理阶段中主要任务有（　　）。

A. 整理资料　　B. 概括资料　　C. 审查资料　　D. 分析资料

E. 收集资料

(3) 人力资源需求预测的方法有（　　）。

A. 经验预测法　　B. 现状规划法　　C. 德尔菲法　　D. 转化比率法

E. 趋势预测法

(4) 人力资源供给预测的方法有（　　）。

A. 档案清查法　　B. 现状规划法　　C. 人员接替计划　　D. 转化比率法

E. 马尔克夫模型法

(5) 人力资源供不应求时应采取的措施有（　　）。

A. 内部晋升或招聘　　B. 外部招聘

C. 技能培训　　D. 聘用非全日制临时工

E. 马尔克夫模型法

3. 简答题

(1) 一份招聘计划书一般包括哪些内容?

(2) 人力资源需求预测的方法有哪些?

（3）企业进行工作分析时经常会选用哪些方法？请比较这些方法的适用范围和优缺点。

4. 案例分析题

W机械公司的人力资源规划

W机械公司现有生产及维修工人850人，文秘和行政职员56人，工程技术人员40人，中层与基层管理人员38人，销售人员24人，高层管理人员10人。

统计数字表明，近五年来，生产及维修工人的离职率高达8%，销售人员离职率为6%，文秘和文职人员离职率为4%，工程技术人员离职率为3%，中层与基层管理人员离职率为3%，高层管理人员的离职率只有1%，预计明年不会有大的改变。

按企业已定的生产发展规划，文职人员要增加10%，销售人员要增加15%，工程技术人员要增加6%，而生产及维修工人要增加5%，高层、中层和基层管理人员可以不增加。

思考题：

请在上述资料的基础上为明年制订合理可行的人员补充规划。

5. 设计题

假设你是某家食品加工企业的人力资源部经理，公司为人力资源部经理草拟了一份岗位说明书，其主要内容如下。

（1）负责公司的人力资源管理，并按绩效考评情况实施奖励；

（2）负责统计、评估公司人力资源需求情况，制订人员招聘计划并按计划招聘公司员工；

（3）按实际情况完善公司员工工作绩效考核制度；

（4）负责向总经理提交人员鉴定、评价的结果；

（5）负责管理人事档案；

（6）负责本部门员工工作绩效考核；

（7）负责完成总经理交办的其他任务。

该公司总经理认为这份岗位说明书格式过于简单，内容不完整，描述不准确。

任务：

（1）请根据上述资料拟写一份人力资源部经理岗位的岗位说明书。

（2）岗位说明书应该明确工作职责和任务、工作环境和条件、上下级及外界联络关系、任职资格要求等内容。

（3）你可以通过调查一家企业或查找资料来完善这份岗位说明书。

项目三

选择招聘渠道与方法

【项目说明】

本项目主要对内部招聘、外部招聘的概念及原则等作了介绍，强调了内部招聘、外部招聘的方法和优缺点，同时强调了选择招聘渠道的策略。知识结构如下：

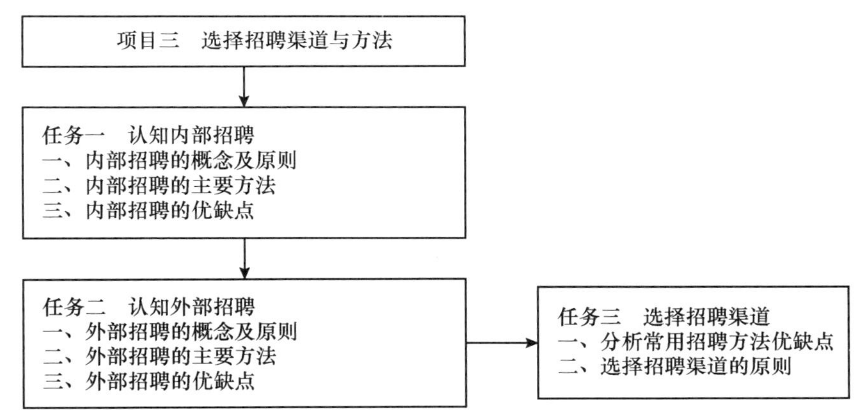

【项目导入】

一、主题案例

TS 集团的招聘策略

TS 集团在刚刚起步时，曾在报纸上公开刊登向社会招聘高级技术管理人才的广告，在一周内就有 200 余名专业技术人员前来报名，自荐担任 TS 集团的经理、部门主管、总工程师等。公司专门从某大学聘请了人力资源管理方面的专家组成招聘团，并由总裁亲自参加。随后，招聘团对应聘者进行了笔试、面试等选拔测试，挑选出一批优秀的人才。这次向社会公开招聘人才的尝试，给TS集团带来了新的生机和活力，使其迅速发展成为当地知名的公司。随着知名度的迅速提高，该公司开始从组织内部寻找人才。公司决策层认为，寻找人才是非常困难的，但是组织内部机构健全，管理上了轨道，大家懂得做事，单位主管有了知人之明，有了伯乐人才自然会被挖掘出来。基于这个思想，每当人员缺少的时候，该公司并不是立即对外招聘，而是先看本公司内部的其他部门有没有合适的人员可以调任。如果有，先在内部解决，各个部门之间可以互通有无进行人才交流，只要是本部门需要的人才，双方部门领导同意就可以向人力资源部提出调动申请。请思考：

1. 在起步阶段，TS集团为什么采用外部招募的方式？
2. 随着企业的知名度越来越高，TS集团为什么优先从组织内部寻找人才？

二、学习目标

1. 了解内部招聘的概念及原则。
2. 掌握内部招聘的方法和优缺点。
3. 了解外部招聘的概念及原则。
4. 掌握外部招聘的方法和优缺点。
5. 掌握选择招聘渠道的策略。

任务一　认知内部招聘

招聘渠道是获取岗位候选人的途径。一般来说，招聘渠道可以分为两类：内部招聘和外部招聘。两种招聘渠道又表现为多种方式和方法，不同的招聘渠道能够满足对人力资源的不同需要，组织在招聘的过程中应具体问题具体分析，根据组织的需要确定合适的招聘渠道。

知识准备

一、内部招聘的概念及原则

（一）内部招聘的概念

内部招聘是指通过内部晋升、工作调换、工作轮换、人员重聘等方法，从企业内部人力资源储备中选拔出合适的人员补充到空缺或新增岗位上的活动。这种方法的作用就是使员工有一种公平合理、公开竞争的平等感觉，它会使员工更加努力奋斗，为自己的发展增加积极的因素。

（二）内部招聘的原则

企业进行内部招聘时，应遵循以下原则。

1. 机会均等

内部招聘的信息覆盖面应是整个组织内部的全体员工，应当让每一个人都清楚空缺岗位的招聘条件、要求、时间等，从而使所有符合招聘条件的员工都有获得空缺岗位的机会。

2. 任人唯贤，唯才是用

“贤”和“才”是人才的客观标准，“任”是主观上对人才使用作出的决策。只有解决了对人才的选任问题，才能保证合格的优秀人才有适合其发挥才干的岗位和机会。

3. 激发员工积极性

无论是通过选拔优秀的员工到更高的岗位上工作，还是通过考试将员工安排到更适合他的岗位上去，都应当能让广大员工认识到，不断地提高自己的工作能力将会获得更好的工作机会，从而能调动他们的工作积极性。

4. 人事匹配

人事匹配是内部招聘中的一条重要原则，也是一条根本原则。如果忽视了人事匹配，即使招聘成功了，也会既有损于企业的发展，导致企业人力资源工作效率低下，也有害于录用者个人，因为这将影响其个人职业生涯的有序发展。

二、内部招聘的主要方法

内部招聘的方法主要有推荐法、布告法、档案法。

（一）推荐法

推荐法可用于内部招聘，也可用于外部招聘。它是由本企业员工根据企业的需要推荐其熟悉的合适人员，供用人部门和人力资源部门进行选择和考核。由于推荐人对用人单位与被推荐者比较了解，使得被推荐者更容易获得企业与岗位的信息，便于其决策，也使企业更容易了解被推荐者，因而这种方法较为有效，成功的概率较大。在企业内部最常见的推荐法是主管推荐，其优点在于主管一般比较了解潜在候选人的能力，由主管提名的人选具有一定的可靠性，而且主管们也会觉得他们具有全部的决定权，满意度比较高；它的缺点在于这种推荐会比较主观，容易受个人因素的影响，主管们可能提拔的是自己的亲信而不是一个胜任的人选。有时候，主管们并不希望自己的得力下属被调到其他部门，这样会影响本部门的工作实力。

（二）布告法

布告法的目的在于让企业中的全体员工都了解到哪些职务空缺，需要补充人员，使员工感觉到企业在招募人员这方面的透明度与公平性，并有利于提高员工士气。布告法是在确定了空缺岗位的性质、职责及其所要求的条件等情况后，将这些信息以布告的形式，公布在企业中一切可利用的墙报、布告栏、内部报刊上，尽可能使全体员工都能获得信息，所有对此岗位感兴趣并具有此岗位任职能力的员工均可申请此岗位。目前在很多成熟的企业当中，张榜的形式由原来的海报形式改为在企业的内部网上发布，各种申请手续也在网上完成，从而使整个过程更加快捷、方便。一般来说，布告法经常用于非管理层人员的招聘，特别适合于普通职员的招聘。布告法的优点在于让企业更为广泛的人员了解到此类信息，为企业员工职业生涯的发展提供了更多的机会，可以使员工脱离原本不满意的工作环境，也促使主管更加有效地管理员工，以防止本部门员工的流失。它的缺点在于这种方法花费的时间较长从而导致较长时期的岗位空缺，影响企业的正常运营。员工也可能由于盲目地变换工作而丧失原有的工作机会。

（三）档案法

人力资源部门都有员工档案，从中可以了解到员工在教育、培训、经验、技能、绩效等方面的信息，帮助用人部门与人力资源部门寻找合适的人员补充岗位空缺。员工档案对员工晋升、培训、发展有着重要的作用，因此，员工档案应力求准确、完备，对员工在岗位、技能、教育、绩效等方面信息的变化应及时做好记录，为人员选择与配备做好准备。

值得注意的是，我们强调的“档案”，应该是建立在新的人力资源管理思想指导下的人员信息系统，该档案中应该对每一位员工的特长、工作方式、职业生涯规划有所记录，将过去重“死材料”的防范型档案转变到重“活材料”的开发型思路上来，为内部有效管理和用人做好准备。在现代档案管理基础上，利用这些信息帮助人力资源管理部门获得有关岗位应聘者的情况，发现那些具备了相应资格但由于种种原因没有申请的合格应聘者，通过企业内的人员信息查找，在企业与员工达成一致意见的前提下，选择合适的员工来担任空缺或新增的岗位。

三、内部招聘的优缺点

（一）内部招聘的优点

1. 准确性高

从招聘的有效性和可信性来看，由于企业对内部员工有较为充分的了解，如对该员工过去的业绩评价资料是较容易获得的，管理者对内部员工的性格、工作动机以及发展潜能等方面也有比较客观、准确的认识，使得对内部员工的全面了解更加可靠，提高了人力资源决策的成功率。

2. 适应较快

从运作模式看，现有的员工更了解本组织的运营模式，与从外部招募的新员工相比，他们能更快地适应新的工作。

3. 激励性强

从激励方面来分析，内部招聘能够给员工提供发展的机会，强化员工为组织工作的动机，也增强了员工对组织的责任感。尤其是各级管理层人员的招聘，这种晋升式的招聘往往会带动一批人作一系列晋升，从而能鼓舞员工士气。同时，也有利于在组织内部树立榜样。通过这种相互之间的良性互动影响，可以在组织中形成积极进取、追求成功的氛围。

4. 费用较低

内部招聘可以节约大量的费用，如广告费用、招聘人员与应聘人员的差旅费等，同时还可以省去一些不必要的培训项目，减少了组织因岗位空缺而造成的间接损失。此外，从组织文化角度来分析，员工在组织中工作了较长一段时间后，已基本融入了本组织的文化，对本组织的价值观有了一定的认同，因而对组织的忠诚度较高、离职率低，避免了招聘不当造成的间接损失。许多企业都特别注重从内部选拔人才，尤其是管理者，特别是高层管理者。

（二）内部招聘的缺点

尽管内部招聘有如上所述的许多优点，但其本身也存在着明显的缺点，主要表现在以下几个方面。

1. 因处理不公、方法不当或员工个人原因，可能会在组织中造成一些矛盾，产生不利的影响

内部招聘需要竞争，而竞争的结果必然有成功与失败，并且失败者占多数。竞争失败的员工可能会心灰意冷、士气低下，不利于组织的内部团结。内部选拔还可能导致部门之间“挖人才”现象，不利于部门之间的团结协作。此外，如果在内部招聘过程中，按资历而非能力进行选择，将会诱发员工养成“不求有功，但求无过”的心理，也给有能力的员工的职业生涯发展设置了障碍，导致优秀人才外流或被埋没，削弱企业竞争力。

2. 容易造成“近亲繁殖”

同一组织内的员工有相同的文化背景，可能会产生“团体思维”现象，抑制了个体创新，尤其是当组织内部重要岗位主要由基层员工逐级升任，就可能会因缺乏新人与新观念的输入，而逐渐产生一种趋于僵化的思维意识，这将不利于组织的长期发展。许多观察人士认为，通用汽车公司20世纪90年代所面临的严重问题就是与其长期实行的内部招聘策略有关。幸运的是，通用汽车公司已经意识到这点，也开始注意吸收“新鲜血液”。

3. 有可能出现裙带关系的不良现象

裙带关系一方面损害了招聘的公平公正原则，另一方面也滋生了组织中的“小团体主义”，容易引发组织内的政治斗争，从而削弱了组织发展的动力。

4. 采用内部招聘的方法，在培训上有时并不经济

因为内部招聘活动产生了两类需要培训的员工：一类是被提拔的员工，另一类是填补该员工留下的空缺的员工。

5. 采用内部招聘的方法，尤其是管理者的内部提拔，有可能产生一种把人晋升到他所不能胜任的岗位的倾向

此外，组织的高层管理者由于是从基层逐步晋升上来，多数年龄偏大，不利于冒

险和创新精神的发扬。而冒险和创新则是处于新经济环境下组织发展至关重要的两个因素。要弥补或消除内部招聘的不足，需要人力资源部门做大量的更为细致的工作。

业务演练

任务 3-1 分析案例：内部招聘存在的问题

【实训目的】

理解内部招聘的优缺点。

【实训步骤】

1. 全班 5~6 人为一组，分为若干小组；

2. 提供案例：内部招聘存在的问题。

小赵和小张同在 W 公司的销售部门工作，小赵比小张先来公司工作三年。当小张刚开始进入 W 公司工作时，小赵给予了小张无微不至的关怀和帮助。尤其是当小张初来乍到，客户资源很少，销售业绩欠佳时，小赵主动帮助小张介绍客户并告诉其一些实战方面的技巧。对此，小张对小赵感激不尽，经常请小赵吃饭。一来二去，两个人就成了非常要好的朋友。随着小张的不断努力和小赵的帮助，很快二人的销售业绩基本旗鼓相当，而且小张的业绩发展趋势有超过小赵的迹象，但由于二人关系密切，对此小张并无防范和嫉妒之心。

然而，一件意想不到的事情打破了这个美妙的局面。公司的销售主管突然被人高薪“挖”走了。公司高层震惊不已，要求尽快在队伍中采取内部招聘的方式招募一名销售主管。于是，招聘主管马上发布了此消息。由于小张和小赵近些年来出色的业绩，通过层层选拔成了此次招聘的热门人选。通过对二人的档案和近三年的销售业绩进行全面衡量，公司认为小张的发展潜力更大，决定录用小张为销售主管。在得知这一消息后，小张显得非常高兴，而小赵却感到很沮丧。在接下来的一个月里，小赵就一直在这种沮丧与压抑中度过，最后决定离开公司，寻求新的发展。小张同样也过得并不快活，由于其并不具备管理能力，资历又浅，很难管理好整支销售队伍，每天只能身心疲惫地工作着。

3. 根据本案例，请回答下列问题：

（1）分析案例中内部招聘存在的问题。

（2）试分析案例中内部招聘存在问题的原因。

4. 以小组为单位，以书面形式提交讨论成果。

【实训要求】

能够抓住问题的关键点进行分析，联系学习的理论，紧密联系案例事实加以论证；小组代表发言应对小组的讨论活动情况作真实概括，要求总结性强。

案例分析实训参考

随着外部招聘风险和招聘成本越来越大，现在很多企业已开始使用内部招聘，尤其是对那些经济欠发达地区，人才资源匮乏，知名度较低，招聘资金预算有限的企业更是如此。甚至有些著名的大公司也通过人才培养和储备的形式为高层次岗位谋求合适人选。通过内部招聘一方面可以鼓舞员工士气，调动员工的工作积极性；另一方面也有利于提高招聘工作的正确性和有效性，降低企业的招聘风险，节约招聘成本。同时，也可使企业对员工的培训投资取得合理回报。尽管内部招聘与外部招聘相比，花费的成本少，招聘的风险也相对比较小，然而如果操作不慎，不注意方式、方法、理念和制度的构建，内部招聘就可能会使企业陷入招聘的“沼泽地带”之中。

本案例中，从内部招聘的效果上分析，基本可以将其归类为失败。第一，它没有为销售主管这一岗位找到令人满意的人选，毕竟小张是在“身心疲惫”地工作着；第二，这次招聘由于操作技巧方面存在问题，导致小赵离职，公司又失去了一名销售干将。面对这样的招聘结果，无论是公司的总经理还是销售主管，以及人力资源部门人员都会感到很遗憾。从整体上分析，这次招聘的失败实际上是必然的结果。综合起来，是由以下几方面原因所导致的。

一、公司缺乏人才储备机制建设

人才储备机制是指企业基于降低人力资源管理风险的考虑，从企业内部培育已有的人力资源，增强人力资源队伍的数量和质量的制度和措施。如果企业习惯采用内部招聘的方式为相关岗位寻求合适人选，那企业就一定要建立和完善自身的人才储备机制建设。否则，内部招聘尤其是内部选拔工作将会处于“无源求水，无米求炊”的尴尬境地。如W公司销售主管的突然辞职使公司高层震惊不已，内部招聘活动的仓促进行和小张不能胜任销售主管的职位，都说明了W公司缺乏人才储备机制的建设。

二、人事相宜的理念有待于深化

人事相宜是人力资源招聘中的一条重要原则，也是一条根本性的原则。假如企业忽视了人事相宜这条根本性的原则，那整个招聘活动就犯了方向性的重大错误。缺失人事相宜理念下的招聘，有碍于提高企业人力资源的管理效率和工作效率，也有碍于录用者个人职业生涯的和谐有序发展。本案例中，从销售队伍中选拔销售主管的合适人选，这基本上考虑到了人事相宜的理念，但从录用结果以及小赵的工作状态、工作能力上看，销售经理对人事相宜理念的把握还需进一步深化，毕竟，从结果上看小张并不是这一岗位的合适人选。

三、必要的培训缺失

有的企业认为内部招聘的员工没有必要进行上岗前的培训，毕竟被录用者对企业的软工作环境和硬工作环境都有不同程度的了解。诚然，随着现代企业协同化运作的发展，部门与部门之间、员工与员工之间的联系日益密切，彼此之间都有一定程度的相识性和了解性。但是我们仍然不能忽视的是部门之间、岗位之间的差异性并没有因为这种趋势的发展而消除。对内部招聘的员工进行必要的培训仍然是不可或缺的一项重要工作。通过实施必要的培训，一方面有利于让被录用者加深对办公环境和新岗位的了解，另一方面也有助于推动被录用者尽快融入新的岗位和组织中，缩短磨合期，从而降低企业管理风险。

四、忽略了和谐有效的沟通

沟通无论是在人力资源管理的各环节，还是在其他管理中都有着十分重要的功能性意义，在内部招聘录用决策作出之后，参与内部招聘的员工就会分为两大类：一类是成功应聘者即被录用者，另一类是应聘失败者即落聘者。对成功应聘者当然需要给予祝贺及新岗位、办公环境等相关方面的介绍；而对于落聘者则需要多给予鼓励，消除其心中的一些困惑和误解，表达企业的人文关怀，切忌不闻不问而使落聘者对此次招聘的误解得不到及时消除而产生扩大化的负面影响。

任务二　认知外部招聘

知识准备

一、外部招聘的概念及原则

（一）外部招聘的概念

外部招聘是指根据企业制定的标准和程序，从企业外部的众多候选人中选拔符合空缺岗位要求的人员。它是用来平衡企业人力资源短缺最常用的方法，当人力资源总量出现短缺时，采用此法最为有效，但最好在内部招聘之后使用。外部招聘主要用于企业初创期、快速成长期，因产业结构调整而需要大批中高层技术或管理人员、想获得能够提供新思想并具有不同背景的员工。

（二）外部招聘的原则

1. 公正公平原则

外部招聘的对象是广大招聘信息的接受者，面对众多的应聘者，公正公平是首要的原则。应给每一位应聘者以平等的机会，展示自我、公平竞争，使真正有能力的候选人不因一些外界人为因素的影响而失去获得岗位的机会。组织的招聘人员，应明确公正公平的深刻含义，排除主观偏见，选拔出真正适合组织的优秀人才。

2. 适用原则

招聘人员应熟悉空缺岗位的工作性质、工作职责、能力要求等情况，并根据这些具体条件，认真选择合适的人选，使所招聘的人员真正适合并胜任这项工作。在实际招聘过程中，所聘用的人员并不具备担任该岗位能力的现象时有发生。此外，还有一种招聘现象也不容忽视，即许多组织在招聘过程中出现的人才“高消费”现象。不少组织的招聘广告动辄提出仅招聘本科及研究生以上学历的标准，使许多有实际工作能力和经验但不具备高文凭的人才只能面对组织招聘高高的门槛望而却步。与此同时，组织在招聘中对应聘者的期望过高，录用了能力超出岗位要求很高的优秀人才，虽然在短期内组织是受益者，但其结果却是造成该人才很快感到该岗位并不足以为其提供个人发展的广阔空间，人才的流失在所难免，从而出现人员流动速度过快、频率过高的现象。这无疑会加大组织招聘的工作量和难度，增加招聘、培训等成本。

3. 真实客观原则

组织在进行外部招聘的过程中，面对的是不熟悉组织情况的外部应聘人员，招聘人员有必要真实、客观地向应聘者介绍组织的情况，即在招聘时，向应聘者提供全面的信息，这有助于应聘者与组织形成正确的心理契约。实际招聘中，不少组织往往倾向于把自己说得非常好，以吸引更多的人来应聘，但这通常会使应聘者产生过高的期望值，容易导致失望和产生不满情绪，甚至让人有上当受骗的感觉，导致新进人员的保持率降低。因此，本着真实客观的原则，组织招聘人员应向应聘者如实介绍组织的真实情况，以提高招聘的有效性，防止人员流动率过高。

4. 沟通与服务原则

外部招聘是组织内外互动的过程。通过信息的双向流动，组织在获取应聘者个人信息的同时，也应向应聘者传递组织的相关信息，实现组织内部与外部的双向沟通。此外，招聘过程也是招聘人员向应聘者提供咨询服务的过程，招聘人员向外界传递的相关信息直接关系着该组织的形象，这些信息不仅涉及组织的内部结构、部门设置等硬件设施和组织文化、经营理念、发展潜力等软件配置，还应该能够从招聘人员的形象、谈吐、待人接物等方面反映出该组织成员素质的培养和人格的塑造，从而使应聘者即使最终不能被录用，也能够对组织产生深刻的印象。

二、外部招聘的主要方法

（一）招聘广告

广告是企业常用的一种招聘方法，其形式是在报纸、电视、广播、杂志甚至网络和户外作招聘广告，以吸引求职者。

1. 招聘广告的内容

发布招聘广告的目的是让潜在的求职者知道企业的招聘信息，让他们清楚企业的岗位需求，从而产生应聘的动力。因此，招聘广告发布的内容必须全面，表述必须准确，并且具有鼓动性。一则完整的招聘广告至少应该包含以下六个方面的内容。

（1）企业概况。企业概况主要阐述企业的性质、业务、价值观与使命。介绍企业的性质、业务，要简明扼要；如果有企业网站，可以给出网址。企业的价值观是指企业及其员工的共同价值取向，即对事物的判断标准。企业价值观体现了对人才的态度，即用人理念。

（2）招聘岗位信息。招聘岗位信息包括岗位名称、岗位职责、任职要求。岗位名称要规范，即使用行业通用名称，如财务经理、客户服务部经理、招聘专员等。岗位职责是指岗位主要负责的工作和承担的任务等，可以挑选出主要的列出 3~5 条即可。任职要求主要内容包括基本知识、能力、技巧及其他特质等。

（3）批准信息。批准信息主要是注明经何单位何部门批准，如“经三河市人社局人才市场办公室批准”，目的是向求职者传达招聘信息的合法性。

（4）求职者需提供的相关资料的信息。在招聘广告中对求职者提供哪些信息提出明确要求，一般包括简历、学历和学位证书复印件、有关资格证书、身份证复印件等。

（5）时间信息。招聘广告中应当明确广告截止日期与安排面试的大概时间，方便求职者合理安排应聘时间。

（6）联系信息。联系信息包括联系部门、联系人、联系方式（如电子邮箱、通信地址、联系电话、微信二维码等）。

2. 招聘广告的设计原则

在广告设计上要遵循“注意—兴趣—愿望—行动—记忆”AIDAM 原则。

“A”—Attention，代表广告要吸引人的注意。

“I”—Interest，是要引发应聘者对岗位的兴趣，这种兴趣既要来自广告语的生动，又要从岗位本身挖掘，如工作的挑战性、收入、地理位置等。

“D”—Desire，是要激起求职者申请空缺岗位的愿望，这需要与求职者的需求紧密联系在一起，如岗位的满足感、发展的机会、合作的气氛等。

“A”—Action，代表广告要有让人马上采取行动的力量。

“M”—Memory，使求职者对招聘企业留下深刻印象是招聘广告的另一个重要目的，这对企业的形象与业务的宣传有着不容忽视的作用。

知识链接 3-1

××公司诚聘

××公司是中国家电行业领先者之一，主要从事家电产品的研发、生产与销售，公司经过五年的高速发展，已成为国内外知名的家电生产企业，产品远销世界 30 多个国家，员工人数 6 万多名。由于业务发展需要，公司诚聘英才！

岗位：大客户经理（招聘人数：3 人；工作地点：北京）

任职资格：

1. 大专及以上学历，具备 2 年及以上相关销售经验；
2. 了解市场及客户需求，反馈行业相关信息；
3. 做事认真、细致，具有良好的沟通和管理能力；
4. 薪酬：8 万~10 万/年。

岗位描述：

负责业务的推广、维护；与公司内部物流部对接，安排发货；与公司内部市场部和采购部对接，安排相关事宜；完成公司领导安排的其他有关工作事宜。

我们有公平、公正的人员选拔和晋升机制！

我们渴望优秀的您加盟我们公司，如果您有梦想，如果您想实现人生价值，如果您想有职业发展平台，请联系我们！

联系地址：朝阳门外大街1号

联系人：宋经理

联系电话：010-83226×××

（二）就业服务机构

社会上有各种就业服务机构，这些机构都是用人单位和求职者之间的桥梁，为单位推荐人才，为求职者推荐工作，同时举办各种形式的人才交流会、招聘会。

1. 就业服务机构的特点

利用就业服务机构招聘需要支付一定的费用，但这种方法简单、快捷，企业可以马上找到所需人才，与由企业自己组织招聘活动所投入的人、才、物相比，招聘成本相差不大，而且效果更好。

2. 利用就业服务机构进行招聘的时间

一般来说，企业在以下三种情况下愿意借助就业服务机构的力量来完成招聘工作：第一，企业没有自己的人力资源管理部门，不能较快地进行人员招聘活动；第二，某些特定岗位需要立即有人填补；第三，企业发现自己招聘有困难，如招聘目标目前为在职状态，他们可能不太方便同所在企业的竞争对手接触，就通过就业服务机构解决人员招聘问题。

根据美国经验，通过就业服务机构帮助招聘的求职者主要是蓝领工人或低层次管理者，很难招到专业技术人员和高级人才。从我国的现实来看，也明显存在这样的问题。为了解决这个问题，一是可以举办高级人才洽谈会，二是可以借助猎头公司。

（三）猎头公司

猎头公司是指专门为企业招聘中级或高级管理人员或重要的专门人员的机构。一般认为，最好的人才已经处于就业状态，猎头专门为雇主“搜捕”和推荐高级管理人员和高级技术人员。他们设法使这些人才离开正在服务的企业。

1. 猎头的来源

猎头的英文是head hunting，来源于拉丁文，原来是指美洲食人部落，作战的时候把对方的头颅砍下来，作为炫耀挂在腰间的行为。第二次世界大战以后，欧美一些国家从德国等很多国家里面寻找自己需要的科学家，他们像丛林狩猎一样，到处派专业公司帮他们物色比较优秀的人，这个词后来被借用成为猎寻人才，到国内把原来的含义拿过来叫作猎头。

2. 猎头公司的工作流程

（1）准备阶段

1）第一步是接触。首先，猎头公司专业的猎头顾问与客户进行初步的沟通，了解客户初步的招聘需求情况。

2）第二步是相互交流。猎头顾问会和客户进行接触和充分的沟通，深入了解客户公司的详细情况，并一起和企业制定企业委托猎聘详细说明。

3）第三步是职位评估分析。在与客户进行充分的沟通以后，双方都有非常深厚的了解，猎头公司还会就客户要求寻访的岗位进行前期人才模型建立、人才资源调查、岗位难易度评估等，以便确定寻访的难度和时间，以及整个猎头项目的可行性。

4）第四步是签约。在以上的工作完成后，猎头公司与客户就猎头项目相关的收费等具体问题和条件进行协商，达成一致意见后，双方签署合约。

（2）寻访阶段

1）第一步是选定寻访范围。首先，根据客户要求的岗位确定寻访范围。一般会通过两个渠道，一个是猎头本身的高级人才库，另一个是通过猎头公司广泛的兼职猎头队伍和合作伙伴，从相关行业中进行寻访。名单一般会在 40 个到 80 个目标之间。

2）第二步是初步筛选。在确定搜寻的目标以后，猎头便会通过各种办法，对目标人选进行初步的背景调查，以确定其资历的大致可靠性，一般留下 5~10 人进行下一步的会谈。

3）第三步是面谈和测试。猎头顾问要与筛选出来的候选人面谈，保持与候选人紧密的接触，进一步把握候选人的情况。同时也让候选人逐步了解猎头公司和客户的情况，争取候选人的信任，以便进行下一步的工作。对于某些情况，如有必要且有可能，猎头顾问要尽量说服候选人接受相应的专业面试和测评。在这一阶段，猎头公司会同客户保持紧密沟通，随时将寻访的情况跟客户交流。

4）第四步是初步背景调查。经过与候选人的反复接触，确定可能向客户推荐的人选（3~5 人）。猎头公司会对初步符合条件的候选人进行初步的背景调查，大致了解该候选人情况的真实性，向客户推荐那些通过初步背景调查的候选人。

（3）推荐阶段

1）第一步是初步面试。当猎头公司确认一些适合的候选人以后，就会将候选人的资料以及评价报告提供给客户，安排候选人与客户的会面。

2）第二步是深入背景调查。背景调查报告会客观、公正、如实地向客户反映候选人的职业历史细节，并作为客户下一步面试和考察候选人的参考依据。

3）第三步是深入面谈。对于高层的岗位，客户、候选人和猎头公司三方都会极为慎重。客户和候选人至少要进行两次以上，甚至十几次的面谈和测验；候选人也会对客户公司的状况进行更为深入的了解，如去客户公司参观、和不同人会面等。

4）第四步是入职协商。主要是确认双方基本的权利和义务，如候选人的薪酬待遇，这里面包括基本薪金、奖金、补贴、假期、保险、住房、交通、股票、期权等，以及企业要求候选人需要达成的目标和其他要求等。猎头顾问会在中间进行双方协调。若候选人与客户达成共识，双方签约，猎头公司的寻猎工作即告完成。当然，猎头公司还会对客户提供三个月到六个月的人才保证期。

5）第五步是跟踪服务。猎头公司会在候选人上岗以后的一段时间内对候选人进行跟踪，了解候选人在新岗位的工作情况，以便随时掌握候选人的情况，及时消除双方误解，并对自己本身的工作进行评价。

此外，猎头公司一般还要充分关注其性格特征、职业倾向、专业能力、管理能力、家庭背景、发展需求、职业规划、离职原因等，还要根据客户的个性要求或候选人的特殊情况，进行深入沟通和了解，以期推荐给客户时，是一个经过了严格筛选和有良好匹配度的候选人。

知识链接 3-2

部分知名猎头公司

公司名称	网站	总部
海德思哲	www. heidrick. com. cn	北京
光辉国际	www. kornferry. com	北京
乾坤猎聘	www. bitjob. net	北京
万宝盛华	www. manpower. com. cn	香港
伯乐	www. bo-le. com	香港
展动力	www. zdlchina. com	深圳
北京泰来猎头咨询事务所	www. headhunter. com. cn	北京
泛亚人力	www. fairhr. com	深圳
北京浩竹猎头	www. topjobway. com	北京

资料来源：王丽娟. 招聘与录用［M］. 北京：中国人民大学出版社，2018.

（四）校园招聘

按照教育部的有关规定，每年10月份开始，企业就可以进入校园进行招聘，对学校领导和主管来说，就业率指标能否完成，很大程度上取决于这之后几个月，同时企业希望将最优秀的人才吸引到本企业。

1. 校园招聘的概念及形式

校园招聘是指企业直接从应届专科、本科、硕士研究生、博士研究生中招聘企业所需要的人才，因为大多数招聘活动在校园举行，故称校园招聘。校园招聘是一种两点式招聘，即在学校和企业两点之间进行。校园招聘的方式主要有三种：第一种是企业直接到校园进行招聘，如在校园张贴招聘启事、举办招聘宣讲会等；第二种是吸引学生提前到企业实习，这是企业现在比较重视的一种招聘方法；第三种是企业和学校联合培养，主要是企业支付学生的培养费用，大学承担学生在校所学课程的设置及授课工作，学生毕业后进入这家企业工作。

2. 校园招聘的流程

校园招聘的流程通常如下：招聘宣传→举办或参加招聘会→筛选简历→笔试和面试→录用签约→毕业设计和实习→派遣。

（1）招聘宣传。应届生的招聘计划一般在10月份，最晚应在第二年1月上旬就予以确定。企业确定举行校园招聘后，要通过各种形式进行宣传，以吸引更多的应届毕业生投递简历，为企业招聘积累庞大的人才库。形式包括通过招聘网站宣传、通过学校就业中心网站宣传、定期投递招聘手册等，最终目的是使更多的应届毕业生知晓招聘信息，以期更多符合企业文化、符合岗位要求的应届毕业生加盟企业。

（2）举办或参加招聘会。举办企业专场招聘会主要有两个目的，一是宣传企业，吸引更多的学生投递简历，参加校园招聘活动；二是通过招聘会，展示企业形象和实力，为符合岗位要求的应届毕业生最终签约企业奠定基础。校园招聘会程序一般如下：学校领导致辞，企业情况介绍，招聘岗位介绍，校友分享感受，互动问答。为了表示对校园招聘的重视，一般公司都会请企业高层来参加校园招聘会，通过面对面的沟通和介绍，展示企业的发展情况及其独特的企业文化、良好的薪酬待遇，勾画出职业发展前景。而具有校友身份的企业员工亲自分享在公司工作、生活的感受，更具有感召力，使应聘学生对拟加盟企业有较为深入的了解和更多的信心。企业也可以参加校园举办的招聘会，其中，展位的布置关乎企业的形象。参加招聘会的企业很多，有些可能就是企业的竞争对手，如果形象上逊于对方，优秀的人才可能会被对手吸引过去。

优秀的形象会使应聘者产生好感，使应聘者产生进一步了解企业的渴望。

（3）筛选简历。目前，大部分企业都通过网络接收应聘者的简历，这样便于不同地区的学生投递简历，也便于筛选和保存简历。毕业生通过访问校园招聘的网站，按照企业要求投递简历；企业安排人力资源管理部门和业务部门按照岗位要求，在网上进行简历筛选；通过简历筛选的应届毕业生则可以进入下一个环节。

（4）笔试和面试。通过简历筛选的应届毕业生可以接受企业的招聘选拔。招聘选拔一般包括两个环节，即笔试、面试。

1）笔试。笔试主要包括三部分：通用能力测试，英文水平测试，专业技能测试。能力是做好工作的基础。通用能力测试主要考查应聘者的阅读理解能力、分析判断能力、逻辑思维能力等，是人才素质考查最基本的一关。英文水平测试主要用于考核母语不是英语的应聘者的英文能力，考试内容包括听力、阅读、写作、口语等。与以上两项能力测试不同，专业技能测试并不是任何岗位的申请者都要参加，它主要是针对一些对专业知识要求比较严格的岗位设定的，如研究开发部、信息技术部和财务部等。专业技能测试一般由业务部门进行考查和评价。

2）面试。面试一般分两轮。第一轮为初试，一般采用小组面试的形式，一对多或者多对多，在人际互动的环境下考查应聘者的基本素质。第二轮为业务面试，一对一，面试官通常是具有一定经验并受过专门面试技能培训的企业业务部门经理，主要对应聘者是否符合岗位的专业素质要求进行评价。笔试和面试的时间，各企业可根据招聘岗位情况以及应聘情况进行调整。

（5）录用签约。通过企业的笔试、面试后，企业向应聘者发出录用通知书，内容包括岗位薪资信息等。应聘者接受后，和用人单位签订双方协议（企业、应聘者）或三方协议（企业、学校、应聘者）。

（6）毕业设计和实习。有些企业会安排录用者提前到企业实习。应届生的实习一般从 3 月开始，到 6 月结束。有条件的企业可以向学校申请将学生的毕业设计安排到企业进行，使其对企业有一段适应期，这样在 7 月正式毕业之后，可以更快地适应工作。这里应该注意的是，在企业实习，一定要保证学生毕业设计或毕业论文的顺利进行，尽量少安排工作或不安排工作，在考勤上也要适度放松处理，最好能安排技术人员辅助实习生毕业设计的完成。

（7）派遣。学校一般在 7 月上旬为学生办理离校手续。由于接收手续繁杂，人力资源部可协助学生办理手续。手续办理完毕后，毕业生正式成为企业的员工，同时脱离了学生身份，企业应及时为其办理各种社会保险。

（五）员工推荐

员工推荐这种方式的做法一般是人力资源管理人员或一线经理要求员工推荐合适的朋友或亲属，并且向推荐了合格候选人的员工提供一些奖励。这既合算，又有利于鼓舞员工士气。员工推荐的基础就是一旦岗位空缺，要尽快传播消息。通过员工推荐招聘人才，有以下五个优点。

1. 比起刊登广告、通过人才中介公司等招聘渠道，员工推荐招聘成本比较低。

2. 当员工推荐求职者时，对方通常都已得知公司的情况，并且已经准备好转换工作，公司可以尽快面试或录用，缩短招聘时间。

3. 员工由于对企业、职位及候选人的能力都比较了解，一般不会推荐不适合或不可靠的应聘者，成为替公司筛选人才的过滤网。

4. 通过员工找到求职者，一般比通过广告吸引的求职者的素质高。

5. 员工推荐的候选人一般比通过其他方式招聘到的人员表现得更好，且流动率低。

（六）网络招聘

随着互联网的迅猛发展，网民人数不断增加，网络招聘作为一种新兴的招聘途径，逐渐成为招聘方法的主体，它的种种便利也使其倍受企业和求职者的青睐。

1. 网络招聘的概念

网络招聘也被称为在线招聘或电子招聘，是指人力资源管理部门通过公司自己的网站、第三方招聘网站等机构，并通过电子邮件或简历数据库收集应聘信息，经过信息处理后，初步确定空缺岗位人选的过程。网络招聘中利用互联网技术进行的招聘活动，包括信息发布、简历的收集整理、电子面试以及在线测评等。它不仅是将传统的招聘业务搬到网上，而是一种互动的、没有地域限制的、具备远程服务功能的、全新的招聘方式。

2. 网络招聘的流程

（1）发布招聘信息

网络招聘信息的发布直接关系到企业招聘的效果。如何根据企业的实际情况选择适当的信息发布渠道显得尤为重要。目前主要的信息发布渠道如下。

1）利用招聘网站进行岗位发布。通过这种形式，企业可以在人才网站上发布招聘信息，利用招聘网站提供的在线系统收集求职者简历。人才网站上资料库大，日访问量高，加之收费相对较低，因此很多公司往往会同时在几家网站注册。该方法是企业最广泛采用的一种招聘方式。

2）发布招聘广告。出于吸引求职者和宣传企业雇主品牌的双重目的，企业往往选择在大型网站上发布招聘广告的方式，既可以选择招聘网站（如前程无忧、中华英才网、智联招聘等），也可以选择行业性专业网站（如 CSDN、存储在线等），甚至是大型综合门户网站（如新浪、搜狐等）。

3）在公司主页上发布招聘信息。如果有实力，可以依托企业的网站建立自己的招聘主页，这样就可以在自己的网站上发布招聘信息，同时将企业文化、人力资源政策以及更多能让求职者了解的信息发布在主页上，既可达到宣传企业的目的，又能使来访问的求职者了解企业的实际状况后，有针对性地选择应聘岗位，招聘人员的质量比较高，公司还可以将在线投递简历应用其中，这样就可以很方便地建立自己的人才库方便查询。

（2）收集信息与安排面试

招聘信息发布以后，要注意及时反馈，从众多的求职者中挑选出符合条件的安排面试。

1）收集、整理信息。企业在招聘网站注册后，可以利用这些招聘网站的在线系统收集求职者主动投递的简历，同样可以利用招聘网站的人才简历库进行搜索，即通过定制查询条件，搜索符合要求的应聘者的联系方式，主动与之接洽。

2）安排面试。挑选出符合条件的求职者后，接下来就可以安排面试。常规的方式是利用网络方式便捷地通知候选人相关的面试信息。招聘者即使不在一起，也可以通过互联网合作，利用网络会议软件一起对应聘者进行考查。根据不同的求职者安排好面试人员后就可以通知求职者进行电子面试，互联网的发展使我们有多种选择进行电子面试。

（3）电子沟通

信息的发布与收集整理仅仅是网络招聘的开始，电子沟通更能体现网络招聘的互动性、无地域限制性，它的应用才是网络招聘中重要的组成部分，但由于网络技术等各种原因，电子沟通在企业中的实用案例较少。目前主要的电子沟通有以下几种形式。

1）电子邮件。电子邮件具有方便、快捷、低成本等优点，越来越多的人远离了传统方式，开始通过电子邮件交流。招聘者与求职者利用电子邮件交流，可以节约大量的时间，进而提高招聘效率。

2）聊天工具。公司可以利用一些聊天软件或者招聘网站提供的聊天室与求职者交流，企业可以一家占用一个聊天室，在聊天室里进行面试。就像现实中一样，企业可以全面了解求职者，也可以考查求职者的技能。求职者可以就职业问题向企业提问，实现互动交流。

3）视频面试。声音的传送已经无法满足现代人沟通的需求，即时、互动的影像更能真实地传送信息。视频会议系统又称电视会议系统，是指两个或两个以上不同地方的个人或群体，通过传输线路及多媒体设备，将声音、影像文件资料互传，达到即时、互动的沟通。例如，“BOSS 直聘”是一款在全球范围内首创互联网“直聘”模式的在线招聘 App，致力于为职场 Boss 和求职者搭建高效沟通、信息对等的平台。“BOSS 直聘”产品的核心是“直聊+精准匹配”，通过将在线聊天功能引入招聘场景，让应聘者和用人方直接沟通，从而跳过传统的冗长应聘环节，提升沟通效率。

4）在线测评。随着素质测评日益受到企业的重视，一些网站开始将素质测评作为自己的服务项目之一。求职者可以通过测评软件进行测试，自动生成一份测评报告，它可以在花费大量面试时间之前，让招聘者洞悉每一个应聘者的整体素质，从而节约大量的时间，进一步提高招聘效率。

（七）微招聘

随着现代技术的发展，企业招聘方式也出现了新的变化。近些年来，随着微博、QQ 以及各种社交 App 的普及，一些企业开始尝试现代化的网络工具进行员工招聘，微招聘的概念应运而生。

1. 微招聘的概念

目前还未形成对微招聘统一的概念，我们可以从以下两个方面加以理解：一方面，从招聘规模（在某种程度上，也可以理解为招聘阵势）来看，微招聘相对于较大规模的招聘而言，其招聘人员的类型、数量较少，且持续时间较长，可以看作碎片化招聘；另一方面，从招聘技术来看，微招聘是借助现代技术对传统招聘方式的一种突破，是利用微信、微博、专业微招聘 App 等方式进行的招聘。例如，华为公司就专门设计了招聘微信公众号，计划应聘华为公司的求职者可以通过微信搜索华为招聘公众号，扫描进入招聘主页浏览公司招聘信息，并在线提交求职信息。

2. 微招聘的运营模式

不仅招聘企业开始借助微招聘进行人才招聘，一些网络公司也逐渐推出了服务招聘方和求职方的微招聘服务。2014 年新浪微博正式推出了微招聘，运用大数据技术，根据岗位要求自动匹配、推荐候选人。微招聘使用的是碎片化简历模式，系统会不定期向用户推送消息，让用户做一些简单的问答，随后用户可将其保存为最新简历。注册用户还可以以发送微博状态的形式发布一些求职信息，系统会自动将其推荐给相关企业，粉丝也可以帮助转发。

微招聘根植于社交平台，通过数据挖掘，对企业和个人求职者进行精准匹配。对求职者而言，微招聘会主动将求职信息推送给符合条件的候选人，做到精准定向推送，形成企业和人才的真正互动。

三、外部招聘的优缺点

（一）外部招聘的优点

1. 带来新思想和新方法

从外部招聘来的员工对现有的组织文化有更为崭新的、大胆的视角，而较少有感情的依赖。通过从外部招聘优秀的技术人才和管理专家，可以在无形中给组织原有的员工施加压力、激发斗志，从而产生“鲶鱼效应”。

2. 有利于招聘一流人才

外部招聘的人员来源广，选择余地大，能招聘到许多优秀人才，尤其是一些稀缺的复合型人才。这样可以节省内部培训费用。

3. 可以有效缓解内部竞争者之间的紧张关系

一般内部同事之间的互相竞争会产生矛盾，不利于企业的运作和管理。外部员工的引入可对于此种情况产生平衡的作用，避免了组织成员间的不团结。

4. 有利于了解外部信息，树立企业形象

外部招聘是一种有效地与外部进行信息交流的方式，通过与候选人的面试沟通，可以了解外部市场的行情、企业的动态、招聘岗位的市场薪资状况等；同时，外部招聘会起到广告的作用，树立企业良好形象，从而形成良好的口碑。

（二）外部招聘的缺点

1. 筛选难度大，时间长

由于信息的不对称，往往造成筛选难度大，成本高，容易被应聘者的表面现象（如学历、资历）所蒙蔽，无法了解其真正的才能，甚至因为不了解求职者以前的情况产生劳动纠纷。一些组织采用推荐信、个人资料、自我评定、同事评定、工作模拟、评价中心等方法进行测量，进而进行科学的录用决策，这就使得录用决策耗费的时间较长。

2. 进入角色慢

外聘员工需要花费较长的时间来进行磨合和定位，学习和培训成本较高，很可能会出现“水土不服”的现象，很难融入企业文化之中，影响了工作的开展和创造力的发挥。

3. 招聘成本大

外部招聘需要通过不同的渠道来发布招聘信息或者通过中介机构、猎头招聘，需要支付一定的费用，加上后续的选拔过程需要很多招聘人员参与，这就需要花费较多的人力、财力，还占用了大量的时间，所以外部招聘的成本较大。

4. 决策风险大

外部招聘只能通过几次短时间的接触，就必须判断候选人是否符合本组织空缺岗位的要求，而不像内部招聘那样经过长期的接触和考察，所以，很可能因为一些外部因素而作出不准确的判断，进而增加了决策风险。

5. 影响内部员工的积极性

外部招聘可能会挫伤有上进心、有事业心的内部员工的积极性和自信心，或者引发内部人才之间的冲突和矛盾。

业务演练

任务 3-2　拟定招聘广告

【实训目的】

让学生掌握招聘广告写作要点和注意事项，能够独立撰写招聘广告。

【实训步骤】

1. 全班 5~6 人为一组，分为若干小组，以小组为单位成立模拟公司；
2. 依据模拟公司的背景材料，对拟招聘岗位进行分析；
3. 完成拟招聘岗位招聘广告的撰写。

【实训要求】

以小组为单位，提交拟招聘岗位的招聘广告。小组代表汇报应对小组成员的任务分工活动情况作真实概括，要求总结性强。

任务三　选择招聘渠道

知识准备

一、分析常用招聘方法优缺点

企业在选择招聘渠道时，一定要先了解它们的优缺点，这样才能选择合适的招聘方法，更快地招到企业发展所需的人才。常用招聘方法的优缺点分析见表 3-1。

表 3-1　常用招聘方法的优缺点分析

招聘渠道分类	细分	优点	缺点
校园招聘	学校信息栏海报	信息发布及时性好，便于学生知晓	不正规，没有校方官方的肯定与支持
	学校组织的招聘会	学生的参与度高，有历届学生参与，可以间接提升企业的知名度	竞争力比较强，优秀学生通常会选择多家企业对比
	校企联合专场招聘会	提高企业品牌知名度，可以吸引优秀学生	花费大，对企业宣传手段要求逐年提升
媒体广告招聘	电视媒体	花费巨大，主要是为了企业品牌推广，是企业人才市场营销的一种方式	
	广播媒体		
网络招聘	企业网站招聘	这是花钱最少的招聘方式，需要定期维护和更新	网站的点击率是关键
	专业人才网站招聘	主要适合招聘对象为本专业的人才	花费较高
	相关论坛	符合年轻人的习惯，信息传播方式比较简单、有效	需要一定的人力和时间发信息，诚信度不是很高，操作不当容易损害企业形象
	QQ 群、微信群发信息等		
现场招聘会	人才市场招聘	可以快速淘汰不合格人员，控制应聘者的数量和质量	受到主办方宣传推广力度的影响，应聘者的数量和质量难以有效保证
	大型招聘会现场		

续表

招聘渠道分类	细分	优点	缺点
猎头公司招聘	猎头公司招聘	利用其储备人才库、关系网络、定向寻访等方式，帮助企业寻找所需要的人才	收费比较高，通常为成功录用人员年薪的20%~30%；猎头顾问的水平也决定了人才的推荐速度和质量
员工推荐	员工推荐	应聘者与现有员工之间存在一定的关联相似性，可以快速找到与现有人员素质技能相近的员工，是目前相对比较有效的招聘渠道之一	需要合理控制推荐人数，推荐成效和公司激励有很大关联度
招聘启事	招聘启事	招聘成本不高，简单易行	招聘启事的设计要求很高

资料来源：陶琳，王伟杰．HR实战学堂——玩转招聘［M］．北京：中国劳动社会保障出版社，2017．有变化

二、选择招聘渠道的原则

内部招聘与外部招聘各有其优劣势，不可一概而论，企业选择招聘方式应遵循以下几个原则。

（一）高级管理人才选拔应遵循内部招聘优先的原则

在人力资源成为企业核心竞争力重要组成部分的今天，高级管理人才对于任何企业的发展都是不可或缺的。企业在高级管理人才的选拔过程中应当遵循内部优先的原则。

高级管理人才能够很好地为企业服务，一方面是依靠自身的专业技能、素质和经验，能够为企业服务；另一方面更重要的是对企业文化和价值观念的认同，愿意为企业贡献自己全部的能力和知识。而后者是无法在短期内完成和实现的。企业内部培养造就的人才，更能深刻理解和领会企业的核心价值观，因为长期受企业文化的熏陶，已经认同并成为企业文化的信徒，所以也更能坚持企业的核心价值观不变。而核心价值观的延续性对企业是至关重要的。

同时，企业的高层管理团队和技术骨干，都是以团队的方式进行工作，分工协作，密切配合，而核心价值理念相同的人一同工作更容易达成目标，如果观念存在较大差异，将直接影响到合力的发挥。

（二）外部环境剧烈变化时，企业必须采取内外结合的人才选拔方式

当外部环境发生剧烈变化时，行业的经济技术基础、竞争态势和整体游戏规则发生根本性的变化，知识老化周期缩短，原有的特长、经验成为学习新事物新知识的一种包袱，企业受到直接的影响。这种情况下，从企业外部、行业外部吸纳人才和寻求新的资源，成为企业生存的必要条件之一。不仅因为企业内部缺乏所需专业人才，同时时间也不允许坐等企业内部人才的培养成熟，所以必须采取内部招聘与外部招聘相结合、内部培养与外部专业服务相结合的措施。

（三）快速成长期的企业，应当广开外部渠道

对于处于成长期的企业，由于发展速度较快，仅仅依靠内部选拔与培养无法跟上企业的发展。同时由于企业人员规模的限制，选择余地相对较小，无法得到最佳的人选。这种情况下，企业应当采取更为灵活的措施，广开渠道，吸引和接纳需要的各类人才。

（四）企业文化类型的变化决定了选拔方式

如果组织要维持现有的强势企业文化，可以从内部选拔，因为内部的员工在思想、核心价值观念、行为方式等方面对于企业有更多的认同，而外部的人员要接受这些需要较长的时间，而且可能存在风险；如果企业想改善或重塑现有的企业文化，可以尝试从外部招聘，新的人员带来的新思想、新观念可以对企业原有的东西造成冲击，促进企业文化的变化和改进完善。

业务演练

任务 3-3　分析案例：宝洁公司的用人策略

【实训目的】

内部招聘、外部招聘优缺点理论知识的运用。

【实训步骤】

1. 全班 5~6 人为一组，分为若干小组；
2. 提供案例：宝洁公司的用人策略。

宝洁公司在用人方面是外企中最为独特的，它与其他外企不同，只接收刚从大学毕业的学生。由于我国只有每年 7 月才有毕业生，宝洁才不得不接收少量的非应届毕

业生。中国宝洁公司北京地区人力资源部傅经理介绍说，在中国宝洁公司，90%的管理人员是从各大学应届毕业生中招聘来的。

20年来，宝洁公司已经聘用了几千名应届大学生。

3. 根据本案例，请回答下列问题：

（1）宝洁公司为什么只招聘应届大学毕业生？

（2）在招聘应届大学毕业生时，宝洁公司应该注意哪些问题？

4. 以小组为单位，以书面形式提交讨论成果。

【实训要求】

能够抓住问题的关键点进行分析，联系学习的理论，紧密联系案例事实加以论证；小组代表发言应对小组的讨论活动情况作真实概括，要求总结性强。

案例分析实训参考

一、宝洁公司为什么只招收应届大学毕业生

1. 应届大学毕业生对于职场基本是“空白”，宝洁公司的理念、文化很容易植入进而形成共识；为企业服务的时间较长。

2. 带来新思想和新方法，从而产生“鲶鱼效应”。

3. 有利于招聘一流人才。

4. 树立公司良好形象。

二、在招聘应届大学毕业时，宝洁公司应该注意哪些问题

1. 要注意了解大学生在就业方面的一些政策和规定。

2. 一部分大学生在就业中有脚踩两只船或几只船的现象。

3. 学生对社会上的工作有不切实际的估计，对自己的能力缺乏准确的评价。公司在与学生交流过程中应该注意对学生的职业指导，注意纠正他们的错误认识。

4. 对学生感兴趣的问题做好准备。

练习题

1. 单选题

（1）企业招聘大批的初级技术人员，最适合的招聘渠道是（　　）。

A. 校园招聘　　B. 猎头公司　　C. 熟人推荐　　D. 档案筛选

（2）具有人员来源广，选择余地大，能招聘到许多优秀人才特点的招聘方式是（　　）。

A. 校园招聘　　B. 网络招聘　　C. 内部招聘　　D. 外部招聘

(3) 对于高级人才和尖端人才，比较适合的招聘渠道是（　　）。

A. 人才交流中心　　B. 猎头公司　　C. 校园招聘广告　　D. 网络招聘

(4) 可能在组织中形成裙带关系的员工招聘方法是（　　）。

A. 校园招聘　　B. 借助中介　　C. 猎头公司　　D. 熟人推荐

(5) 以下不属于网络招聘的优点的是（　　）。

A. 成本低廉　　B. 传播迅速　　C. 传播面广　　D. 针对性强

2. 多选题

(1) 关于内部招聘和外部招聘优缺点的说法，正确的有（　　）。

A. 内部招聘可以提高员工对企业的忠诚度

B. 内部招聘容易导致“近亲繁殖”

C. 内部招聘可以减少招聘的宣传费和差旅费用

D. 外部招聘能为企业带来新的思想和理念

E. 外部招聘容易导致内部部门之间或员工之间的矛盾

(2) 内部招募的优点包括（　　）。

A. 准确性高　　B. 成本较高　　C. 适应较快　　D. 激励性强

E. 费用较低

(3) 外部招聘存在的不足包括（　　）。

A. 进入角色慢　　B. 筛选难度大、时间长

C. 招聘成本高　　D. 影响内部员工积极性

E. 决策风险小

(4) 内部选拔的缺点包括（　　）。

A. 选拔费用高　　B. 抑制个体创新

C. 产生“团体思维”　　D. 不利于组织的内部团结

E. 出现部门之间“挖人才”的现象

(5) 广告媒体的总体特点包括（　　）。

A. 信息传播范围窄　　B. 信息传播速度快

C. 应聘人员数量大　　D. 单位选择余地大

E. 应聘人员层次单一

3. 简答题

(1) 简述内部招聘有哪些优点和缺点。

(2) 简述外部招聘有哪些优点和缺点。

（3）内部招聘主要有哪些方法？哪些情况下采用这些方法合适？

（4）外部招聘主要有哪些方法？哪些情况下采用这些方法合适？

（5）简述选择招聘渠道的原则与策略。

4. 案例分析

（1）宋总是一家集自主研发、生产、外贸于一体的企业的老板，生产员工 300 多名，外贸业务员国内 20 余人，国外 30 余人。年营业额约 6 亿人民币，净利润超过 15%，公司发展得相当不错。

经过近 10 年的发展，宋总总觉得企业哪里存在一点问题。与朋友多番交流之后，他认为可能是内部管理有待提升，需要一位专业 HR 来打理内部事务。作为一名有良好修养、企业经营得也不错的企业家，在选 HR 时，要求自然也相对比较高，给出的薪酬也具有相当的竞争力：月薪 2 万至 2.5 万，年薪在 40 万以上。

可问题是，这样的薪酬却一直让他无法招聘到满意的 HR。他先后共聘请了三位，其中一位自己在合作中觉得不合适，另两位都是对方认为企业不合适。

问题：企业为何高薪招聘不到优秀的人才？

（2）某公司是一家大型的家用电器公司，人力资源部张经理正在召开一个专题工作会议，参加者包括公司招聘专员、助理和各个下属分厂劳动人事负责人等。大家在分析 2018 年上半年各类员工流动率时，发现去年通过外部招聘来的员工，包括一些管理和技术人才的流失率都很高，而内部招聘的技术、业务岗位的人员反而相当稳定。由此大家展开了热烈的讨论，有的认为以后技术业务骨干干脆就别从外部引进，有的则认为如果不从外部招聘员工是根本不可能的事情，等等，大家的看法一时难以统一。

请结合本案例，分析说明外部招聘的优势和不足，并提出具体的对策建议。

项目四

人力资源测评与选拔的方法

【项目说明】

本项目主要介绍了人力资源测评与选拔的常用方法，包括筛选简历与工作申请表的方法和技巧、笔试的概念和实施程序、心理测试技术的应用。知识结构如下：

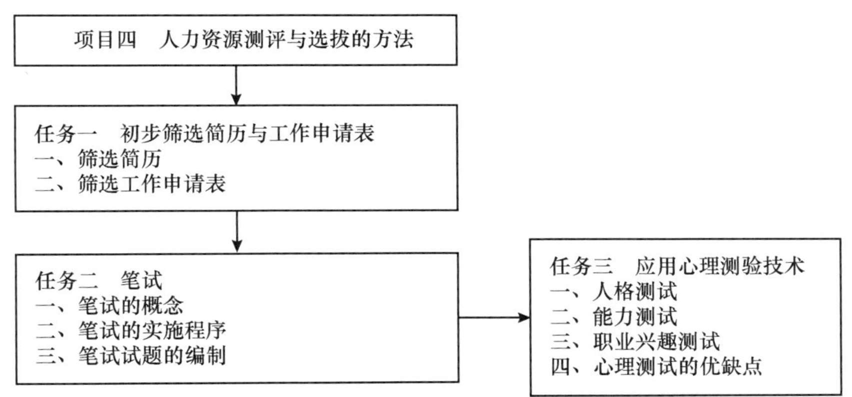

【项目导入】

一、主题案例

W 公司人才选拔测评

W 公司成立于 2003 年，2007 年在深圳交易所上市，总注册资本为 21 630 万元，2010 年前公司的主营业务为水处理、化工、仪器仪表、热工、机电一体化、计算机应用等。当时，公司有11家控股子公司，员工600余人，集团公司员工100余人。2010年，公司董事会制定新的战略，集团公司主营业务向环保领域转移。主要方式为环保工程总承包，以输出技术和管理为主；具体业务分为火电厂的烟气脱硫和污水处理两大类。2010年初，W公司在实施战略转移的第一个季度就接下了总金额为13亿元的工程项目。当时，公司面临两大困难：一是人员数量严重不足，当时改革后总公司只有80余人；二是现有人员的专业结构及经验不足，基本上没有具备大型工程管理经验的人。解决困难的基本办法就是面向全国公开招聘。

通过媒体发布招聘信息后，共有3 000余人报名，经过材料审查、电话沟通方式筛选，初步入围500人，之后公司董事会和高管层及人力资源部组成多个面试小组赴全国各地进行面试，最后确定343名人员入围。所招聘人员大部分都在比较重要的岗位，人员的使用成本高、风险大，因此，公司领导层决定聘请专业测评机构对应聘人员进行综合素质测评。

S测评中心接到这一任务后，设计了一个详细的测评方案，决定使用多种方法对应聘人员进行综合测评。测试于2010年5月1日至7日进行，为了保证测试的客观性，测评专家租用了某大学的计算机中心机房和心理学系的行为观察室。具体的测试内容和方法如下图所示。

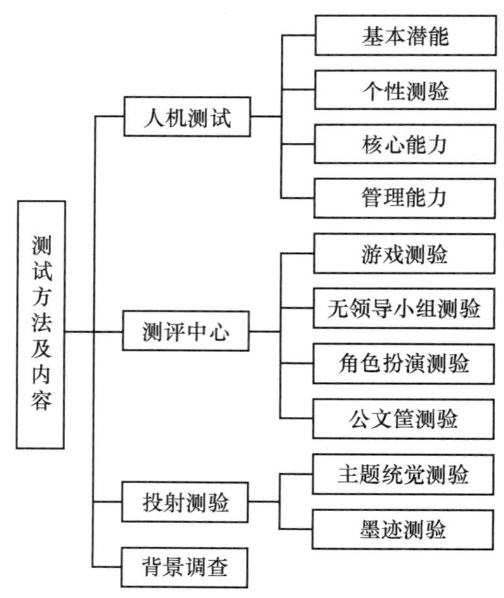

根据每个测试对象在各个测试项目上的反应，测评专家把数据汇总之后进行了综合分析，并按照应聘岗位的要求对每个应聘者给出推荐意见。推荐意见共分5个等级，5级为最高级，即5级为特别优秀者，4级为优秀者，3级为合格者，2级为慎重使用者，1级为完全拒绝者。

测评结果显示，4、5 级为优秀人才，占应聘者的 10%左右；3 级占 45%，1、2 级为基本不能录用的人员，占 45%。

W 公司在肯定这一项目的成效之后，又于当年 6 月下旬委托 S 测评中心给公司内部所有员工进行素质测评，目的是了解公司内部人员的素质状况。此次内部素质评价的对象包括百余名普通员工，几十名高层管理人员。

自 2010 年 5 月招聘之后，W 公司在人力资源管理中先后十余次运用了人才测评技术。在 2012 年 11 月中旬，W 公司人力资源部的经理亲自带着一位重要的应聘人员飞到上海进行测评工作。正因为有了强有力的人力资源支持，目前 W 公司已经从 2010 年 80 人的小企业发展成为 500 人的大企业，由原来的 W 电力公司发展成由 W 水务公司、W 蓝天公司、W 投资公司组成的“W 系”集团公司。

通过此种方法选拔的人才进入岗位后的工作表现如何呢？人才测评技术到底给 W 公司带来了什么效益呢？W 公司的董事长是这样评价的：

“通过这些内容的测验与专家的综合评价及描述，使我们看到每一位应聘者完整的个人档案，这样，我们就能判断该录用谁，不该录用谁，谁放在什么样的岗位上更合适。”

“我们从 343 位应聘者中挑选录用了 100 位，主要参考了 S 测评中心的测评结果和专家的综合评价与推荐意见。当时确定的原则是：专家的评级在 4 级以上（含 4 级）者 100%录用，3 级（不含 3 级）以下者一律不录用。在这个原则的指导下，公司很快完成了对 100 个岗位的人才选聘。实践证明，公司 2010 年的招聘工作是成功的。现在 W 公司的绝大部分技术骨干、管理骨干、经营骨干都是通过这次招聘进入公司的，是他们的加盟及其在公司里发挥的巨大作用，保证了 W 公司今天的快速成长。”

“人才测评不仅帮助公司选聘了一批优秀人才，而且帮助公司的决策层和管理层对‘人才’两字形成科学理解。我们认为人才测评技术对我们的帮助是巨大的，我们的收益也是巨大的，我相信人才测评技术将会为我国更多的企业提供有益的帮助。”

二、学习目标

1. 理解初步筛选的方法。
2. 掌握筛选简历的方法。
3. 掌握筛选工作申请表的方法。
4. 熟悉笔试的实施程序。
5. 能够使用人格测试、能力测试和职业兴趣测试的方法。

任务一　初步筛选简历与工作申请表

知识准备

初步筛选是对应聘者是否符合岗位基本要求的一种资格审查，目的是筛选出那些背景和潜质都与岗位所需条件相当的候选人，并从合格的应聘者中选出参加后续选拔的人员。人力资源部门一般通过审阅应聘者的简历或工作申请表进行初步筛选。

一、筛选简历

简历筛选是招聘的核心工作之一，也是最基础的工作，主要依据岗位任职资格要求和所属部门的特殊要求来筛选。

（一）简历的内容

简历是应聘者自带的个人介绍材料。简历大致可以分为两类：一类是固定格式的，如招聘网站上填写的简历或者到公司面试时填写的固定模板的简历；另一类是非固定格式的，这类简历就是应聘者按照自己的想法设计的简历，格式多种多样，展示形式也各不相同。

简历内容一般包括客观内容和主观内容（见表4-1）。客观内容包括个人信息、受教育经历、工作经历和个人成绩四个方面。其中，个人信息包括姓名、性别、民族、年龄、学历、家庭地址、政治面貌、婚姻状况、身体状况、兴趣爱好、性格等；受教育经历包括上学经历、培训经历等；工作经历包括工作单位、起止时间、工作内容、参与项目名称等；个人成绩包括学校、工作单位的各种奖励。主观内容主要是应聘者对自己的评价和描述，如“性格开朗、勤学好问”等对自己的评价性和描述性内容。

表4-1　　简历内容

序号	项目	内容
1	个人信息	内容包含姓名、性别、出生年月、居住地、户籍、婚姻状况、联系方式、邮箱
2	自我评价	候选人对自我个性、素质、能力、经历、优势等的总结

续表

序号	项目	内容
3	求职意向	候选人的求职目标和意向薪资等描述
4	工作经验	候选人过去的经历，包括工作内容、工作职责、工作业绩等
5	项目经验	候选人过往经历中所参与的项目，包括其在项目中的角色、职责和结果
6	教育经历	候选人的学历教育情况
7	培训经历	候选人参与过的社会上的有关培训
8	证书	候选人所获得的有关证书
9	语言能力	候选人语言能力描述，如英语能力等

（二）筛选简历的方法

1. 筛选简历的基本方法

（1）分析简历结构

通过分析简历结构，可以了解应聘者的组织和沟通能力。结构合理的简历通常都比较简练，一般不超过两页。警惕冗长的简历，因为多余的解释可能代表办事不利索或用以掩盖基本努力和经验的不足。撰写简历时，应聘者为了强调自己近期的表现，可以采用从现在到过去的时间排列方式描述教育背景和工作经历。书写简历并没有一定格式，只要通俗易懂即可。

（2）审查简历的客观内容

在筛选简历时，重点应放在客观内容上。

首先，要注意个人信息和受教育经历，判断应聘者的专业资格和经历是否与空缺岗位相关并符合要求。如果不符合要求，就没有必要再浏览其他内容，可以直接筛选掉。例如，在受教育经历中，要特别注意应聘者是否用了一些含糊的字眼，如没有注明大学教育的起止时间和类别，这样做很可能是在混淆专科和本科的区别，或者全日制、成人教育等的差别。

其次，应聘者工作经历是审查的重点，也是评价应聘者基本能力的依据。工作时间方面，主要查看应聘者总工作时间的长短、跳槽或转岗频率、每项工作的具体时间长短、工作时间衔接等。工作内容方面，主要查看应聘者所学专业与工作的对口程度和应聘者工作在专业上的深度和广度。

最后，个人成绩方面，主要查看应聘者所述个人成绩是否适度，是否与岗位要求相符。

（3）审查简历的逻辑性

分析工作经历和个人成绩时，要注意简历中的描述是否有条理、是否符合逻辑。例如，一位应聘者在简历中描述自己的工作经历时，列举了一些名企和一些高级职位，而他应聘的却是一个普通岗位，这时就需要引起注意。再如，另一份简历称自己在许多领域取得了优异成绩，获得了很多证书，但是从他的工作经历中分析很难有这样的条件和机会，这样的简历也要引起注意。如果能够判定简历中有虚假成分存在，就可以直接将这类应聘者淘汰掉。

（4）简历的整体印象评价

通过阅读简历，问问自己是否留下了好的印象。简历制作草率的人，不会把事情做好，如有错别字说明不愿意花时间校对。附有求职信的简历，可能表明应聘者很在意应聘的岗位。另外，标出简历中感觉不可信的地方以及感兴趣的地方，面试时可进一步询问应聘者。

2. 简历分类技巧

经过阅读简历，可将简历分为拒绝类、基本类、重点类三类，进行不同的处理。

拒绝类——完全不符合企业岗位的招聘要求，企业招聘人员无须再对其进行关注的简历。

基本类——基本符合企业岗位的招聘要求，但是不太突出或者还有不太理想的方面，企业招聘人员可以先将这些简历保存，作为招聘后备人选。

重点类——完全符合企业岗位招聘要求，或者应聘者有突出优点，企业招聘人员应该对这类简历加以重点分析研究，为下一步面试、笔试等工作做好准备。

3. 简历筛选的关键点

筛选简历时，为了提高工作效率，可以遵循先易后难的原则，先从容易判断的点展开，再分析较难判断的点，具体见表 4-2。

表 4-2　　　　简历筛选的关键点

判断类别	判断关键点	备注
容易判断	年龄、工作年限	按照标准化工作申请表判别
	学历、专业、相关资格证明	
	经常更换工作	
	频繁更换过多不同职业，但职业生涯无进展	
	职业的中断	
	目前薪酬水平和薪酬期望	

续表

判断类别	判断关键点	备注
较难判断	工作经历与招聘岗位相关性	要求简历筛选人员对招聘岗位有深入理解
	可能的求职意愿	
	预期的工作稳定性	

二、筛选工作申请表

工作申请表可以为企业提供四个方面的信息：第一，对很多实质性的事情作出判断，例如，这位应聘者是否具备承担该岗位所要求的教育水平和工作经验。第二，对应聘者过去的工作进步和成长情况加以总结。第三，根据应聘者过去的工作记录，大致判断出其工作稳定性如何。第四，运用工作申请表中的一些信息预测候选人在工作中是否能干得比较好。

通常工作申请表被视为重要性仅次于面试的工具，如果在工作申请表基本项目的基础上进一步增加能体现具体岗位胜任素质的项目，则可以在申请人数较多时使工作申请表发挥更有效的作用，减轻后续面试、笔试、心理测试等环节甄选工作的压力。

（一）工作申请表的基本内容

工作申请表的内容一般包括工作申请者的个人基本信息、教育培训信息、工作经历信息、与所申请岗位相关的背景信息、工作特殊要求信息及其他一些相关信息。企业也可以根据需要设计一些附加信息。表 4-3 为某企业的工作申请表样表。

表 4-3　　工作申请表样表

填表日期____年____月____日

个人基本情况	姓名________　性别________　籍贯________　出生日期________ 身高________　政治面貌________　民族________　婚姻状况________ 毕业学校________________　所学专业________ 家庭地址________________________ 身份证号码________________________ 联系电话________________　应急联系人和电话________ 从何处得知招聘信息________________　QQ 号码________ 喜好与特长________________________
岗位及要求	求职岗位________　期望薪资________　能否接受岗位调动________ 求职岗位工作描述________________________

续表

<table>
<tr><td rowspan="4">工作经历</td><td>起止年月</td><td colspan="2">工作单位</td><td>职位</td><td>月薪</td><td>离职原因</td><td>证明人</td><td>联系电话</td></tr>
<tr><td></td><td colspan="2"></td><td></td><td></td><td></td><td></td><td></td></tr>
<tr><td></td><td colspan="2"></td><td></td><td></td><td></td><td></td><td></td></tr>
<tr><td></td><td colspan="2"></td><td></td><td></td><td></td><td></td><td></td></tr>
<tr><td rowspan="4">家庭情况</td><td>姓名</td><td>与本人关系</td><td>年龄</td><td colspan="3">工作单位</td><td>职位</td><td>联系电话</td></tr>
<tr><td></td><td></td><td></td><td colspan="3"></td><td></td><td></td></tr>
<tr><td></td><td></td><td></td><td colspan="3"></td><td></td><td></td></tr>
<tr><td></td><td></td><td></td><td colspan="3"></td><td></td><td></td></tr>
<tr><td>承诺</td><td colspan="8">本人承诺以上所填资料属实，如有隐瞒或不实之处，公司可追究相关责任。
本人签名：</td></tr>
<tr><td rowspan="4">部门批示</td><td colspan="6">主管意见：</td><td colspan="2">推荐人：</td></tr>
<tr><td colspan="8">经理意见：</td></tr>
<tr><td colspan="8">财务手续办理：</td></tr>
<tr><td colspan="8">总经理批示：</td></tr>
</table>

（二）工作申请表的设计要求

1. 工作申请表设计的基本原则

（1）目标明确

设计工作申请表，首先要明确招聘的目的和招聘岗位的职责。

（2）简明扼要

工作申请表是给多个职位的应聘者填写的，如果申请表设计得太过复杂，填写时出错的概率往往会增加，给企业相关人力资源管理工作会带来麻烦。

（3）针对性强

针对企业不同的岗位设计出不同形式的申请表，这样不但能够提升工作申请表的效用，也为后续的工作收集了针对性的信息。

（4）便于检索和保管

工作申请表不仅用于对应聘者信息的收集和初选，还可以丰富企业人力资源部门的人才资源库，特别是在当今信息技术飞速发展的时代，很多企业对自己单位的人力资源实施了数字化管理。

2. 工作申请表设计的具体要求

工作申请表在表头上一般会标注“工作申请表”的字样。

工作申请表第一部分一般用于采集工作申请者的基本信息，如姓名、性别、籍贯、出生年月、文化程度、专业方向、婚姻状况以及联系方式等。如果所申请的工作岗位对应聘者有个人形象要求，也可以加入身高、体重等内容，并要求粘贴应聘者照片。

工作申请表第二部分一般用于采集工作申请者的能力信息，如计算机和英语水平、教育背景、爱好特长、工作经历、培训经历、职业资格以及获奖荣誉等，这些信息是判断工作申请者是否具备岗位能力和条件的最基本依据。如果想要得到他们更多的能力信息，可以在工作申请表中加入与他们岗位能力相关的问题。

有些工作申请表除了有工作申请者自己填写的正表部分，往往还有招聘工作人员填写的用于打分的附表。附表是根据工作岗位的能力素质要求而设计的评分表，一般要根据不同岗位和不同初选的方法来确定，没有固定格式。不过现在因为很多工作申请表的完成都依靠网络技术，所以很少有企业会把这类附表展现给应聘者。

针对某一类型的岗位进行工作申请表设计时，一般都要查阅这个工作岗位的岗位说明书或依据岗位说明书编写的招聘广告资料，并依据企业目前人力资源相关状况和规划，设计一些针对岗位素质能力的问题，加入工作申请表，以便收集更多的信息，保障后续工作的顺利进行。

（三）筛选工作申请表的方法

工作申请表的筛选方法与简历筛选方法有很多相同之处，但也有其特殊性。

1. 判断应聘者的态度

在筛选工作申请表时，首先要筛选出那些填写不完整和字迹难以辨认的材料，对那些态度不认真的应聘者安排面试，纯粹是在浪费时间，可以将其淘汰掉。

2. 关注与岗位相关的问题

在审查工作申请表时，要估计背景材料的可信程度，要注意应聘者以往经历中所任职务、技能、知识与应聘岗位之间的联系，例如，应聘者是否标明了过去单位的名称、过去的工作经历与现在申请的岗位是否相符，工作经历和教育背景是否符合申请条件，是否经常变换工作而这种变换却缺少合理的解释等。在筛选时要注意分析其离职的原因、求职的动机，对那些频繁离职人员应加以关注。

3. 注明内容可疑之处

在筛选材料时用铅笔标明可疑之处，在面试时把这些疑点作为重点提问的内容之一加以询问。例如，在审查申请表时，通过分析求职岗位与原工作岗位的情况，对高职低就、高薪低就的应聘者加以注意。为了提高应聘材料的可信度，必要时还应核查应聘者的各类证明身份及能力的证件。

个人资料和申请表中反映的信息不够全面，决策人员往往凭个人的经验与主观臆断来决定参加复试的人选，带有一定的盲目性，经常产生漏选的现象，因此，初选时在费用和时间允许的情况下，应尽量让更多的人员参加复试。

业务演练

任务 4-1　设计工作申请表

【实训目的】

掌握一份完整的工作申请表的主要内容。

【实训步骤】

1. 全班 5~6 人为一组，分为若干小组，以小组为单位成立模拟公司；
2. 依据模拟公司的背景材料，对于人力资源部门或业务部门的岗位进行招聘；
3. 根据拟招聘岗位，设计一份工作申请表。

【实训要求】

以小组为单位，提交工作申请表。小组代表汇报应对小组的任务分工活动情况作真实概括，要求总结性强。

任务二　笔　　试

知识准备

笔试是一种古老而又最基本的选择方法，是企业常用的招聘选拔手段之一，是测评应聘者学识水平的重要工具。

一、笔试的概念

笔试也称纸笔测试，是采用笔试测验的方法对应聘人员进行初次选拔的过程。

笔试主要通过测试应聘者的基础知识和素质能力，判断应聘者对招聘岗位的适应性。对于基础知识和素质能力的测试，一般包括两个层次，即一般知识和能力与专业知识和能力。一般知识和能力包括一个人的社会文化知识、智商、语言理解能力、推理能力、理解速度和记忆能力等。专业知识和能力即与应聘岗位相关的知识和能力，如财务会计知识、管理知识、人际关系能力、观察能力等。现在有些单位也通过笔试来测试应聘者的性格和兴趣，但性格和兴趣通常要运用心理测试的专门技术来测试，仅靠笔试中的一部分题目很难得出准确的结论。

笔试的优点在于考试取样较多，对知识、技能和能力考核的信度和效度都较高，可以大规模地进行分析，因此花费时间少、效率高、应聘者的心理压力较小、较易发挥水平、成绩评定比较客观。其缺点是不能全面考察应聘者的工作态度、品德修养、组织管理能力、口头表达能力和操作技能等。

二、笔试的实施程序

（一）组建考务小组

为了有效推进笔试过程的实施，需要组建笔试考务小组来完成笔试过程中的大量准备工作。具体包括笔试计划制订、试题编制、考务组织等项工作。组织考试是一项严肃的工作，应选择那些正直、公平、责任心强、纪律性强的人员组成考务小组，负责整个考务工作。

（二）制订笔试实施计划

具体内容包括：笔试目的和科目确定，试题设计，试卷审定、印制与保管；笔试组织与安排，包括笔试负责机构和负责人的确定、对考试规模的预计、考试时间和地点确定、监考人员和阅卷人员的组织与安排等；笔试试卷的装订、收存以及阅卷的组织与管理；笔试的经费预算与效果预测。

（三）设计笔试试题

根据招聘岗位要求和笔试目的，确定测试的主要内容和指标，以此为基础确定试题的类型、难易程度、题量、计分方法和参考答案等。在试题编制完成之后，进行试测，依据试测结果对试题进行审核与修订，确保试题的信度和效度。

（四）监控笔试过程

为了保障测试的质量，应当加强对笔试全过程的监督和控制，具体包括考前通知、考场管理和考卷保管等项内容。考前通知是指根据考试计划的时间、地点，通知应聘者和安排、培训监考人员；考场管理包括考试现场的布置、考务的组织、监考等工作；考卷保管是指考试结束后的考卷回收和存放管理。

（五）阅卷

安排阅卷人员对回收的试卷进行评分，安排工作人员审核分数，最终形成笔试成绩报告。为了保证阅卷评分的质量，应当围绕试题的评分标准和参考答案等内容对阅卷人员进行系统的培训，力求使每一个阅卷人员都能理解并掌握评分的标准和要求。通常先抽取一定数量的试卷进行初评，然后请专家进行讲评，以提高阅卷的正确性和准确性。

（六）结果应用

对于笔试的结果，一般有两种筛选方法。一种是淘汰法，即按照分数从高到低的原则，选取一定数量的人员进入下一轮的甄选，这种筛选方法体现了优胜劣汰的原则；另一种方法是划线法，即达到一定分数线的人员可以进入下一轮的测试，该分数线一般是根据人员招聘计划与应聘者的人数和素质状况事先划定好的，给更多的应聘者进入下一轮测试的机会，从而体现了公平性和公正性，这种方式在一定程度上避免了唯分数论导致的高分低能的风险。

三、笔试试题的编制

（一）试题编制的原则

1. 高信度

所谓信度，是指通过该套试题测试出来的结果是否可靠、一致和稳定，即笔试结果是否反映了应聘者的真实特征和水平。一份良好的笔试试题，应该具备较高的信度。

2. 高效度

效度即笔试试题测试结果的有效性，它是指笔试试题能够准确测试出应聘者能力水平的程度。效度越高，则表示该套试题内容与企业所想测试的应聘者能力越符合。

3. 全面性

全面性是指笔试的试题内容的覆盖面，也可以理解为试题内容考查应聘者的素质能力较为全面。

4. 经济性

经济性是指笔试试题的编制、使用和结果分析等阶段所花费的人力、物力较少，能帮助企业节约招聘成本。

（二）试题编制的程序

1. 确定考试目的。
2. 明确所要考核的内容及其对应聘者能力的要求。
3. 设计试题编制计划。
4. 拟定试题。
5. 编制标准答案，确定评分标准。

业务演练

任务 4-2　编制笔试实施方案

【实训目的】

掌握笔试实施方案的基本内容，理解笔试的基本流程，熟悉实施方案（计划）类公文的基本结构。

【实训步骤】

1. 全班 5~6 人一组，分为若干小组，以小组为单位成立模拟公司；
2. 依据模拟公司的背景材料信息，对于人力资源部门或业务部门的岗位进行招聘；
3. 对上述拟招聘岗位，编制一份笔试实施方案。

【实训要求】

以小组为单位，提交笔试实施方案。在编制笔试实施方案时，可以假设在某一所大学进行校园招聘，对所有参加应聘的学生进行笔试。

任务三　应用心理测验技术

知识准备

心理测试是指在控制的情境下，向应聘者提供一组标准化的刺激，以所引起的反应作为代表行为的样本，从而对其个人的行为作出评价，是一种运用心理学的原理对应聘者的智力水平和个性特征进行测试的方法。它的特点是能够对应聘者的心理现象或心理品质进行分析，具有较大的科学合理性。从内容上划分，心理测试主要包括人格测试、能力测试、职业兴趣测试等。从形式上划分，心理测试可以分为纸笔测试、心理实验、投射测试、笔迹分析法测试等。

一、人格测试

（一）人格测试的概念

人与人之间的差异主要反映在能力与个性两方面。有关能力差异可以通过能力测试去考查，而个性上的差异就要借助于个性测验，一般称为人格测试。

人格（个性）是一个人心理特征的统一，这些心理特征决定人的外显行为和内隐行为，并使它们与别人的行为有稳定的差异。人格有广义和狭义之分。广义的人格是指一个人的整体精神面貌，即个体所具有的所有品质、特征和行为等个体差异的总和。它是个人所具有的能力、智力、兴趣、气质、思维和情感及其他行为差异的混合体。狭义的人格是指人的兴趣、态度、情绪、气质、性格、价值观等内容。我们这里所说的是狭义的人格。人格对工作成就的影响是极为重要的，不同气质、性格的人适合于不同种类的工作。对于一些重要的工作岗位，如主要领导岗位，则须对应聘者进行人格测试。领导者失败的原因往往不在于智力、能力和经验不足，而在于人格特质不适合。

人格测试也称个性测验。人格测试就是用标准化的测验工具，引发被测者陈述自己的看法，然后对结果进行统计处理，研究分析，从而对人的兴趣、态度、情绪、气质、性格、价值观等素质特征进行测量与评价的一种心理测试方法。

（二）人格测试的方法

人格测试主要有自陈式测试和投射式测试两大类。

1. 自陈式测试

自陈式测试就是向被试者提出一组有关个人行为、态度方面的问题，被试者根据自己的实际情况回答，测试者将被试者的回答和标准进行比较，从而判断他们的人格。它不仅可以测量外显行为，也可以测量自我对环境的感受。其基本假设是：只有被测者自己最了解自己。

自陈式测试常用的方法有：卡特尔 16 种人格因素问卷（16PF）、明尼苏达多项人格量表（MMPI）、梅耶–布里斯类型指标（MBTI）、艾森克人格问卷（EQP）、DISC 人格测试等。

（1）卡特尔 16 种人格因素问卷（16PF）

卡特尔 16 种人格因素问卷是美国伊利诺州立大学人格及能力测验研究所卡特尔教授编制的用于人格测试的一种问卷，简称 16PF。卡特尔根据自己的人格特质理论，运用因素分析方法编制了 16 种人格因素问卷，从 16 个方面描述个体的人格特征。它适用于 16 岁以上的青年和成人，适用领域很广，既适合个别施测，也适合团体施测。每一次测验只需要 45 分钟左右即可完成。凡具有相当于初三以上文化程度的青年、壮年和老年人都适用。

卡特尔 16 种人格因素问卷由 187 道题组成，每一人格因素有 10~13 道测试题组成的量表来测量，共 16 个分量表。每一道测试题有三个备选答案，测试限定时间。被测者做题时应以对问题的第一印象迅速回答，无须过分斟酌。问卷测试结果采用标准分，通常认为低于 4 分为低分（1~3 分），高于 7 分为高分（8~10 分）。高低分结果均有相应的人格特征说明（见表 4–4）。

表 4–4　　16PF 的各因素及高分者和低分者特征

因素	特质名称	低分者特征	高分者特征
A	乐群性	缄默、孤独、内向	外向、热情、乐群
B	聪慧性	迟钝、学识浅薄	聪明、富有才识
C	稳定性	情绪激动不稳定	情绪稳定而成熟
D	恃强性	谦虚顺从	好强固执、支配攻击
E	兴奋性	严肃审慎、沉默寡言	轻松兴奋、逍遥放纵
F	有恒性	权宜敷衍、原则性差	有恒负责、重良心
G	敢为性	害羞、畏缩、退却	冒险敢为、少有顾忌、主动性强
H	敏感性	粗心、理智、着重实际	细心、敏感、好感情用事
I	怀疑性	真诚、合作、宽容、信赖随和	怀疑、刚愎、固执己见
L	幻想性	现实、脚踏实地、合乎成规	富于想象、狂放不羁
M	世故性	坦诚、直率、天真	精明、圆滑、世故、人情练达、善于处世
N	忧虑性	安详沉着、有自信心	忧虑抑郁、沮丧悲观、自责、缺乏自信
Q1	实验性	保守、循规蹈矩、尊重传统	自由开放、批评激进
Q2	独立性	依赖、随群附众	自主、当机立断

续表

因素	特质名称	低分者特征	高分者特征
Q3	自律性	不能自制、不守纪律、自我矛盾、松懈、随心所欲	知己知彼、自律谨严
Q4	紧张性	心平气和、镇静自若、知足常乐	紧张、有挫折感、常缺乏耐心、心神不定、时常感到疲乏

通过16个人格因素或得分，不仅可以反映被测者人格的16个方面中每个方面的情况和其整体的人格特点组合情况，还可以通过某些因素的组合效应反映性格的内外向型、心理健康状况、人际关系情况、职业性向、在新工作环境中有无学习成长能力、从事专业能有成就者的人格因素符合情况、创造能力强者的人格因素符合情况。

（2）明尼苏达多项人格量表（MMPI）

明尼苏达多项人格测验（MMPI）是由美国明尼苏达大学教授哈瑟韦和麦金力于20世纪40年代编制的自我报告式的个性量表，是迄今应用极广、颇富权威的一种纸笔式人格测验。该问卷的制定方法是分别对正常人和精神病人进行预测，以确定在哪些条目上不同人有显著不同的反应模式，因此该测验最常用于鉴别精神疾病。

MMPI适用于年满16岁，具有小学以上文化水平，没有影响测试结果的生理缺陷的人群。测验形式包括卡片式、手册式、录音带形式及各种简略式（题目少于399个）、计算机施测方式。MMPI既可个别施测，也可团体施测。

MMPI有566个自我报告形式的题目，其中16道为重复题目（主要用于检验被测者反应的一致性，看回答是否认真），实际题量为550个。题目的内容范围很广，包括身体各方面的情况、精神状态以及对婚姻、家庭、宗教、政治、法律、社会等问题的态度。被测者对这些问题按“是”“不是”或“无法回答”来作答，根据回答对被测者的人格特征作出评估。

（3）迈尔斯–布里格斯类型指标（MBTI）

迈尔斯–布里格斯类型指标（MBTI）是美国人伊莎贝尔·迈尔斯和凯瑟琳·布里格斯母女俩基于瑞士心理学大师荣格的心理类型理论的个性分类而开发的一种人格类型指标。MBTI从纷繁复杂的个性特征中，归纳提炼出4个关键要素，即动力、信息收集、决策方式、生活方式，进行分析判断，从而把不同个性的人区别开来。它已经成为心理辅导界及商界最广泛使用的测评个性差异的工具之一，被广泛应用于包括冲突管理训练、人员选拔、员工发展和授权、人际沟通训练、职业选择、职业生涯规划、管理拓展、组织发展和团队建设等管理实践领域。

知识链接 4-1

在美国每年约有300万人以上参加MBTI的测评和培训，在世界500强企业如迪士尼、百事可乐、西南航空公司等，80%以上的高层管理者使用过这个工具。MBTI是当今世界上应用最广泛的性格测试工具，它已经被翻译成20种世界主要语言。

MBTI共有四个维度，每个维度有两个方面，共计八个方面。

1）外倾型（E）和内倾型（I）。这个维度与我们周围世界的互动有关，一些人喜欢交际，另一些人注重独处（见表4-5）。

表4-5　外倾型与内倾型

外倾型（E）	内倾型（I）
与他人相处时精力充沛	独处时精力充沛
行动先于思考	思考先于行动
喜欢边想边说出声	在心中思考问题
易于“读”和了解，随意地分享个人情况	更封闭，更愿意在精心挑选的小群体中分享个人的情况
说得比听得多	听得比说得多
高度热情地社交	不把兴奋说出来
反应快，喜欢快节奏	仔细考虑后才有所反应
重于广度而不是深度（心理能量的获得途径和与外界相互作用的程度）	喜欢深度而不是广度（心理能量的获得途径和与外界相互作用的程度）

2）感觉型（S）和直觉型（N）。这个维度与我们平时留意到的信息有关，一些人注重事实，其他人则注重愿望（见表4-6）。

表4-6　感觉型与直觉型

感觉型（S）	直觉型（N）
相信确定和有形的东西	相信灵感或推理
对概念和理论兴趣不大，除非它们有着实际的效用	对概念和理论感兴趣
重视现实性和常情	重视可能性和独创性
喜欢使用和琢磨已知的技能	喜欢学习新技能，但掌握之后很容易就厌倦了
留意具体的、特定的事物，进行细节描述	留意事物的整体概况、普遍规律及象征含义，用概括、隐喻等方式进行表述

续表

感觉型（S）	直觉型（N）
循序渐进地讲述有关情况	跳跃性地展现事实
着眼于现实	着眼于未来，留意事物的变化趋势，惯于从长远角度看待事物
喜欢深度而不是广度（接收信息上）	重于广度而不是深度（接收信息上）

3）思维型（T）和情感型（F）。这个维度设计我们作决定和得出结论的方法（见表4-7）。

表4-7　思维型与情感型

思维型（T）	情感型（F）
退后一步思考，对问题进行客观的、非个人立场的分析	超前思考，考虑行为对他人的影响
重视符合逻辑、公正、公平的价值，一视同仁	重视同情与和睦，重视准则的例外性
被认为冷酷、麻木、漠不关心	被认为感情过多，缺少逻辑性，软弱
认为坦率比圆滑更重要	认为圆滑比坦率更重要
只有当情感符合逻辑时，才认为它可取	无论是否有意义，认为任何感情都可取
被“获取成就”所激励	被“获得欣赏”所激励
很自然地看到缺点，倾向于批评	惯于迎合他人，着重维护人脉资源

4）判断型（J）和知觉型（P）。一个人更喜欢有条理还是随意性的生活方式（见表4-8）。

表4-8　判断型与知觉型

判断型（J）	知觉型（P）
做了决定后最为高兴	当各种选择都存在时，感到高兴
“工作原则”：工作第一，玩其次（如果有时间的话）	“玩的原则”：现在享受，然后再完成工作（如果有时间的话）
建立目标，准时完成	随着新信息的获取，不断改变目标
愿意知道它们将面对的情况	喜欢适应新情况
着重结果（重点在于完成任务）	着重过程（重点在于如何完成工作）
满足感来源于完成计划	满足感来源于计划的开始
把时间看作有限的资源，认真地对待最后期限	认为时间是可更新的资源，而且最后期限也是有收缩的

每个人的性格都落脚于四种维度每一种中点的这一边或那一边，我们把每种维度的两端称作“偏好”。例如，如果你落在外倾型的那一边，那么就可以说你具有外向的偏好；如果你落在内倾型的那一边，那么就可以说你具有内向的偏好。把这些代表不同偏好的字母组合起来，便代表16种人格（见表4-9）。

表4-9　　16种人格

		感觉型（S）		直觉型（N）	
		思考型（T）	情感型（F）	情感型（F）	思考型（T）
内倾型（I）	判断型（J）	ISTJ	ISFJ	INFJ	INTJ
	知觉型（P）	ISTP	IDFP	INFP	INTP
外倾型（E）	知觉型（P）	ESTP	ESFP	ENFP	ENTP
	判断型（J）	ESTJ	ESFJ	ENFJ	ENTJ

每一种人格类型的人都有其优缺点，这些人格特征决定了人对职业的适应性。

（4）艾森克人格问卷（EPQ）

艾森克人格问卷（EPQ）是由英国伦敦大学心理系和精神病研究所艾森克教授编制的。他收集了大量有关的非认知方面的特征，通过因素分析归纳出三个互相成正交的维度，从而提出决定人格的三个基本因素：内外向性（E）、神经质（又称情绪性）（N）和精神质（又称倔强、讲求实际）（P），人们在这三方面的不同倾向和不同表现程度，便构成了不同的人格特征。EPQ包括四个分量表：内外倾向量表（E）、情绪性量表（N）、心理变态量表（P，精神质）和效度量表（L，掩饰性）。E、N、P量表得分随年龄增加而下降，L量表则上升。精神病人的P、N分数都较高，L分数极高，有良好的信度和效度。EPQ因量表题目少，使用方便，比较适用。

各量表的具体含义如下：

1）内外向性（E）。分数高表示人格外向，可能是好交际、渴望刺激和冒险，情感易于冲动。分数低表示人格内向，可能是好静，富于内省，除了亲密的朋友之外，对一般人缄默冷淡，不喜欢刺激，喜欢有秩序的生活方式，情绪比较稳定。

2）神经质（N）。反映的是正常行为，与病症无关。分数高可能是焦虑、担心、常常郁郁不乐、忧心忡忡，有强烈的情绪反应，以致出现不够理智的行为。

3）精神质（P）。并非暗指精神病，它在所有人身上都存在，只是程度不同。但如果某人表现出明显程度，则容易发展成行为异常。分数高可能是孤独、不关心他人，难以适应外部环境，不近人情，感觉迟钝，与别人不友好，喜欢寻衅搅扰，喜欢干奇特的事情，并且不顾危险。

4）掩饰性（L）。测定被测者的掩饰、假托或自身隐蔽，或者测定其社会性朴实幼稚的水平。L 与其他量表的功能有联系，但它本身代表一种稳定的人格功能。

（5）DISC 人格测试

DISC 人格测试是国外企业广泛应用的一种人格测验，用于测查、评估和帮助人们改善其行为方式、人际关系、工作绩效、团队合作、领导风格等。DISC 个性测验由 24 组描述个性特质的形容词构成，每组包含四个形容词，这些形容词是根据支配性（D）、影响性（I）、服从性（C）、稳定性（S）和四个测量维度以及一些干扰维度来选择的，要求被测者从中选择一个最适合自己和最不适合自己的形容词。测验大约需要十分钟左右。

DISC 人格测试具体过程如下。

第一，依据预设的参试人数选择好适宜的测验地点，布置考场。考场环境应安静整洁、无干扰，采光照明良好。

第二，准备测验所用的材料，如问卷、铅笔、橡皮等，保证每位考生有以上完整的测验材料及用品。

第三，安排考生入场，并宣布测验注意事项。

第四，检查考生完成了所有题目后，回收问卷，测验结束。

（6）自陈式测试的优缺点

自陈式测试的优点：

1）可操作性强。

2）采用标准化测试的形式。

3）简单易行，解释比较容易，可进行自我诊断。

4）客观、全面，应用非常广泛。

自陈式测试的缺点：

1）稳定性差。由于个人的行为随时间而有所改变，所以个性测试所测量的行为比能力测试的稳定性差。

2）被测者容易弄虚作假。对于测试中的问题，应聘者往往可以不费吹灰之力，就能使自己看起来非常适合于某项工作。

3）大多数问卷调查表容易被钻空子，所以预测效度不太理想。

2. 投射式测试

投射式测试就是给应聘者提供一些未经组织的刺激材料，如模糊的图片或绘画等，让应聘者在不受限制的条件下，自由表现其反应，使其不知不觉地将自己的情感、欲望、思想投射其中，从而可窥见其人格。它是一种非组织的、随意的测试方法。这类测试所用的刺激多为意义不明确的各种图形、墨迹等，让被测者在不受限制的情境下，自由地作出反应，根据其反应结果来推断其人格。投射式测试的基本假设是：人们对于外界刺激的反应都是有其原因且是可以预测的，而不是偶然发生的。罗夏墨迹测试、主题统觉测试（TAT）是两种常用的投射式测试方法。

（1）罗夏墨迹测试

罗夏墨迹测试是由瑞士精神科医生、精神病学家罗夏创立。罗夏墨迹测试因利用墨渍图版而又被称为墨渍图测验，是非常著名的人格测验，也是少有的投射型人格测试，在临床心理学中应用非常广泛。通过向被测者呈现标准化的由墨渍偶然形成的模样刺激图版，让被测者自由地看并说出由此所联想到的东西，然后将这些反应用符号进行分类记录，加以分析，进而对被试人格的各种特征进行诊断。

罗夏墨迹测试是由 10 张经过精心制作的墨迹图构成的。这些测验图片以一定顺序排列，其中 5 张为黑白图片（1、4、5、6、7），墨迹深浅不一，2 张（2、3）主要是黑白图片，加了红色斑点，3 张（8、9、10）为彩色图片。这 10 张图片都是对称图形，且毫无意义。

以下从左至右依次为罗夏墨迹测试的全套图片 10 张（如图 4-1 所示）。

这些图片在被测者面前出现的次序是有规定的。罗夏墨迹测试的进行可分以下四个阶段。

第一，自由反应阶段。即自由联想阶段，在这一阶段，主测者向被测者提供墨渍图，一般的指导语是“你看到或想到什么，就说什么”。应避免一切诱导性的提问，只是记录被测者的自发反应。主测者不仅要尽量原原本本地记录被测者的所有言语反应，而且也要对他的动作和表情给以细心的注意和记录。此外，要测定和记录呈现图片之后到作出第一个反应的时间，以及对这一张图片反应结束的时间。

第二，提问阶段。这是确认被测者自由反应阶段所隐藏的想法的阶段，主测者以自由联想阶段的记录材料为基础，通过提问，以清楚地了解被测者的反应利用了墨渍图的哪些部分，以及得出回答的决定因子是什么。

第三，类比阶段。这是针对提问阶段尚未充分弄明白而采取的补充措施。主要是询问被测者对某个墨渍图反应所使用的决定因子，是否也用于对其他墨渍图的反应，从而确定被测者的反应是否有某个决定因子的存在。

第四，极限测验阶段。当主测者对被测者是否使用了某些部分和决定因子还存在疑虑时，加以确认。在测验过程中，主测者以记号对各种反应进行分类，并计算各种反应的次数，以便在绝对数、百分率、比率等方面进行比较。

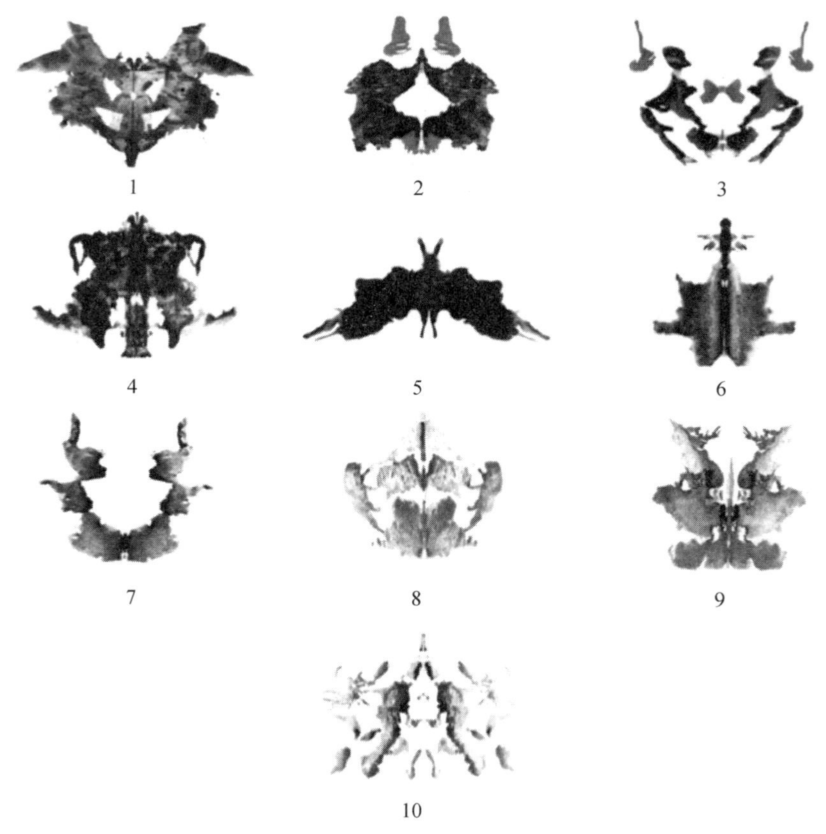

图 4-1　罗夏墨迹测试全套图片

（2）主题统觉测试（TAT）

主题统觉测验是由美国心理学家默里于 1935 年为性格研究而编制的一种测量工具。全套测验共有 30 张内容隐晦的黑白图片，另有空白卡片一张，图片的内容以人物或景物为主。每张图片都标有字母号，按照年龄、性别把图片组合成四套测验，每套 20 张，分成两个系列，每个系列各有 10 张。分别用于男人、女人、男孩和女孩，其中有些照片是共用的。测验进行时，主测者按顺序逐一出示图片，要求被测者对每一张图片都根据自己的想象和体验，讲述一个内容生动、丰富的故事。

每套测验的两个系列分两次进行，测完第一系列通常花 1 小时，在一天后或更长时间后再进行第二系列的测试。通常第二系列的图片内容会较为奇特、复杂，容易引起情绪反应。在第二系列测验完毕后，主测者会与被测者进行一次谈话，了解被测者编造故事的来源和依据，以作为结果分析的参考。

比起罗夏墨渍测试来，TAT 的长处在于呈示的刺激更有结构性，要求更复杂、意义更明显的言语表达；同时可在不限制被测者的状况下，任其随意反应。但是 TAT 的短处也很明显，它没有标准化的施测规程，临床上实际是根据被测者的年龄、性别等特征而随意告诉指导语；做完全套测验的人不多，主测者往往根据自己关心的问题来选择其中部分图片；虽有默里提出的分析原则可供评分使用，但这毕竟不是客观的评分标准和方法。

二、能力测试

能力是指个人顺利完成某种活动所必备的心理特征，任何一种活动都要求从事者具备相应的能力。能力测试是用于测定从事某项特殊工作所具备的某种潜在能力的一种心理测试。这种测试可以有效地测量人的某种潜能，从而预测应聘者在某职业领域、岗位中适应和成功的可能性。这种预测作用体现在：什么样的职业适合某人；为胜任某岗位，什么样的人最适合。因此，它对人员招聘与配置都有重要意义。

能力测试的内容一般可分为一般能力测试和能力倾向测试。

（一）一般能力测试

1. 一般能力测试的概念

一般能力是针对个性方面智力系统特点而言的，是人从事任何活动所必需的基本能力，其主要内容有思维能力、想象能力、记忆能力、推理能力、分析能力、数学能力、空间关系判断能力、语言能力等，也就是我们通常所讲的智力。一般能力测试，也就是智力测试。

智力测试是用于测量人的智力水平的一种方法。测量智力的工具称为智力量表。因为一个人智力水平的高低通常用智商来表示，所以智力测验又叫智商测验。

2. 一般能力测试的各种量表

世界上第一个智力量表是法国心理学家比奈和他的同事西蒙于 1905 年编制的，被称为比奈-西蒙量表，该量表是引用法国教育部区分正常儿童与低能儿童的需要而编制的。下面介绍几种常见的智力量表。

（1）斯坦福-比奈智力量表

斯坦福-比奈智力量表最大优点之一在于用智商（IQ）代替智力年龄表示智能水平。这个量表可适用于 2 岁以上至成人的 20 个年龄组的个别测验。测验包括定义、语文类推、适应问题、算术问题、记忆、一般知识、发现谬误、空间问题和理解等项目。这个测试的优点之一是用离差智商代替智商来衡量智商的高低。其常模是根据来自不同地理环境、不同经济水平、不同民族的 20 万儿童测验结果制定的，因而具有很强的科学性。

斯坦福-比奈智力量表的材料包括一盒标准玩具（用于测量幼儿）、两册图画卡片、一册测验指导手册、一个记录反映本。测验对象为2岁至成人，斯坦福-比奈智力量表实施时，每个被测者只接受适合年龄组程度的项目，而不是所有的项目都去尝试。幼童测试时间不超过40分钟，年龄大的不超过一个半小时。

（2）韦克斯勒智力量表

美国医学心理学家韦克斯勒是根据人类智力有几种不同的能力组合而成的观点来编制其量表的，因此韦克斯勒智力量表（简称韦氏量表），不仅能了解个体智力发展水平，而且能了解构成个体智力各因素发展的特点。韦氏量表包括言语和操作两个分量表，言语分量表包括常识、理解、算术、类同、词汇和背数（又称数字广度）6个测验项目；操作分量表包括填图、图片排列、积木图案、拼图、译码和迷津6个分测验。韦氏量表可以同时提供总智商分数、言语智商分数、操作智商分数以及10个分测验分数，能较好地反映整体智力和智力的各个侧面。

（3）瑞文标准推理测验

瑞文标准推理测验由英国心理学家瑞文于1938年创制，用以测验一个人的观察力及清晰思维的能力。它是一种纯粹的非文字智力测验，原名叫“渐进性矩阵图”，整个测验一共有60张图组成，由5个单元的渐进性矩阵图组成，每个单元在智慧活动的要求上各不相同。

瑞文标准推理测验按照逐步增加难度的顺序分成A、B、C、D、E五组，每组都有一定的主题，题目的类型略有不同。从直观上看，A组主要测知觉辨别力、图形比较、图形想象力等；B组主要测类同比较、图形组合等；C组主要测比较推理和图形组合；D组主要测系列关系、图形套合、比拟等；E组主要测互换、交错等抽象推理能力。可见，各组要求的思维操作水平也是不同的。测验通过评价被测者这些思维活动来研究其智力活动能力。每一组中包含有12道题目，也按照逐渐增加难度的方式排列。每个题目由一幅缺少一小部分的大图案和作为选项的6~8张小图片组成。测验中要求被测者根据大图案内图形间的某种关系——这正是需要被测者去思考、去发现的，看小图片中的哪一张填入（在头脑中想象）大图案中缺少的部分最合适，主要用于智力的了解和筛选（如图4-2所示）。

测验适用于6岁到70岁的人员，不同的职业、国家、文化背景的人都可以用，甚至聋哑人及丧失某种语言机能的病人、具有心理障碍的人也可以用。测验没有时间限制，一般在40分钟左右完成，答对的总分转化为百分等级。在个别测验时，如果记录下测试所用时间并分析其错误的特性，还有助于了解被测者的气质、性格和情绪等方

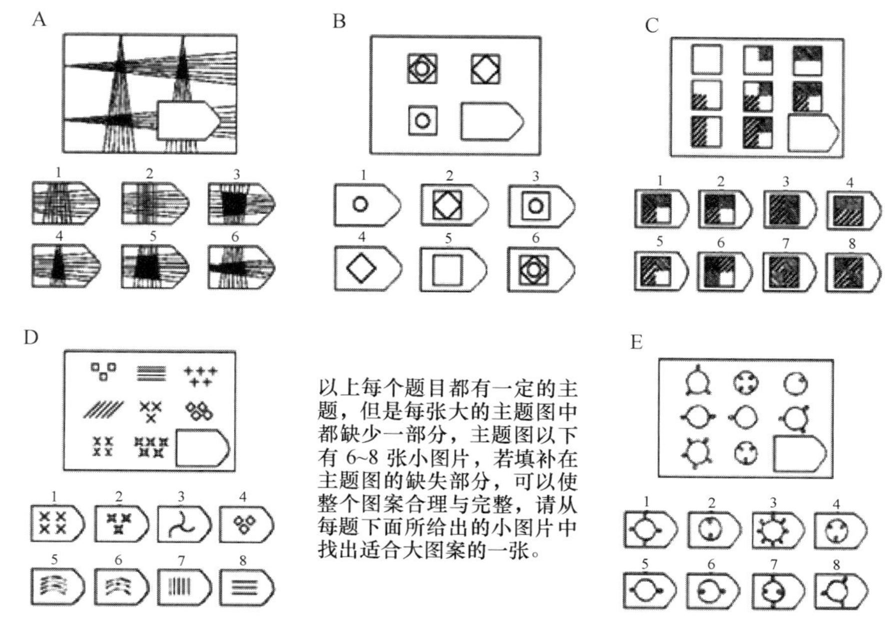

图 4-2　瑞文标准推理测验示例

面的特点。

（二）能力倾向测试

能力倾向是指先天的或遗传的，并不直接依赖于专门的教学和训练的潜在的能力趋势，它反映的是个体从未来训练中获益的能力。能力倾向测验是一种高度标准化的素质测评方法，由智力测验发展而来，用于了解特殊能力差异，并且包含对今后工作绩效的预测性。

能力倾向测试按内容可分为一般能力倾向测验、特殊职业能力测验、创造力测验和心理运动机能测验等。

1. 一般能力倾向测验

一般能力倾向测验主要测量思维能力、想象力、记忆力、推理能力、分析能力、数学能力、空间关系力、语言能力等。典型方法有一般能力倾向成套测验（GATB）、区分性能力倾向测验（DAT）。

（1）一般能力倾向成套测验（GATB）

一般能力倾向成套测验（general aptitude test battery，GATB），最初是由美国劳工部从1934年开始利用了10多年时间研究制定的，它是对许多职业群同时检查各自的不适合者的一种成套测验。这套测验在许多国家被广泛使用，因而倍受推崇。后来，日本劳动省将 GATB 进行了日本版的标准化，制定成《一般职业适应性检查》（1969 年修订版）。这套测验主要是实现对许多职业领域中工作所必需的几种能力倾向的测定。它由 15 种测验项目构成，其中 11 种是纸笔测验，4 种是操作测验，两种测验可以测定 9 种能力倾向。

这 9 种能力倾向对完成各种职业的工作都是必要的。

G——智能。指一般的学习能力，包括对测验说明、指导语和诸原理的理解能力，推理判断的能力，迅速适应新环境的能力。

V——言语能力。指理解言语的意义及与它关联的概念，并有效地掌握它的能力；对言语相互关系及文章和句子意义的理解能力；也包括表达信息和自己想法的能力。

N——数理能力。指在正确快速进行计算的同时，能进行推理，解决应用问题的能力。

Q——书写知觉。指对词、印刷物、各种票类的细微部分正确知觉的能力；能直观地比较辨别词和数字，发现有错误或校正的能力。

S——空间判断能力。指对立体图形以及平面图形与立体图形之间关系的理解、判断能力。

P——形状知觉。指对实物或图解的细微部分正确知觉和能力，根据视觉能够对图形的形状和阴影部分的细微差异进行比较辨别的能力。

K——运动协调。指正确而迅速地使眼和手相协调，并迅速完成操作的能力；要求手能跟随着眼能看到的东西正确而迅速地作出反应动作，并进行准确控制的能力。

F——手指灵巧度。指快速而正确地活动手指，用手指很准确地操作细小东西的能力。

M——手腕灵巧度。指随心所欲、灵巧地活动手及手腕的能力，如拿着、放置、调换、翻转物体时手的精巧运动和腕的自由运动能力。

以上 9 种能力中的每一种能力，都要通过一种实践性测验获得。

这种能力倾向测验，是从个人在完成各种职业所必需的能力中，提炼出各种职业对个人所要求的特征的 2~3 种，其中纸笔测验可集体进行。记分采用标准分数，各能力因素的原始分数转换为标准分数后便可绘制个人能力倾向剖析图，并与职业能力倾向类型相对照，被测者就可以从测验结果中知道能够充分发挥个人能力特性的职业活动领域。

（2）区分性能力倾向测验（DAT）

区分性能力倾向测验（DAT）是指由本纳特等人编制、应用最为广泛的多元性能力倾向测验。该测验由 8 个分测验组成，提供 9 个分数，即言语推理、数学能力、抽象推理、空间关系、文书速度和准确性、机械推理、拼写、言语应用、言语推理加数学能力。最后一项分数，可作为学业能力的指标。

区分性能力倾向测验的 8 个分测验是单独施测、单独记分的。

言语推理（VR）——测量普通智能，采用文字形式的类比题目；

数字能力（NA）——测量普通智力，采用计算题，不用文字题，以避免受到其他无关能力的干扰；

抽象推理（AR）——测量非言语推理能力（亦属普通智力）；

空间关系（SR）——测量想象和在心理上操作有形材料的能力；

文书速度和准确性（CSA）——测量完成一件简单知觉任务的速度；

机械推理（MR）——测量对表现于熟悉情境中的机械和物理原理的理解力；

拼写（SP）——指出拼写正误，测量英文水平；

言语应用（LU）——找出语法或惯用法错误，测量语文水平。

2. 特殊职业能力测验

特殊职业能力测验主要测量独特于某一职业的能力，典型方法有明尼苏达办事员能力测验、斯奈伦视力测验、西肖音乐能力测验、梅尔美术判断测验、飞行能力测验等。

3. 创造力测验

创造力测验主要测量各种创新思维能力，典型方法有南加利福尼亚大学测验、托兰斯创造思维测验、芝加哥大学创造力测验等。

4. 心理运动机能测验

心理运动机能测验主要测量心理运动能力、身体能力，典型的方法有本纳特机械理解测验、克劳福小零件灵巧测验、明尼苏达操作速度测验、明尼苏达空间关系测验、明尼苏达秘书测验、明尼苏达集合测验、奥卡挪手指灵活性测验等。

三、职业兴趣测试

兴趣是重要的心理特征之一，是个体力求认识某种事物或从事某种活动的心理倾向，表现为个体对某种事物、某项活动的选择性态度和积极的情绪反应。职业兴趣测试可以表明一个人最感兴趣的并最可能从中得到满足的工作是什么。该测试是将个人兴趣与那些在某项工作中较成功的员工的兴趣进行比较，进而了解一个人的兴趣方向以及兴趣序列的一项测试。但是兴趣不等于才能或能力，对这些特点的测试应与能力测试同时进行。常用的技术方法有斯特朗–坎贝尔兴趣调查量表（SCLL）、库德职业兴趣调查表和霍兰德职业兴趣测试。

（一）斯特朗-坎贝尔兴趣调查量表（SCLL）

斯特朗-坎贝尔兴趣调查量表（SCLL）是国外流行的职业兴趣测验，它被广泛地应用于人才测评中，对个人职业选择和企业招聘提供了非常有益的信息。

最新版本中包括325个项目，构成264个量表，其中包括6个一般职业主题量表，23个基本职业兴趣量表，207个具体职业兴趣量表，2个特殊量表，26个管理指标量表。一般职业主题量表是根据霍兰德职业理论建立起来的，有6个量表即霍兰德的6个职业兴趣，即现实的、调查的、进取的、审美的、社会的和事务的领域。每个量表包括20题，共120题。统计表明，这6个量表的得分存在不同程度的相关性。

基本职业兴趣量表由在内容上具有相似性，且在统计上具有高相关性的题目组成。

具体职业兴趣量表共包括106个职业，除其中5种为男女共用同一常模外，其余各有自己的常模。

特殊量表包括学术满意度量表和内外向量表两个量表。

管理指标量表是对每一份答案进行常规性统计，以确保在施测及数据录入过程中没有意外情况发生。

（二）库德职业兴趣调查表

美国心理学家库德于1934年编制了库德爱好记录表，其基本思想是把所有职业分成十个兴趣领域，然后确定与之相应的十个同质性量表，受测者的结果按这十个量表计分，通过得分高低确定感兴趣和不感兴趣的职业领域。这种方法所测得的结果比较笼统，因此库德在1966年编制了库德职业兴趣调查表，1985年，他再一次修订了库德职业兴趣调查表。

库德职业兴趣调查表由100组3个项目构成的强迫选择项目组构成，并直接把个人成绩与标准职业组或大学专业组的测验成绩进行比较，如果被测者与哪个标准职业组或大学专业组的分数接近，就说明其对该测验或专业感兴趣，确定感兴趣职业和专业的标准是最高相似系数之下相差0.06以内的职业或专业。

（三）霍兰德职业兴趣测试

约翰·霍兰德是美国霍普金斯大学心理学教授，美国著名的职业指导专家，他于1959年提出了具有广泛社会影响的职业兴趣理论。他认为人的人格类型、兴趣与职业密切相关，兴趣是人们活动的巨大动力，凡是具有职业兴趣的职业，都可以提高人们的积极性，促使人们积极、愉快地从事该职业，且职业兴趣与人格之间存在很高的相关性。霍兰德认为人格可分为现实型、研究型、艺术型、社会型、企业型和常规型六种类型。这六大类型，并非是并列的、有着明晰的边界。他以六边形标示出六大类型的关系（如图 4-3 所示）。

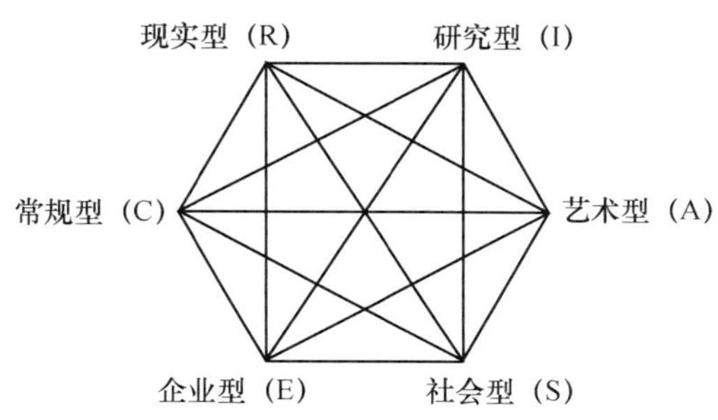

图 4-3　霍兰德六大人格类型

霍兰德职业兴趣测试共有七个部分：理想职业、兴趣活动、擅长活动、喜欢职业、能力简评、测试总分、价值标准，每部分测验都没有时间限制。

通过完成测试量表，将测验得分居第一位的职业类型找出来，对照表 4-10，即可判断一下自己适合的职业类型。

表 4-10　　霍兰德职业兴趣测试量表

类型	共同特征	典型职业
现实型（R）	愿意使用工具从事操作性工作，动手能力强，做事手脚灵活，动作协调；偏好于具体任务，不善言辞，做事保守，较为谦虚；缺乏社交能力，通常喜欢独立做事	喜欢使用工具、机器，需要基本操作技能的工作；对要求具备机械方面才能、体力或从事与物件、机器、工具、运动器材、植物、动物相关的职业有兴趣，并具备相应能力。如技术性职业（计算机硬件人员、摄影师、制图员、机械装配工），技能性职业（木匠、厨师、技工、修理工、农民、一般劳动）
研究型（I）	思想家而非实干家，抽象思维能力强，求知欲强，肯动脑，善思考，不愿动手；喜欢独立和富有创造性的工作；知识渊博，有学识才能，不善于领导他人；考虑问题理性，做事喜欢精确，喜欢逻辑分析和推理，不断探讨未知的领域	喜欢智力的、抽象的、分析的、独立的定向任务，要求具备智力或分析才能，并将其用于观察、估测、衡量、形成理论、最终解决问题的工作，并具备相应的能力。如科学研究人员、教师、工程师、电脑编程人员、医生、系统分析员

续表

类型	共同特征	典型职业
艺术型（A）	有创造力，乐于创造新颖、与众不同的成果，渴望表现自己的个性，实现自身的价值；做事理想化，追求完美，不重实际；具有一定的艺术才能和个性；善于表达，怀旧，心态较为复杂	喜欢的工作要求具备艺术修养、创造力、表达能力和直觉，并将其用于语言、行为、声音、颜色和形式的审美、思索和感受，具备相应的能力；不善于事务性工作。如艺术方面（演员、导演、艺术设计师、雕刻家、建筑师、摄影家、广告制作人），音乐方面（歌唱家、作曲家、乐队指挥），文学方面（小说家、诗人、剧作家）
社会型（S）	喜欢与人交往，不断结交新的朋友，善言谈，愿意教导别人；关心社会问题，渴望发挥自己的社会作用；寻求广泛的人际关系，比较看重社会义务和社会道德	喜欢要求与人打交道的工作，能够不断结交新的朋友，从事提供信息、启迪、帮助、培训、开发或治疗等事务，并具备相应能力。如教育工作者（教师、教育行政人员）、社会工作者（咨询人员、公关人员）
企业型（E）	追求权力、权威和物质财富，具有领导才能；喜欢竞争，敢冒风险，有野心、抱负；为人务实，习惯以利益得失、权利、地位、金钱等来衡量做事的价值，做事有较强的目的性	喜欢要求具备经营、管理、劝服、监督和领导才能，以实现机构、政治、社会及经济目标的工作，并具备相应的能力。如项目经理、销售人员、营销管理人员、政府官员、企业领导、法官、律师
常规型（C）	尊重权威和规章制度，喜欢按计划办事，细心、有条理，习惯接受他人的指挥和领导，自己不谋求领导职务；喜欢关注实际和细节情况，通常较为谨慎和保守，缺乏创造性，不喜欢冒险和竞争，富有自我牺牲精神	喜欢要求注意细节、精确度，有系统、有条理，具有记录、归档、据特定要求或程序组织数据和文字信息的职业，并具备相应能力。如秘书、办公室人员、记事员、会计、行政助理、图书馆管理员、出纳员、打字员、投资分析员

四、心理测试的优缺点

（一）心理测试的优点

1. 深入地了解应聘者的能力和兴趣。
2. 能鉴别出应聘者是否具备某些特定工作所必需的利于人际交往的个性特征。
3. 测试具有一定的标准化程序，并在足够大的相关样本人群中得到过应用。

（二）心理测试的缺点

1. 应聘者的求职动机可能会导致应聘者不真实回答测验中的每个问题。
2. 测试结果不够稳定。
3. 如果选出来的所有员工都具备相同的特征，团队成员便没有差异性。
4. 应聘者所受的培训或工作经验对工作业绩的影响比个性的影响更强。

业务演练

任务 4-3　请做以下测试以了解你的性格

【实训目的】

进一步理解心理测试技术的应用。

【实训步骤】

请每位同学完成以下测试题。

1. 以下项目你最喜欢哪一个？

A. 排球　B. 羽毛球　C. 足球　D. 棒球　E. 游泳　F. 拳击　G. 跆拳道
H. 摔跤　I. 柔道

2. 你在喝水时，怎样拿杯子？

A. 拿杯子上端　B. 拿杯子中央　C. 拿杯子下端　D. 以两手拿杯子
E. 喝水时摇晃杯　F. 一手拿杯子，一手拿其他东西

【实训要求】

测试者无须费时斟酌，应顺其自然地依你个人的反应选答。

测试答案解析

1. 答案解析

A. 很主观，但为人亲切又肯付出，所以很受欢迎
B. 个性单纯，很有毅力
C. 简单而缺乏成熟感，但做事很努力
D. 热爱自由，感情丰富，没什么脾气
E. 行动派，做事干净利落
F. 富有责任感和同情心，就算有什么不满也会自我克制
G. 活泼外向，行动力强，很会开发自我

H. 本性善良，性格开朗、率真

I. 比较内向，自我防御心理比较重

2. 答案解析

A. 对于细微之事不太在意，是一个爽朗乐观的人

B. 适应能力很好，信用好，人缘不错，有很强的交际能力

C. 通常比较敏感，对于许多事情都会感到很意外，甚至过度重视对方的意见

D. 内心较空虚，需要有人安慰

E. 通常具有不安全感，无法静下心做一件事

F. 对于自己的生活和学习都有极度的自信，很善于交际

练习题

1. 单选题

（1）属于投射式测试的是（　　）。

A. 创造力测验　　B. 心理运动机能测验

C. 罗夏墨迹测试　　D. 迈尔斯–布里格斯类型指标（MBTI）

（2）考前通知属于笔试实施程序中的（　　）。

A. 组建考务小组　　B. 制订笔试实施计划

C. 监控笔试过程　　D. 结果应用

（3）向被测者提出一组有关个人行为、态度方面的问题，被测者根据自己的实际情况回答，测试者将被测者的回答和标准进行比较，从而判断他们的人格，这种方法是（　　）。

A. 投射式测试　　B. DISC 人格测试　　C. 职业兴趣测试　　D. 自陈式测试

（4）世界上第一个智力量表是（　　）。

A. 斯坦福–比奈智力量表　　B. 韦克斯勒智力量表

C. 比奈–西蒙量表　　D. 瑞文标准推理测验

（5）关于能力倾向测试，以下说法错误的是（　　）。

A. 它是一种高度标准化的素质测评方法，由智力测验发展而来

B. 按内容可分为一般能力倾向测验、特殊职业能力测验、创造力测验和心理运动机能测验等

C. 区分性能力倾向测验（DAT）由 9 个分测验组成

D. 克劳福小零件灵巧测验属于特殊职业能力测验

2. 多选题

(1) 下列量表中，属于一般能力测试量表的有（　　）。

A. 斯坦福-比奈智力量表　　B. 韦克斯勒智力量表

C. 斯特朗-坎贝尔兴趣调查量表　　D. 迈尔斯-布里格斯类型指标

E. 瑞文标准推理测验

(2) 以下属于简历客观内容的是（　　）。

A. 个人信息　　B. 受教育经历

C. 工作经历　　D. 应聘者对自己的评价

E. 个人成绩

(3) 筛选简历的基本方法包括（　　）。

A. 分析简历结构　B. 审查客观内容　C. 审查逻辑性　D. 整体印象评价

E. 关注与职位相关的问题

(4) 根据霍兰德职业兴趣理论，以下说法正确的有（　　）。

A. 现实型员工动手能力强，做事手脚灵活，动作协调

B. 研究型员工抽象思维能力强，求知欲强，肯动脑，善思考，不愿动手

C. 艺术型员工做事理想化，追求完美，不重实际

D. 社会型员工追求权力、权威和物质财富，具有领导才能

E. 企业型员工尊重权威和规章制度，喜欢按计划办事

(5) 职业兴趣测试常用的技术方法有（　　）。

A. 斯特朗-坎贝尔兴趣调查量表

B. 库德职业兴趣调查表

C. 韦克斯勒智力量表

D. 霍兰德职业兴趣测试

E. 比奈-西蒙量表

3. 简答题

(1) 简述筛选简历的基本方法。

(2) 简述笔试的实施程序。

(3) 简述人格测试的方法。

(4) 自陈式测试常用的方法有哪些。

(5) 简述心理测试的优缺点。

4. 案例分析题

能力测验在招聘实务中的运用

一、项目背景

国内某知名大型通信公司（以下简称 A 公司）成立于 20 世纪 80 年代。A 公司为确保自己在技术研发上的领先性，使公司站在通信技术的前沿、不断推出具有领先水平的通信产品，公司每年都会从清华大学、北京邮电大学等名校中招聘大量对口专业的应届毕业生，网罗优秀人才。

由于近年来毕业生人数快速增加，为了提升招聘的成功率及效率，A 公司从 2015 年起从某测评公司引入基本能力测验，借以筛选应聘者。在 2015 年的招聘过程中取得了一定效果，但多数应聘者得分偏高，且比较集中，区分起来有些困难。

在 2016 年校园招聘过程中，A 公司对新一届毕业生进行了能力测验，但 HR 人员在整理结果时发现，90%以上的应聘者的成绩都在 93 分以上，根本无从区分应聘者之间的能力差距。事后调查发现，在 2015 年测试完成之后，就有多名应聘者凭借记忆将该知名企业在招聘时应用的能力测试题及答案都发布到了清华大学的校园 BBS 上，试题已经完全泄漏，测试结果根本无法用于鉴别应聘者的基本能力水平，HR 人员只能凭借面试重新对应聘者进行筛选，招聘工作的效率大大降低。

2017 年的校园招聘旺季即将到来，为了网罗到更多优秀人才，A 公司决定提前到各高校展开招聘工作，因该公司在业内属于国内乃至国际上知名的企业，有着非常好的声誉与福利待遇，专业内的发展空间也非常大，所以势必将有大量毕业生前来应聘。鉴于在 2015 年应用能力测验的良好效果，A 公司 HR 人员决定再次尝试使用能力测验，并找了测评公司帮助解决。

二、测评公司的解决方案

测评公司通过对 A 公司招聘现状的分析，发现主要存在以下问题。

1. 试题难度不适合于招聘对象，难以达到最大的区分度

因为应聘者多出自名校，学历较高，所以对于一般难度的能力测试，他们的表现都比较好，出现了“地板效应”，应聘者得分集中在一小段区间内，难以区分不同水平的受测者。由于市面上的能力题目基本上是成套的试题，试卷的总体难度已经确定，而难度是根据常模人群来确定的，如果招聘对象与常模人群有较大差别时，试卷的区分效度将非常不理想，经常出现心理测量学中的“天花板效应”或“地板效应”。

2. 试题泄漏，试题安全性无法保证

现在高校中透露企业招聘考试题、面试题的情况非常严重，已经成为名企招聘工

作人员比较头疼的一个问题。到目前为止，国内测评市场上还没有专门针对企业招聘开发的能力题库系统，多数为单套的能力测试题，个别企业有多套能力题集。当有限的试题被大规模地应用到各企业中进行招聘时，题目的曝光率非常高，甚至有两家企业用同一套能力测试题到同一所高校中进行招聘的尴尬场面。

除了以上问题，经过与 A 公司 HR 人员的深入沟通，测评公司的测评专家发现 A 公司对测试的内容方面也有一定的需求，由于是对口专业的通信技术研发人员，通过对工作内容的深入分析与沟通，基本确定考察“逻辑推理、学习能力、创新思维”三个方面的内容。而这在以往的能力测验中也是无法满足的，因为目前的能力测验，不论是单套的试题，还是多套的试题，它们在题目数量、考察维度上都是固定的，企业无法根据自身需求设定所要考察的维度。如果企业要使用能力测验来开展招聘工作，则必须让应聘者完成全部测试题目，而一般的测试题基本都需要 2 个小时以上，测试时间过长，这不仅增加了企业组织招聘测试的成本，而且无法聚焦到企业最关注的考察点上。

通过以上分析，测评公司的测评专家为 A 公司推荐了某能力测评系统，这是一套测验生成系统，可以在近 3 000 题的题库中根据一定规则抽取出符合企业自身需求的试卷。

根据 A 公司的实际招聘需要，测评专家从系统 9 大维度中选取了 5 个维度（言语理解、言语推理、数学运算、数字推理、图形推理、空间能力、抽象推理、资料分析、思维策略）：言语推理、数字推理、图形推理、抽象推理、思维策略，其中言语推理、数字推理和图形推理主要考察应聘者的逻辑推理能力，抽象推理主要考察受测者学习新知识和利用新知识解决问题的能力，而思维策略主要考察受测者打破传统思维定式、灵活解决问题的能力。

由于受测者主要来自著名高校，能力水平普遍较高，为了达到最佳区分效果，测评专家为其选择了“较难”难度（共 5 种难度：非常容易、比较容易、中等、较难、非常难）的测试题。

另外考虑到作答时间，若采用完整版试题，5 个维度的作答时间为 100 分钟，相对比较长，对于企业操作成本较大，且学生容易产生应答疲劳。因此，测评专家为其定制了精简版的试题，将作答时间减至 75 分钟。

根据这些参数，测评专家为 A 公司生成了一套专属于该公司的招聘试题，因为在抽取试题的过程中控制了试题的曝光率，试卷之间的雷同程度极低，所以，试题的安全性被大大提高。

三、效果评估

目前，A 公司已经完成了两所大学的招聘工作，测试结果很好地将应聘者区分开来，测试者的得分分布在 63 分和 97 分之间，分布范围广泛。根据测试结果的分布，HR 人员将录取参考线定在 85 分，在前来应聘的 84 人中，有 22 人测试结果在 85 分以上，能力测试结果对筛查应聘者起到了很好的辅助作用。

考虑到此套招聘试题已经使用过，为了保证在下一所学校使用时不致出现 2016 年的情形，A 公司决定采用相同的参数在某能力测评系统中重新生成一套能力测试题。

某能力测评系统从“随需应变”的理念出发，以庞大的题库系统、全面的测试内容、专业的抽题原则、科学的岗位标准、灵活的测试方式为企事业单位选人、用人工作提供科学而实用的帮助，得到了 A 公司 HR 工作人员的一致好评。

资料来源：http://www. zhaopinchina. com.

问题：

(1)什么是能力测验？有哪些常用方法？

(2)结合案例,谈谈如何进行能力测验。

项目五

应用面试技巧

【项目说明】

本项目主要对面试的概念、特点、类型、实施等作了介绍，并强调了面试前的资料、面试官的准备和试题的编制，同时强调了面试的实施技巧及面试官常见的误区，尤其是重点介绍了应聘者在面试中的应对技巧。知识结构如下：

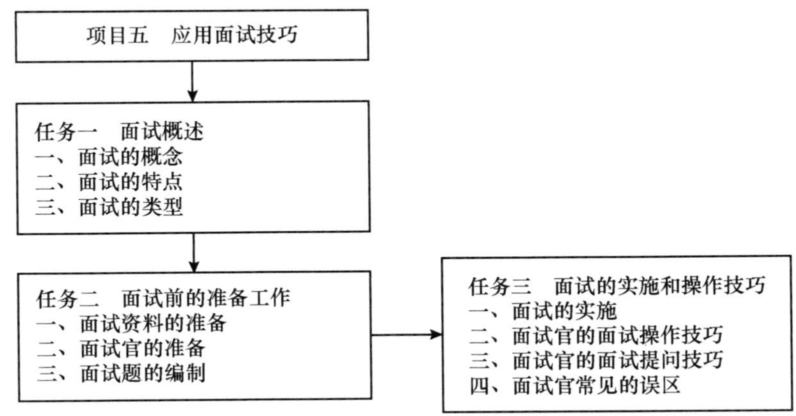

【项目导入】

一、主题案例

大区经理王总面试提问

上个月，你受国内某大型制药企业华中区大区经理王总的邀请，给他们做一个重要职位招聘面试的测评，将要招聘的职位是高级营销经理，很不凑巧，飞机晚点，没有时间和王总进行面试前的沟通，所以只好急匆匆赶到现场，还好，面试刚刚开始。由于事先已经做了筛选，来参加面试的只剩下两位候选人。由王总亲自担任主考官，在半小时里，他对第一位候选人问了三个问题。

1. 这个职位要带领十几个人的队伍，你认为自己的领导能力如何？

2. 你在团队工作方面表现如何？因为这个职位需要交流、沟通，你觉得自己的团队精神好吗？

3. 这个职位是最近新设立的，压力特别大，并且需要经常出差，你觉得自己能适应这种高压力的工作状况吗？

请思考：

（1）王经理的面试提问合适吗？为什么？

（2）你认为是否有必要拟定面试提纲？应该如何拟定？

二、学习目标

1. 掌握面试的概念、特点及类型。
2. 了解面试前的准备工作。
3. 掌握面试官的面试技巧。
4. 掌握面试的实施和操作技巧。
5. 了解应聘者在面试中的技巧。

任务一　面试概述

知识准备

面试在我国有着悠久的历史，但是作为一种科学方法应用于人员素质测评则是近几年的事，其应用也更为规范、系统。

一、面试的概念

面试是一种经过精心设计，在特定场景下以面对面的交谈与观察为主要手段，由表及里测评被试者有关素质的一种方式。在这里，“精心设计”的特点使它与一般性的面谈、交谈、谈话相区别，后者强调的只是面对面的直接接触形式与情感沟通的效果，它并非经过精心设计。“在特定场景下”的特点使它与日常的观察、考察测评方式相区别，后者是在自然情景下进行的。“以面对面交谈与观察为主要手段，由表及里”的特点，不但突出了面试中“问”“察”“觉”“析”“判”的综合性特色，而且使面试与一般的口试、笔试、操作演示、情景模拟、访问调查等人员素质测评的形式区别开来，口试强调的只是口头语言的测评方式及特点，而面试还包括对非口头语言行为的综合分析、推理与直觉判断。“有关素质”说明了面试的功能并非是万能的，在一次面试中，不要面面俱到、包罗万象地去测评人的一切素质，要有选择地针对其中一些必要的素质进行测评。

面试的理论依据在于内在素质与外显行为在活着的人身上是一个支柱的整体系统，是一个耗散结构系统，内在的素质必然会通过外显的行为表现出来。外显的行为受制于内在的素质，具有某种特定性、稳定性与差异性。人的外显行为包括语言行为和非语言行为，而非语言行为又包括体态行为、工作行为、生活行为、生理行为（如图 5-1 所示）。

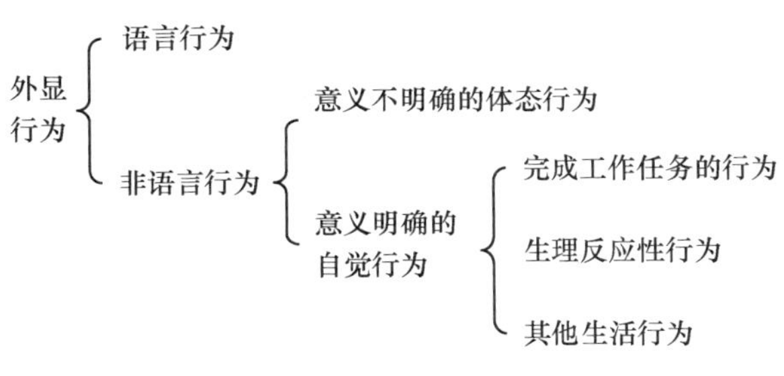

图 5-1　行为构成图

（一）面试的信息沟通通道最多

面试是多向的、动态的信息沟通，面试中主试者发出的刺激信息，既有语言的也有体态的，被试者接受并反馈到主试者的信息中也既有语言的也有体态的，而且这种沟通不是单向的而是多向的，各个方向之间，不是机械地重复，而是动态地变化，主试者可以根据被试者的回答情况及测评需要不断地调换问题的形式与内容。

（二）所有测评方式中面试的信息量最大，利用率最高

心理学家曾对交谈中言谈与行为传递信息的效果进行过因素分析学的研究，结果表明，其中言辞只占 7%，声音占 38%，而体态竟占 55%。

（三）语言和体态语对素质的揭示具有充分性、确定性、直观性与一定的必然性

非语言体态语一般指手势、身势、面部表情、眼色、人际空间位置等一系列能够揭示内在意义的动作。体态语具有揭示内在素质的功能，具有交流思想、传达感情、昭示心理、强调指代、表示社会联结关系的各种功能，具有一定的社会性与规定性。因而，体态语对内在素质的揭示具有确定性。精神分析学说告诉我们，只有当被试者如实地表述他的素质状态时，其语言行为与非语言的体态才能协调一致。

二、面试的特点

（一）对象的单一性

测评的内容主要应侧重于个别特征，因人而异。

（二）内容灵活性

问题可多可少，可深可浅，视被试者情况和面试要求而定，一般情况下，面试时间大约30分钟，所提问题10个左右为宜。

（三）信息的复合性

既注意收集它的语言形式信息，又注意收集非语言形式的信息。

（四）交流的直接互动性

面试中被试者的回答行为表现与主试者的评判是直接相连的，没有任何中介转换形式，二者的接触、交谈、观察是相互的，是面对面进行的，二者的信息交流与反馈也是相互作用的。

（五）判断的直觉性

它不是仅仅依赖于主试者严谨的逻辑推理与辩证思维，而往往包括很大的印象性、情感性与第六感觉特点。

三、面试的类型

面试的形式多种多样，不同性质的招聘采取的面试形式往往不同，常见的面试形式有以下几种。

（一）单独面试与集体面试

所谓单独面试，是指主考官个别地与被试者单独面谈。这是最普遍、最基本的一种面试方式。

单独面试的优点是能提供一个面对面的机会，让面试双方较深入地交流。单独面试又有两种类型：一是只有一个主考官参与整个面试过程。这种面试大多在较小规模的单位招聘较低职位人员采用。二是由多位主考官参与整个面试过程，但每次均只与一位被试者交谈，公务员面试大多属于这种形式。

集体面试又称小组面试，指多位被试者同时面对面试考官的情况。在集体面试中通常要求被试者进行小组讨论，相互协作解决某一问题，或者让被试者轮流担任领导主持会议、发表演说等。这种面试方法主要用于考察被试者的人际沟通能力、洞察与把握环境的能力、领导能力等。

无领导小组讨论是最常见的一种集体面试法。在不指定召集人、主考官也不直接参与的情况下，被试者自由讨论主考官给定的讨论题目，这一题目一般来自拟任工作岗位的专业需要或现实生活中的热点问题，具有很强的岗位特殊性、情景逼真性和典型性。讨论中，众考官坐在离被试者一定距离的地方，不参加提问或讨论，通过观察、倾听为被试者进行评分。

（二）一次性面试与分阶段面试

一次性面试，即指用人单位对被试者的面试集中于一次进行。在一次性面试中，面试考官的阵容一般都比较“强大”，通常由用人单位人事部门负责人、业务部门负责人及人事测评专家组成。在一次面试情况下，被试者是否能面试过关，甚至是否被最终录用，就取决于这一次面试表现。面对这类面试，被试者必须集其所长，认真准备，全力以赴。

分阶段面试又可分为两种类型，一种叫依序面试，另一种叫逐步面试。依序面试一般分为初试、复试与综合评定三步。初试的目的是从众多被试者中筛选出较好的人选。初试一般由用人单位的人事部门主持，主要考察被试者的仪表风度、工作态度、上进心、进取精神等，将明显不合格者予以淘汰。初试合格者则进入复试，复试一般由用人部门主管主持，以考察被试者的专业知识和业务技能为主，衡量被试者对拟任工作岗位是否合适。复试结束后再由人事部门会同用人部门综合评定每位被试者的成绩，确定最终合格人选。

逐步面试一般是由用人单位的主管领导、处（科）长以及一般工作人员组成面试小组，按照小组成员的层次，由低到高的顺序，依次对被试者进行面试。面试的内容依层次各有侧重，低层次一般以考察专业及业务知识为主，中层次以考察能力为主，高层次则实施全面考察与最终把关，实行逐层淘汰筛选，越来越严。被试者要对各层次面试的要求做到心中有数，力争每个层次均留下好印象。在低层次面试时，不可轻视大意，不可骄傲马虎，在面对高层次面试时，也不必胆怯拘谨。

（三）非结构化面试与结构化面试

按面试的标准化程度，将面试分为非结构化面试、结构化面试与半结构化面试。

非结构化面试是指在面试中事先没有固定框架结构（指没有预先确定测评要素等），也不对被试者使用有确定答案的固定问题的一种面试。在非结构化的面试条件下，面试的组织非常“随意”。关于面试过程的把握、面试中要提出的问题、面试的评分角度与面试结果的处理办法等，主考官事前都没有精心准备与系统设计。非结构化面试颇类似于人们日常非正式的交谈。除非面试主考官的个人素质极高，否则很难保证非结构化面试的效果。目前，真正非结构化的面试越来越少。

正规的面试一般都为结构化面试，结构化面试又称模式化面试。在这种面试中，主考官事先准备好一份问题的清单，这些问题系统全面地概括了所要了解的情况，面试严格按该清单上所列的问题循序发问，然后按标准格式记下应聘者的回答。

所谓结构化，包括三个方面的含义：一是面试过程把握（面试程序）的结构化。在面试的起始阶段、核心阶段、收尾阶段，主考官要做些什么、注意什么、要达到什么目的，事前都会有相应策划。二是面试试题的结构化。在面试过程中，主考官要考察被试者哪些方面的素质，围绕这些考察角度主要提哪些问题、在什么时候提出、怎样提，在面试前都会做好准备。三是面试结果评判的结构化。从哪些角度来评判被试者的面试表现、等级如何区分甚至如何打分等，在面试前都会有相应规定，并在众考官间统一尺度。

半结构化面试是介于结构化面试与非结构面试两者之间，事先大致规定面试的内容、方式、程序等，允许主考官在具体操作过程中根据实际情况做些调整。

（四）压力式面试与鉴定性面试

压力式面试是将应聘者置于一种不舒适的环境中以考查其对压力的承受能力的面试方法。面试考官通过提出生硬的、不礼貌的问题故意使应聘者感到不舒服，针对某一事项或问题做一连串的发问，打破砂锅问到底，直至应聘者无法回答；还可以通过设计一个紧张的场景，如在有限的时间处理很多重要的事务，考查应聘者如何取舍。

其目的是确定应聘者对压力的承受能力、应变能力和处理人际关系的能力。

这种类型的面试一般适用于将面临较大压力岗位的招聘中。如果工作要求具备应付高度压力的能力，了解这一因素是很重要的。然而，在压力环境下所获信息经常被扭曲、误解，不能反映出应聘者的真实水平，所以压力面试对大多数情况的面试是不适合的。但这种面试方式特别适用于对高级管理人员的测试。

鉴定性面试是指应聘者未来的上级主管与同事对其工作绩效所进行的评价。

（五）常规面试、行为描述式面试与情景面试

所谓常规面试，就是我们日常见到的主考官和应聘者面对面以问答形式为主的面试。在这种面试条件下，主考官处于积极主动的位置，应聘者应是被动应答的姿态。主考官提出问题，应聘者根据主考官的提问作出回答，展示自己的知识、能力和经验。主考官根据应聘者对问题的回答以及应聘者的仪表仪态、身体语言、在面试过程中的情绪反应等对应聘者的综合素质状况作出评价。

行为描述式面试采用专门设计的问题来了解应聘者过去在特定的情况下行为的结构化面试方法。该方法可以了解应聘者对工作的熟练程度，有效度较高。通过一系列问题如“这件事情发生在什么时候”“您当时是怎样思考的”“为此您采取了什么措施来解决这个问题”等，收集应聘者在代表性事件中的具体行为和心理活动的详细信息。基于应聘者对以往工作事件的描述及主考官的提问和追问，运用素质模型来评价应聘者在以往工作中表现的素质，并以此推测其在今后工作中的行为表现。

在情景面试中，突破了常规面试主考官和应聘者那种一问一答的模式，引入了无领导小组讨论、公文处理、角色扮演、演讲、答辩、案例分析等人员甄选中的情景模拟方法。情景面试是面试形式发展的新趋势。在这种面试形式下，面试的具体方式灵活多样，面试的模拟性、逼真性强，应聘者的才华能得到更充分、更全面的展现，主考官对应聘者的素质也能作出更全面、更深入、更准确的评价。

在实际操作过程中，不同的招考部门会根据自己的需求选择适当的组合形式。

业务演练

任务 5-1　分析案例：一天招募到更好的工作申请人

【实训目的】

理解情景面试的面试策略。

【实训步骤】

1. 全班5~6人一组，分为若干小组；

2. 提供案例：一天招募到更好的工作申请人。

某企业聘请招聘专家为其下属百货公司选拔总经理。在最后阶段，招聘专家对一路过关的四位候选者使用了情景面试的方法。四位候选者被安排同时观看一段录像，录像内容如下：

画面呈现出一座小城市，画外音告知这是一个中等发达程度的小县城。镜头聚焦于一家百货商场，时间显示当时是上午9时30分。这时商场的正门入口处出现了一位身高180厘米左右、穿夹克的年轻小伙子。他走进商场，径直走向日用品柜台。柜台里是一位三十岁出头的女售货员。小伙子向女售货员说："拿包牙膏。"女售货员问："什么牌子？""中华牌。"小伙子答道。女售货员说："三块八毛钱。"小伙子掏出钱包，取出一张一百元的人民币，女售货员找给他96元2角。然后，小伙子将钱和牙膏收好，走出了商场。

画面重新回到了百货商场正门，时间显示是上午10时整。这时，一位身高165厘米左右、穿笔挺西装的小伙子出现在门口，并径直向日用品柜台走去。"你好，要点什么？"女售货员问道。"一支牙刷。"小伙子答道。"什么牌子？"女售货员接着问。小伙子用手指了其中的一种。女售货员说："两块八毛钱。"小伙子掏出钱包，取出一张十元的人民币递给女售货员。女售货员给小伙子一只牙刷并找给7元2角钱。然而，小伙子突然说："你找错钱了，我给你的是一百块钱。""你给我的明明是十块钱呀！"女售货员吃惊地说道。"我给你的就是一百块钱，赶快给我找钱，我还有事情要做！"小伙子提高了嗓门，语气也相当严厉。女售货员急了，声音也提高了八度："你这人怎么不讲理呢？你明明给的是十块钱，为什么偏要说是一百元呢？你想坑人啊？"这时，日用柜台边已经聚拢了十几位买东西的顾客看热闹。这位小伙子似乎实在难以容忍了，向整个人群说道："大伙都瞧瞧，这是什么服务态度！你们经理呢？我要找你们的经理。"

说来也巧，百货商场的总经理正好从楼上下来，看到这边有人围观，便走了过来。总经理看上去是一位二十八九岁的年轻人。"怎么回事？"总经理问道。女售货员看到总经理来了，像来了救兵一样，马上委屈地向总经理告状："经理，这个人太不讲理了，他明明给我的是一张十块钱，硬说是一张一百块钱。"经理见她着急的样子，立即安慰她说："张姐，别着急，慢慢讲，他买了什么？你有没有收一百块钱一张的人民币？"这位被总经理称为"张姐"的女售货员心情似乎平静了些。"他买的是牙膏，嗷……不，他买的是牙刷。对了，我想起来了，今天，我没收几张一百块钱的人民币，有一位高个儿给了我一百块钱，他买的是牙膏。这个人给我的就是十块钱。”总经理听了张姐的话，眉头有些舒展，转向走向人群中的那位身高165厘米左右的小伙子，很有礼貌地说道：“很不好意思出现了这种事情。您能告诉我事情的真实情况吗?”小伙子也似乎恢复了平静，同样有礼貌地坚持自己付给女售货员的是一张一百块钱，是女售货员将钱找错了。这时总经理环视了一下人群，然后将视线定格在这位小伙子身上，继续有礼貌地说：“这位先生，根据我对这位售货员的了解，她不是说谎和不负责的人，但是我同样相信您也不是那种找碴儿的人。所以，为了更好地将事情弄清楚，我可否问您一个问题?”“什么问题?”小伙子问道。“您说您拿的是一张一百块钱，请问您有证据吗?”总经理问道。小伙子的眼睛一亮，马上提高了嗓门说：“证据?还要什么证据?不过我想起来了，昨天我算账的时候，顺手在这张钱的主席像一面的右上角用圆珠笔写了2888四个数字。你们可以找一下。”总经理立即吩咐张姐在收银柜中寻找，果真找到了一张主席像一面用圆珠笔写有2888的一百块钱纸币。这时，小伙子来了精神，冲着人群高喊：“那就是我刚才给的一百块钱，那个2888就是我写的。不信，可以验笔迹。”

人群开始骚动，顾客们明显表示出对商场的不满。镜头在人群、小伙子、张姐和总经理之间切换，最后定格在总经理眉头紧锁的脸上。

这时录像结束。

3. 根据本案例，请回答下列问题：

（1）假如您是该百货商场的总经理，您将如何应付当时的局面?

（2）作为总经理，您将如何善后?

4. 以小组为单位，以书面形式提交讨论成果。

【实训要求】

能够抓住问题的关键点进行分析，联系学习的理论，紧密联系案例事实加以论证；小组代表发言应对小组的讨论活动情况作真实概括，要求总结性强。

案例分析实训参考

如果考官能够恰当地选择情景并保证情景对不同候选者的一致性，那么，不仅可以诱发候选者的相应行为，而且能够说明候选者行为的不同是由其素质不同所致。本案例中的情景面试旨在选拔集团公司下属的百货公司总经理，选择录像情景非常恰当，同时四位候选者同时观看录像且问题一致，因此整个选拔程序的设计是公平合理的。第一个问题的设置在于考察候选者的快速决策能力，允许他们有10分钟的准备，因此也检验他们对问题分析的深度。第二个问题的设置则在于考察他们将突发事件与管理制度相关联的能力。就第一个问题结合四位候选者的表现进行分析。

第一位候选者答案的大意是：他首先向那位小伙子道歉，承认他的下属工作失误，然后当众批评女售货员，并如数找给小伙子97元2角。这样做的理由是，90多块钱是小事，影响正常营业、损害公司形象是大事。事件持续的时间越长，对百货公司越不利，至于女售货员所受到的委屈，可以在事后进行心理上的安抚。

这位候选者的优点在于能够从公司大局出发，分清轻重缓急，具备作为公司总经理的基本思维素质。但是，其具体做法毕竟是委曲求全，且有向不法行为低头之嫌。

第二位候选者答案的大意是：她首先诚恳地向那位小伙子和在场的顾客道歉，因为她手下的员工出言不逊，冒犯了顾客。她也主张要将97元2角钱当场如数找给小伙子，但并不是承认自己的员工搞错了，而是本着“顾客永远是对的”这一理念。并向在场的顾客承诺将继续追查此事，如确系售货员失误要从严处罚，同时向顾客当事人承认错误和赔偿，另外，她还诚恳地要求小伙子为配合百货公司的工作，留下联系方式。

这位候选者的优点与第一位相似，但较为主动一些。在无法立即判断孰是孰非之际，突出“顾客是上帝”的理念，让顾客明白，百货公司做让步性决策的前提是对顾客的热爱。但是这种做法仍然没有负起道义的责任。

第三位候选者答案的大意是：他认为只要他在那位小伙子耳边说上两句话就行了。他的话是“哥儿们，请跟我到后面看一看，我们有内部录像系统。”他的理由是，整个事件明显是欺诈，对付欺诈的手段就可以以毒攻毒，让其知难而退。

这位候选者的优点在于有较强的道义感，对恶势力采取针锋相对的措施，但是，他犯了一个大忌，就是职业经理人应以诚信为本。“内部录像系统”在中等发达程度的小县城里的百货公司中一般是不可能有的。候选者如果没有意识到“中等发达程度的小县城”，便是信息管理能力方面的欠缺；如果意识到了，便是以诈还诈了。

第四位候选者答案的大意是：他要当众揭穿“骗子”的伎俩，并与公安部门相配合对之进行打击。他首先私下吩咐保安人员报警，然后向小伙子发问：“您确定您支付的是一百块钱，而不是十块钱，是吗?”得到认可后进行推理：“既然您支付的是一百块钱，上面又写有2888，那么这张钱上应该有您的指纹。既然您没有支付十元钱，那么，收银柜内今天收到的所有十元纸币上就不会有您的指纹。如果经查证有一张十元纸币上有您的新鲜的指纹，又如何解释呢?”

这位候选者的最大优点在于对问题分析的深刻性，他敏锐地抓住了诈骗者逻辑上的盲区，当场予以揭穿是有震撼力的。从道义的角度上讲，也是完全可以理解的。然而，作为职业经理人，“得理也饶人”是一大招财秘诀。何况女售货员在有理的情况下也不该出言不逊，因此，如果这位候选者在识破骗局的同时，又不忘向当时的顾客群体展示亲和力，那么效果会更好。

总而言之，案例中情景面试的第一题旨在考察候选者的三层素质，洞察力——对事件本质的把握；全局观——对形象力和“顾客至上”理念的理解；道义感——对社会上反诚信现象的处理。

任务二　面试前的准备工作

知识准备

面试前的准备工作对整个面试开展有着很重要的作用。准备得好与坏，将直接影响在求职者心中的印象，同时更重要的是会影响整个面试的效率和质量。那么，面试前的准备工作以及具体细节是怎么做的呢？

一、面试资料的准备

这一阶段主要是做好面试的组织工作，包括成立面试小组、制定面试实施方案、拟定面试内容、印制面试所需要的各种表格及准备其他材料、确定考场和候考室、培训面试考官和考务工作人员、熟悉应聘者的基本情况。

1. 准备好让应聘者了解所聘岗位的具体情况和公司的有关部门情况（包括企业文化、工作环境等）。

2. 工作岗位说明书。对所需招聘岗位的深入分析，尤其是一些专业术语和专有名词及该岗位所需核心胜任能力，更应该提前摸底熟悉，确保自己清楚有关需聘岗位的用人标准，这是实施面试的前提。

3. 候选人简历。收集并审阅应聘者的简历、申请以及任何其他能了解应聘者过去工作表现和经验的材料；尤其是对应聘者简历进行深入细致的分析，得出初步入选者，对有疑问之处，提前准备好问题及追问点，以便面试时提问。

4. 候选人通知清单。确保应聘者提前收到前来应聘的通知信息（如，坐车路线、住宿、推荐的餐馆等）。

5. 就招聘人员及应聘人员作出时间安排（人力资源部与各部门主管配合），落实面试小组成员；确定面试人员。哪些求职者会来面试？安排由谁去面试？这些需要在面试前明确。

6. 指定专人（或部门）负责应聘者来公司的接待工作，确保负责应聘者接待的工作人员都明确自己的职责，与前台沟通好，哪些人员要到，来之后的等待区及相应商务礼节（引领到等待区、倒水等），并能使应聘者感到舒适。

7. 准备面试所用的场所。提前预订好会议室或洽谈室，把面试地点提前明确安排好。

8. 准备面试材料。主要是面试考评题库、结构化面试题目准备、面试来访登记表、面试评价表、用于回答求职者询问的公司基本情况、岗位工作职责与薪酬待遇、公司企业文化介绍等资料。这项准备工作是重点，尤其是结构化面试题目的精心准备，这是影响面试成败的关键。

9. 准备应聘人员感兴趣的问题及解答（公司及部门简介、业务性质、休息时间、福利薪酬等）。

二、面试官的准备

面试是面试官与求职者就某一特定工作岗位相互交流信息以判断求职者是否符合此岗位要求的会谈过程。面试是面试官评估求职者是否符合岗位要求的至关重要的甄选方法，决定着组织能否成功吸引并甄选到合适人员。不过，由于众多的面试官面试前的准备工作不充分，未能进行有效的面试前准备，导致面试评估欠缺针对性和可靠性，无法有效招聘到合适组织的人选。因此，作为面试官，应有计划地进行面试前的准备工作，以有效地开展面试活动，提升面试的针对性和有效性，增加甄选的准确度。

（一）确定面试的目的

1. 选择人才；
2. 吸引人才；
3. 收集有关求职者能做什么的信息；
4. 收集有关求职者愿意做什么的信息；
5. 向求职者提供组织的相关信息；
6. 检查求职者对应聘岗位的匹配程度。

明确面试目的可有效帮助面试官有针对性地开展面试，而不会漫无目的地提问与面试无关的问题，从而达到提升面试效率的目的。

（二）明确对空缺岗位的绩效预期

作为面试官，你对空缺岗位的绩效期望是什么？你希望求职者在未来的工作中有怎么样的表现？为达成这样的表现，求职者会在未来的工作中遇到怎么样的障碍和挑战？要克服这些障碍和挑战，他必须要具备如何的能力和才能呢？通过这一系列的追问，面试官会对要招聘的这个岗位了解得更多，对求职者的技能要求也会有更深入的认识和了解，才能更好地设计面试问题，更有效率、更具针对性地进行即将到来的面试。

（三）提前阅读简历

许多面试官习惯于在面试前三分钟才对应聘者的简历进行浏览，然后就开展面试。这样做对应聘者的背景资料了解不足，难免影响面试评估的有效性和公正性。为保证面试的有效进行，面试官应提前进行应聘者的简历阅读，以更充分了解求职者的信息，主要包括以下内容：第一，以前相关的工作经验及绩效表现；第二，以前的相关培训及教育的内容；第三，求职者的工作兴趣；第四，求职者的职业意图。另外，面试官在阅读简历时，应对简历中的疑点进行相应的标识，以便在面试中进行进一步的询问。这些应作出标识的地方包括以下几个方面。

1. 应聘者工作衔接出现空档的原因

对于应聘者在两份工作之间的空档时间，面试官应加以留意，尤其是时间超过三个月的工作空档，应作出明显标识，并在面试中加以提问，以了解其真正的原因，是由于应聘者本人的能力迟迟找不到合适的工作，还是其他客观的原因影响应聘者找不到新的工作。

2. 频繁转换工作

对于那些在一年里换了多次工作的应聘者，面试官应特别警惕，要在面试时特别留意，了解应聘者频繁换工作的真实意图，并作出判断，应聘者能否适应本公司的环境，而不会匆匆跳槽。

3. 最近的培训进修情况

面试官可通过阅读应聘者的培训进修记录，了解应聘者的培训进修情况，从而判断应聘者是否积极好学，能否以积极进取的心态学习本专业的知识和技能。对于毕业五年却从未有过任何培训进修记录的应聘者，面试官应在面试过程中特别留意。

4. 离开上一家公司的真正原因

应聘者为什么不再在原公司任职？是什么原因促使他离开原公司？这些离职的因素，是否在本公司中亦存在？面试官应通过对应聘者的离职原因进行深层次的解读，才能较好地判断该应聘者是否真心实意留在本公司。

5. 在上一家公司的工作绩效

应聘者在上一家公司取得何样的工作成绩？当时的情况如何？条件如何？主要面临的问题如何？应聘者使用了哪些资源？他的措施包括哪些？这些措施是否有效？本公司能否提供相近的条件以供他创造这样的绩效？通过这样的问题设计，可更深入地了解应聘者分析问题与解决问题的能力。

6. 内容前后矛盾或不合常理的地方

内容前后矛盾或不合常理的地方主要包括应聘者工作经历时间上的前后矛盾，或其他不一致、不合逻辑的地方，如应聘者仅毕业半年，即可担任重要的管理工作岗位等。对此，面试官应加以留意，并在面试中进行深入盘查。

（四）确定面试方法

面试官应根据应聘者应聘岗位的不同，进而选择和开发恰当而有效的面试方法。

（五）列出面试提纲

在撰写面试提纲时，面试官应考虑以下方面：

1. 面试提问的问题宜由浅近及深入。

2. 面试提问的问题宜覆盖到本岗位的核心胜任力。

3. 设计的面试提问的问题应符合 STAR 原则，S 即 Situation，指当时的环境；T 即 Task，指任务；A 即 Action，指行动；R 即 Result，指最终的结果。例如，面试官首先了解应聘者是在一个什么的情形或者什么样的背景（Situation）下去做工作的。接着，面试官要了解应聘者为了完成工作，上司赋予了哪些工作任务（Task）。接下来，面试官要了解应聘者为了完成这些任务采取了哪些行动（Action）。最后，面试官才来关注结果（Result）是怎样的，上级及相关人员对结果的评价如何。

三、面试题的编制

（一）面试试题的编制

1. 编制命题方案是对整个试题编制工作作总体设计，把最基本的要求先确定下来，使后面的工作有所遵循。

2. 根据所招聘的岗位和职责确定问题，针对不同的岗位制定不同的面试问题提纲。主试者根据问题提纲提出问题，了解应聘者的素质和能力，从而判断其是否能适应这种工作。

3. 提问的题目应具体、明确。

4. 面试题目由若干面试项目组成，如公关能力、专业知识、敬业精神等。每个面试项目均应编制相应的提问提纲以便面试时有针对性地提问、考察。

5. 应聘者有着不同的情况和经历，没必要每个人选都用同一套题目依序一问到底。因此，每一面试项目可从不同角度出一组题目，以便于面试时选择。

6. 面试题目可以分为通用提纲和重点提纲两部分。通用题目涉及问题较多，适合于提问各类应聘者。重点题目则是针对应聘者的特点提出的，以便对岗位要求中有代表性的东西有所了解。

（二）对应聘者提出要求

面试过程是一个互动的过程，不仅是对应聘者的一种考察，也是主试者与应聘者之间的一种沟通、情感交流和能力的较量，对招聘者的素质有较高要求。

1. 招聘者要具有良好的个人品质与修养。招聘者的形象不仅反映其个人，更是代表着组织，从他们的身上可以反映出组织文化的特征与组织的风范。要求招聘者为人正直公正、认真诚实，能客观公正地评价应聘者。

2. 招聘者要具有广阔的知识面。除了本人的专业知识外，还应具有其他丰富的知识，如心理学、行为科学、社会学、法学、组织行为学、管理学等方面的知识，能够综合运用。

3. 招聘者要具有多方面的能力。作为一个招聘者，一般要具备以下几种能力：表达能力、观察能力、协调和交流技巧、自我认知能力。善于从应聘者的言行、态度、礼节等外部行为表现，考察人的内在心理特征。能熟练运用面试技巧，并且能够很好地控制面试的进程，完成预定的面试任务。

4. 招聘者要掌握一定的技术。招聘者应掌握一定的招聘技术，以保证招聘过程的有效实施。在招聘中可能用到的技术主要有人员测评术、策略性谈话、观察的技术、设计招聘环境的技术、设计问题的技术等。

业务演练

任务 5-2　设计结构化面试试题

【实训目的】

帮助学生掌握面试的内涵、方法和流程；帮助学生掌握面试题目的设计方法，使其能够根据岗位独立设计面试题。

【实训步骤】

1. 全班 5~6 人一组，分为若干小组，以小组为单位成立模拟公司；

2. 依据模拟公司的背景材料，对于人力资源部门或业务部门的岗位进行招聘；

3. 对于拟招聘岗位设计一份结构化面试试题。

【实训要求】

以小组为单位，提交结构化面试试题。小组代表汇报应对小组的任务分工活动情况作真实概括，要求总结性强。

任务三　面试的实施和操作技巧

知识准备

面试的方式主要有两种：一种是没有预先计划、“自然发展”的，一种是有周详程序的。没有预先计划的面试即是“自然发展”的，主试者看被试者的反映和表现来发问，如果是由多位主试者主持，则谁都有可能询问任何事项。这种事情通常是主试者比较有经验，或该机构习惯如此；有时由人事经理或公司领导亲自主持面试，也会选择这种方式。

一、面试的实施

一般组织的面试选择都是有计划和要求的，这就要求组织在面试的过程中要有周详计划，面试通常分为五个阶段。

（一）热身

面试可能是主试者与被试者初次见面，所以面试的开始通常围绕一般性社交话题，问题多为友善、客套、比较随便的，目的在于打破隔膜，使被试者消除紧张等。此部分通常只有一个人发言，介绍其他主试者姓名身份，然后开始发问，最普通的话题可能是：

我们单位所在的地方难不难找？（如果此处地址在较偏远处）

你从事××行业已经多年，必定很有经验吧？（如属转工者）

你是打算继续升学还是直接开始工作呢？

你父亲从事什么行业？（如属刚毕业离校者）

（二）查明背景资料

这阶段的问题主要围绕被试者所填报的各项资料。这类问题往往是短而直接的，但倘若事前未有好好准备，便可能会变成枯燥的资料提供，使交谈无法进行下去。而且有不少问题看上去简单，但实际上不容易应付。那些踏出校门的求职者应尤其留意这方面的问题。以下常见的问题便不容易应付：

请用三分钟时间做一下自我介绍。

可否略略介绍你的家庭人员。

为什么你的数学（或语文）成绩不够理想？

你曾经经历过的地方，哪些最令你难忘？

你为什么时常换职业？

你有什么工余/课余活动？

在简历表中，你提到喜欢阅读，可否介绍一两本你欣赏的书籍/杂志？

（三）进入正题

这阶段的问题主要表现在被试者对组织的业务范围、岗位结构、工作方针、发展方向、政策，以及对所申请岗位的认识（如工作性质、内容及职业范围）等。目的在于判断被试者对该职业的兴趣及诚意。以下是一些常见的例子：

你有没有看过我们单位出版的年报？对我们去年的业绩有什么意见？

你对这行业的看法如何？

照你看，我们单位最大的劲敌是谁？

你能否简略说明我们单位的业务范围？

你认为我们应该致力于发展什么系列产品？你是否认为这些产品在市场上仍有竞争能力？

你为什么对我们这家公司有特别兴趣？（或）你为什么希望加入我们的公司做事？

你对我们现在空缺的岗位了解有多深？

你认为什么人才适合担任这份工作，他应具备哪些资历及条件？

依你的看法，这岗位最主要的责任是什么？

如果我们决定聘用你，你会对我们的机构有什么贡献？

这些问题如果想答好，更需要多作准备，例如，预先翻阅有关申请行业、机构及岗位的资料是必不可少的。试想想，如果被问及“你为什么加入我们单位”时，答案只是“因为你们的公司有规模，名气大……”等，却未能提供进一步有关公司的资料，一定难以令主试者相信被试者对公司有兴趣和诚意。确定被试者对公司及岗位的兴趣是大多数组织关心的问题，如果谁在面试时这部分问题回答不当，被组织考虑录用的可能性便会大打折扣。

（四）评审被试者是否适合

这个阶段是整个面试过程中的最高潮，并具决定性的影响力。一般从以下几个方面评判被试者是否适合：

被试者的学历/资历；

被试者是否具备所需的技巧/知识等；

被试者是否有同一行业的工作经验；

被试者的个性能否配合工作需要；

被试者以往的工作表现及推荐者的评语。

这个阶段问题所涉范围广、不容易预料，而不同的组织亦因其阅历、背景不同自有一套评选的方法，挑选适合自己心意的申请人。当然，“合心意”也包括双方交谈时是否默契，对事情的看法有没有共鸣。这部分的问题大致归入以下几方面：

被试者说明为何自己适合某职位；

假设性的问题；

一般时事性的问题；

兴趣与活动的问题。

（五）讨论聘用条件

关于聘用条件的问题通常初次面试时不会出现，但有些考官主试者预先了解被试者在这方面的期望，特别是对有录用意向的被试者。

二、面试官的面试操作技巧

（一）面试的操作技巧

1. 充分准备

面试前应做好充分的准备，包括：明确面试的目的，设计结构完整的面试，同时针对面试的每一步设计合理的提问，制定科学的评价标准，以及对面试工作人员进行培训，并尽可能在面试前做好准备，采用结构完整的面试。

2. 灵活提问

在面试过程中，应察言观色，认真观察应聘者的行为与反应。同时，还要对所提的问题、问题之间的变换、提问的时机以及对方的答复等加以关注，尽可能采用灵活的提问方式，进行多样化的信息交流。所提问题可根据简历或工作申请表中发现的疑点，先易后难逐一提出，尽量创造和谐自然的环境。

3. 多听少说

在面试过程中，面试考官应多听少说。一般而言，面试考官的提问时间不宜过长，可以向应聘者提问，了解应聘者的工作经历和取得的业绩，澄清某些疑问，向应聘者提供关于企业和岗位的信息，回答应聘者提出的问题。同时，应给应聘者留出足够的时间，让他们具体详细地回答提问，充分发表自己的意见，直到无话可说为止。在应聘者回答问题时，面试考官应该全神贯注认真倾听，不要发表任何结论性意见。

4. 善于提取要点

在面试实施过程中，面试考官应作一定的记录，但没有必要一字一句地记下来，而是要从应聘者的话中提取出与工作相关的信息。

5. 进行阶段性总结

面试本质上是一种口头交流的过程，存在一定的随意性，应聘者常常不能一次性地提供一个问题的全部答案，或者经常从一个问题跳到另一个问题。因此面试考官要想得到对一个问题的完整信息，就必须善于对应聘者的回答进行总结和确认。通常，面试考官可以用重复或总结的方式确认应聘者的回答。

6. 排除各种干扰

面试考官通常会选择安静的地点进行面试，尽量避免面试过程受到干扰。无论发生什么样的情况，面试考官都应该控制自己，集中注意力，认真倾听应聘者的谈话。

7. 不要带有个人偏见

面试考官在面试的过程中或多或少会带有个人的偏见，如不喜欢应聘者的长相或穿着，或者觉得应聘者的声音比较怪等。这些偏见会影响面试的效果，应尽量避免。

8. 在倾听时注意思考

面试考官应该在倾听的同时注意思考。例如，可以分析一下应聘者所说的话，可以对比应聘者前后语言的一致性和逻辑性，可以思考下一个问题，也可以观察应聘者的肢体语言，做一些笔记等。

9. 肢体语言是语言的有效补充

在面试中不仅传递了语言信息，而且传递了肢体语言信息。

（二）面谈放松技巧

在面谈前的准备阶段，面试考官的主要工作，其实是设法让自己及应聘者放松。

1. 让自己放松

有些面试考官喜欢利用招聘面谈来向其他同事证明其有高明的面谈技巧，或令应聘者无言以对的口才，他们可能会发问一些极难回答的问题，令面谈气氛向负面方向发展。也有一些面试考官自以为可操生杀大权，手握尚方宝剑，态度因而较为倨傲，不乐意用亲切友善的行为来与应聘者接触，无形中为面谈加压，令应聘者心理上有额外的负担。这种行为首先会令面试考官分心，难以集中精神准备面谈；而且，有经验的应聘者会乘虚而入，趁面试考官自顾不暇之际将准备已久的台词背诵出来，引导面试考官步入面试的误区，从而做出错误的招聘决定。而经验较浅的应聘者会因此比较紧张，影响正常发挥。下列方法可协助面试考官，在进行招聘面谈前，令自己平静下来。

（1）面谈前十五分钟，结束其他工作，从会议中走出来，或放下手头上的文件，到洗手间走一趟，整理一下衣装，慢慢地走回办公室。

（2）取出应聘者的资料，翻看一遍，不要强逼自己记忆，只需记着姓名，便足以顺利地打开话匣。

（3）将原先拟好的面谈问题，放入档案夹内，翻看“面谈评价量表”，重温要在面谈中了解的各个工作表现、维度。

（4）若面谈室没有纸和笔，准备两支笔及一些纸张。

（5）准备名片，应聘者可能会索取。

（6）开始面谈前，心中念一遍“我已准备好了”，向自己微笑，然后请人通知应聘者准备。

2. 让应聘者放松

一般而言，应聘者会比面试考官更为紧张，一些不善于控制自己情绪的人，表现会因此而大大失准。面试考官也许以为，他看看应聘者如何在面对陌生人的压力下作出反应，会了解其日后的工作表现。但实际的情况是，公司中只有很少数岗位的工作，是要求员工在陌生人前有敏捷得体的反应，大多数工作都会与“处变表现”无关。倘若面试考官主持的面试往往使那些处变不惊的人胜出，那么其组织便未必有其他特长的成员了，所以为了较为准确地评价应聘者的日常工作表现，面试考官应千方百计令其感到舒服自在，从而渐渐适应了面谈的气氛，将自己发挥出来。令应聘者放松的工作，应在面谈开始前，而非在面谈过程中运用，否则应聘者阵脚已乱，要重新镇定下来并非易事。下面简单列出一些方法，可协助应聘者放松自己。

（1）通知应聘者来面谈时，除了要清楚说明日期、时间及地址外，还要说明的事项有：向谁报到，带什么证明文件、附加资料，公司联络电话等。

（2）预先通知接待员，应聘者约在何时到此，应在何处等候。

（3）预留房间，让应聘者静静地等待，不会被其他访客及同事干扰。

（4）若需要应聘者在面谈前填写资料表或接受技术性测验，必须预留充分时间，及准备有效的文具。

（5）征求应聘者的同意，给予茶水、饮品等。

（6）不要让应聘者等候超过十五分钟。

（7）将已接受面谈的应聘者，与未接受者分开。

（8）若面试考官希望将面谈过程录音或录影，必须先行知会应聘者，征求其同意。

一切准备就绪，招聘面谈便可以在压力最低的情况下开始，双方的表现都会因而保持水准。

三、面试官的面试提问技巧

面试技巧是面试实践中解决某些主要问题与难点问题的一些技术，是面试操作经验的积累。在面试中，“问”“听”“观”“评”是几项重要而关键的基本功，其中，“问”是最基础、最核心的部分，直接关系到应聘者回答的内容、方式和形态，因而也就影响到后续的“听”“观”“评”，所以，“问”得好是关键。

面试考官的提问技巧会因面试目的和要求、面试对象、拟聘岗位、面试官的经验、价值取向和个性偏好等不同而不同，但是从所提问题本身的属性来看，“问”的技巧可以概括为以下几种。

（一）开放式提问

开放式提问是让应聘者自由地发表意见或看法，以获取信息。一般在面试开始时运用，用以缓解面试的紧张气氛，消除应聘者的心理压力，使应聘者充分发挥自己的水平和潜力。开放式提问又分为无限开放式提问和有限开放式提问。无限开放式提问没有特定的回答范围，目的是让应聘者说话，有利于应聘者与面试官的沟通，同时也能测试应聘者表达的条理性、逻辑性。例如，“请谈谈你的工作经历”。有限开放式提问要求应聘者的回答在一定范围内进行，或者对回答问题的方向有所限制。例如，“请谈谈你最近3个月的工作情况”。

（二）封闭式提问

封闭式提问即让应聘者对某一问题作出明确的答复。例如，“你曾做过前台工作吗?”一般用“是”或“否”回答。它比开放式的提问更加深入、直接。封闭式提问可以表示两种不同的意思：一是表示面试官对应聘者答复的关注，一般在应聘者答复后立即提出一些与答复有关的封闭式问话；二是表示面试官不想让应聘者就某一问题继续谈论下去，不想让对方多发表意见。

（三）清单式提问

清单式提问即鼓励应聘者从多个选项中优先选择，以检验应聘者的判断、分析与决策能力及决策风格。在这类提问中，主考官除了提出问题外，还给出几种不同的可供选择的答案。例如，“你所在的企业中最主要的问题是什么?营业额、缺勤、产品质量差还是其他?”这样就为应聘者提供了思考问题的参考，使问题易于回答，不致让应聘者错误理解主考官意图，同时，也有利于测试应聘者的决策能力。

（四）假设式提问

假设式提问即鼓励应聘者从不同角度思考问题，发挥应聘者的想象能力，以探求应聘者的态度或观点。在这种提问中，主考官为应聘者假设一种情况，让应聘者在这种情况下做出反应，进而来考察应试者的应变能力、解决问题的能力、思维能力。例如，“如果你是那个肇事的司机，你会怎样处理?”“如果你是办公室主任，你将如何处置这个秘书?”回答这些问题，应试者首先应该把自己置身于主考官为其设定的一个特定环境，然后以这个环境中的人的身份来思考主考官的提问，所以，这种提问要求应试者具备一定的想象能力。

（五）连串式提问

连串式提问即考官向应聘者提出一连串相关的问题，要求应聘者逐个回答。这种提问方式主要是考查应聘者的紧张程度、记忆能力、归纳能力、反应能力、思维的逻辑性和条理性。例如，“在过去的工作中，你出现过比较大的失误吗?如果有，是什么？通过这件事你吸取的教训是什么？如果今后再遇到此类情况，你会如何处理？”

（六）重复式提问

重复式提问即让应聘者知道面试官接收到了应聘者的信息，检验获得信息的准确性。例如，“你是说……如果我理解正确的话，你说的意思是……”

（七）确认式提问

确认式提问是鼓励应聘者继续与面试官交流，表达出对信息的关心和理解。例如，“我明白你的意思！这种想法很好！”这种提问，并不需要应聘者回答。

（八）压力式提问

一般来说，考官要尽力为应聘者创造一个亲切、轻松、自然的环境，以使应聘者能够消除紧张，充分发挥能力。但是，有些情况下，考官会故意制造一种紧张的气氛给应聘者一定压力，通过观察应聘者在压力情况下的反应测定其反应能力、自制力、情绪稳定性等。例如，“这次公开竞聘，很多人都托了关系，听说你也走后门了。从你的专业角度来看，你似乎不适合这项工作，你认为呢？”“这个问题你没有给出我们满意的答复，你被录用的可能性很小。”

（九）举例式提问

举例式提问是面试的一项核心技巧，又称为行为描述提问。传统的面试通常注意求职申请表中所填的内容，并加以推测分析，同时询问应聘者过去做过的工作，据此判断应聘者将来能否担任相关的工作任务，这是完全必要的。但是，有时应聘者也会编造一些假象。为了克服这一点，我们在考察应聘者的工作能力、工作经验时，可以针对应聘者过去工作行为中特定的例子加以询问。基于行为连贯性原理，面试官所提出的问题并不集中于某一点上，而是一个连贯的工作行为，从而能较全面地考察一个人。例如，“在过去半年，你所建立的最困难的客户关系是什么？当时你面临的主要问题是什么？你是怎样分析的，并采取了什么措施？效果怎样？”当应聘者回答这些问题时，面试官可以通过应聘者解决某个问题或完成某项任务所采取的方法和措施鉴别应聘者所谈问题的真假，了解应聘者实际解决问题的能力。在面试中，一般可让应聘者列举应聘职务要求的、与其过去从事的工作相关的事例，从中总结和评价应聘者的相应能力。

四、面试官常见的误区

（一）首因效应

首因即常说的第一印象，是指两个素不相识的人第一次见面所形成的印象。首因效应即考官根据开始几分钟或面试之前从岗位申请表格、录用测试等资料中得到的印象，对应聘者作出是否录用的判断。第一印象一旦形成，就会影响考官在短时间内的评判，从而很容易造成认知上的偏差。如果第一印象很好，考官就会有意无意地证明应聘者确实不错；相反，考官就会努力证明应聘者确实不行。

（二）晕轮效应

晕轮效应是指以事物某一方面的突出特点掩盖了其他方面的全部特点。在面试活动中，晕轮效应的具体表现是：应聘者在测试过程中表现出来的某一突出的特点容易引起考官的注意，而使其他素质的表征信息被忽视。例如，应聘者的语言表达能力很强，给考官留下良好的印象，有的考官由于受到晕轮效应的影响，武断地认为该应聘者的一切都好；相反，有的应聘者稍不注意，在某个问题的回答上有反常或异常的表现，或有令人反感的回答，给考官的印象自然不好，有的考官则据此认为该应聘者的一切均差。这种心理效应以点带面，用主观臆想的联系代替应聘者自身素质真实客观的联系，应该防止和避免。

（三）类我效应

面试过程中，考官往往容易将与自己性格、爱好等相似的应聘者的优点放大，以致忽略其缺点，从而不能作出对应聘者全面、客观的评价。

（四）定型化效应

定型化效应即“刻板印象”，是指根据个体属于哪一类社会团体或阶层，并以这一社会团体或阶层的典型行为方式来判断个体。在考官的头脑中，也存在关于某一类人的固定印象，这种固定印象使考官评价应聘者时常常不自觉地按应聘者的年龄、性别、专业等特点进行归类，并根据头脑中已有的关于这一类人的固定印象来判断应聘者的个性，从而造成判断的不准确。

（五）对比效应

面试过程中，应聘者总是按照一定顺序进行面试的，而这样的顺序有时会影响考官的正确评价，考官往往以之前一个或几个应聘者来评估正在接受面试的应聘者。例如，可能由于前面连续出现的几个应聘者的能力都一般，突然出现一个能力较强的应聘者，考官就很容易打出非常高的分数，也许这个应聘者的水平没有那么高，只是和前面的应聘者对比使得考官认为其水平很高，从而得出不恰当的评论，认为该应聘者特别优秀。

（六）近因效应

近因效应是指人们对新接触到的东西记忆比较深刻，在面试中往往最后给人留下的印象会得到强化。考官在面试中应全面、整体地把握应聘者在面试中的表现，不要因为应聘者最后表现好而忽略其在前面的面试中暴露的缺点，也不要因为应聘者最后表现不好而否定其在前面表现出来的优点。

（七）负面效应

考官对应聘者的印象容易由好变坏，但不容易由坏变好；对待同样程度的优点、缺点，往往强调缺点而忽视优点。与负面效应相对应的是类我效应，考官往往会因为应聘者与其有相似的兴趣、偏好或经历，从而容易对应聘者产生好感，影响正确判断。

业务演练

任务 5-3　分析案例：电影《杜拉拉升职记》面试情境

【实训目的】

让学生掌握面试的实施与操作技巧。

【实训步骤】

1. 全班 5~6 人一组，分为若干小组。

2. 提供视频案例：电影《杜拉拉升职记》面试情境。

观看《杜拉拉升职记》这部电影中杜拉拉到世界 500 强企业面试的情境。

3. 根据本视频案例，请回答下列问题：

对照现实中专业的人力资源管理面试流程，谈谈这次面试中，企业方有哪些不妥之处。

4. 以小组为单位，以书面形式提交讨论成果。

【实训要求】

能够抓住问题的关键点进行分析，联系学习的理论，紧密联系视频案例事实加以论证；小组代表发言应对小组的讨论活动情况作真实概括，要求总结性强。

案例分析实训参考

在这部电影中并没有过多地涉及面试的具体程序，但我们依然可以看出 DB 公司在对杜拉拉进行面试时采用的是非结构化面试。所谓非结构化面试，就是指一种无固定模式，其内容往往是开放式的问题，是一种带有很大随意性的面试方式。影片中杜拉拉在参加面试的时候 DB 的招聘专员问到她离开上一家公司的理由，于是杜拉拉答道是因为自己的职业理想，尽管这隐瞒了她离开上一家公司的直接原因（老板对她进行性骚扰），但这种回答无疑是明智的，既能有效地回答面试官的问题，又能表现出自己积极的工作态度和工作热情。因为非结构化面试中，主考官所提问题的真实目的往往带有很大的隐蔽性，所以应聘者需要有很好的理解能力与应变能力。

练习题

1. 单选题

（1）在面试开始时，下列话题中比较适宜的是（　　）。

A. 我们这次只招 1 人，报名的有 1 000 多人，你要有心理准备

B. 你什么时候到的？家离这儿远吗？是怎么来的？

C. 好啦，我们开始面试吧，第一个问题……

D. 你的衣服看上去太脏了，穿了多长时间？

（2）面试提问时，对问题描述的时间最好不要超过（　　）。

A. 1.5 分钟　　B. 2.5 分钟　　C. 3.5 分钟　　D. 4.5 分钟

（3）当被试者因为刚回答的一个问题没答好而情绪低落时，下面的话比较适宜的是（　　）。

A. 这么简单的问题都答不好，后面的题更答不出来了

B. 别失败，小心点

C. 我觉得你的实力可能不止于此，要争取把潜力发挥出来

D. 你可以走了，下一个快来

（4）孔子说：“吾以言取人，失之宰予；以貌取人，失之子羽。”这说明，当时孔子面试的项目是（　　）。

A. 性格与人品　　B. 积极性与适应性

C. 言谈与相貌　　D. 责任心与自信心

（5）素质可以同时通过言辞、声音和体态语来体现，言辞约占传递信息的（　　）。

A. 7%　　B. 17%　　C. 27%　　D. 37%

（6）面试时，一般不要提问令考生难堪的问题。但是，有一种除外，它是（　　）。

A. 压力面试　　B. 逐步面试　　C. 结构面试　　D. 小组面试

（7）在所有的测评方式中，信息量最多、利用率最高的是（　　）。

A. 心理测试　　B. 笔试　　C. 智力测验　　D. 面试

（8）面试考官逐个向考生提问，说明面试具有（　　）的特点。

A. 对象的单一性　　B. 内容的灵活性

C. 信息的复合性　　D. 交流的直接互动性

（9）事先给被试者制造一个紧张的气氛，使被试者一进门便处于紧张气氛中，接着主试者穷追不舍地寻究问底，不但问得切中要害，而且常常把被试者置于进退两难的境地，直至被试者无法回答为止。这是面试的（　　）类型。

A. 压力面试　　B. 结构化面试　　C. 半结构化面试　　D. 依序面试

2. 多选题

（1）以下属于体态语的是（　　）。

A. 人际距离　　B. 面部表情　　C. 手势和运动　　D. 语言

E. 左顾右盼

（2）面试时，表明被试者心情紧张的表现有（　　）。

A. 面部涨得通红　　B. 鼻尖出汗

C. 双脚自然平放　　D. 目光不敢与主试者对视

E. 面部表情自然大方

3. 简答题

（1）什么是面试？和其他素质测评相比有哪些特点？

（2）面试为什么能够成为人员素质测评的有效工具？

（3）面试与其他素质测评形式相比，独特功用是什么？试举例说明。

（4）面试的主要题型有哪些？试举例说明。

（5）面试的种类有哪些？试举例说明。

（6）面试的过程分为哪几个阶段？每一阶段的主要内容是什么？

4. 案例分析题

某公司随着业务的拓展，规模不断壮大，需要进一步招聘新的员工。员工招聘范围定在重点高校的应届毕业生，想从优质学生中选拔适合企业岗位的人员。招聘分笔试、面试两部分进行。笔试分专业技术、英语、道德三部分进行考核。面试先在公司分部完成，有部门主管经过培训对应聘人员进行面试，第二轮面试在总部，面试地点放在总部附近的 4 星级酒店中，初试通过的人员由单位资助去总部参加面试，整个面试过程费用都由单位出，在开始面试前，招聘考官都会用很轻松的话题引入开始面试。面试时长在 50 多分钟。

在第二轮复试中考官提出了若干问题。

①请问你在哪些单位实习过？

②你认为职业成功的评价标准是什么？

③如果你的上司分配给你一项任务，你必须去寻找相关的信息才能完成，你会怎么做？

④请你举例说明你的一项有创意的建议曾对一项计划的成功起到了重要作用。

问题：

（1）该公司人员选拔方法有哪些优点？

（2）该公司采取的是什么复试方法？第二轮复试中提出的 4 个问题分别属于哪种类型的问题？

项目六

应用评价中心技术

【项目说明】

本项目主要目标是熟悉人才选拔过程中常用的一系列测评方法和技术，重点介绍无领导小组讨论、角色扮演及文件筐测验这三种测评方法的内涵、类型及实施要素，同时提供实操案例进行练习。知识结构如下：

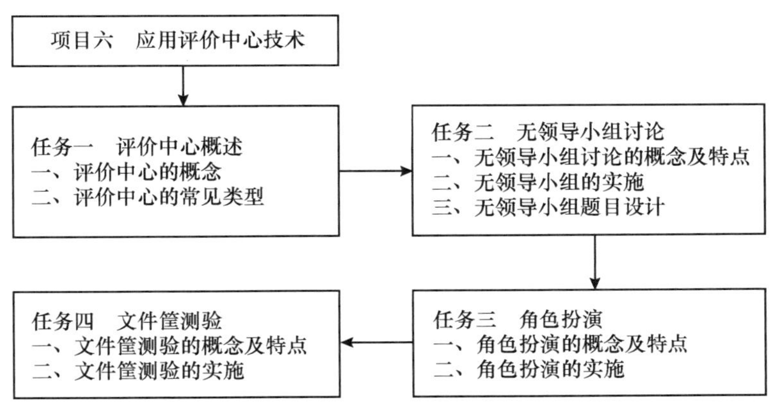

【项目导入】

一、主题案例

EI 公司如何确认核心管理人员

EI 作为一家创业公司，成立两年时间，员工从初创时的 8 人发展为 49 人，业务也由简单的广告宣传，发展为服务企业用户的新媒体运营、广告设计、会展策划三驾马车。今年初公司依托现有资源，结合最新市场发展趋势，新开辟了服务大学生用户的实习推荐、技能培训等业务，目标是将企业用户与学生用户进行联结，为企业选拔优质人才，为学生提供发展机会。然而随着四项业务的迅速发展，现有组织结构和一人决策的模式已无法良好地支撑各项业务的高效运行，多个项目出现运行效率降低的问题，部分员工工作态度消极。创始人决定适度分权，为四项业务挑选出各自负责的团队及管理人员，使团队成员各司其职，更加聚焦，提高工作效率，增加工作积极性，提升整理效益，为公司迅速扩张做好人才储备。请思考：

（1）EI 公司现阶段需要何种素质的人才，组织结构是否需要调整？

（2）如果需要，EI 公司应通过哪些方式进行人员选拔与调配？

二、学习目标

1. 理解评价中心的概念。
2. 掌握无领导小组讨论的概念。
3. 掌握无领导小组讨论的操作流程与测评要素。
4. 掌握角色扮演的操作要点。
5. 熟悉文件筐测验的设计要点。

任务一　评价中心概述

知识准备

评价中心是现代组织进行人员选拔与评价的一种形式，包含多种测评方法和技术，是一套相对可靠且有针对性的综合测评系统，目的是通过多种情景模拟的方法，全面了解被测评人员的各项特质。

一、评价中心的概念

评价中心是第二次世界大战后迅速发展起来的测评技术，包含多种人事测评方法，是组织进行人员选拔的一个相对全面且有效的测评系统。评价中心不是某种单独的测评技术，而是针对特定岗位和选拔标准设计的一系列情景模拟测试，应聘者被要求进入一个工作相关的模拟环境中，处理各种可能出现的工作和问题，测评者通过观察和分析应聘者在模拟情景中的行为及表现，评价应聘者的工作能力、心理素质、性格特点等多项能力素质水平。

由于这种方法相对复杂，需投入大量的时间、精力与成本，对测评者的能力要求较高，通常被用于中高层管理人员的选拔测评。

二、评价中心的常见类型

评价中心是源于情景模拟的多种测评方法的有效结合，要求被测者基于工作岗位的工作内容和工作情景，完成会议组织、商务谈判、公文处理、团队沟通等管理类工作，或在高压情况下处理各种突发情况、紧急事件，以此考察被测者的管理能力和心理素质，常见类型如图 6-1 所示。

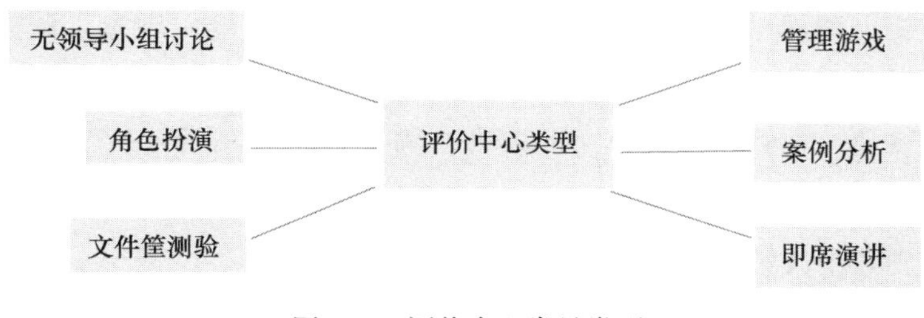

图 6-1　评价中心常见类型

（一）无领导小组讨论

无领导小组讨论是将多名被测者组成一个集体小组，发布一个待解决的管理案例或情景问题，不指定组内成员角色，小组内自由讨论，并在限定时间给出统一结论。整个讨论过程由小组自由开展，测评者不参与其中，而是观察并记录小组各位成员的语言和行为，根据评价指标及被测者表现出的组织协调能力、领导能力、人际交往能力等及被测者的进取心、责任感、团队精神等进行评分。

（二）角色扮演

角色扮演是指设计一种模拟的环境，要求多个被测者共同参加一项管理性质的活动，每个人扮演一定的角色，模拟实际工作中的一切具体活动。被测者要在对自己所扮演的角色有了充分了解的基础上，根据自己的身份和技能、经验等在活动中作出一定的反应。角色扮演有时用于人际关系矛盾的处理，可以通过被测者的具体反应和行动对被测者进行考评。

（三）文件筐测验

文件筐测验又称公文处理，是目前应用最广泛的一种评价中心方法。测评者针对拟任岗位的典型工作任务和要求，将被测者置于特定管理环境中，提供如报告、请示、计划、预算、公文、备忘录等诸多文件，要求被测者模拟管理者在真实环境中的行为，在规定条件下处理并说明处理原因或依据，并通过观察与提问等方式评估其决策、统筹、协调、计划和解决问题等管理潜质。

（四）管理游戏

管理游戏又称管理竞赛，是评价中心常用的测评技术之一，可以考查被测者的战略规划能力、团队协作能力和领导能力等。管理游戏一般比较接近真实生活，被测者容易产生兴趣，但测评过程比较复杂，而且被测者的行为难以观察。研究显示，管理游戏只在25%的评价中心中使用，人们利用计算机来模拟真实的公司经营，并做出各自决策来互相竞争。在管理游戏中，可以将被测者分为5~6个公司，每个公司都要在模拟市场竞争中与其他公司进行各种形式的博弈。每个公司设立一个明确的目标并得知自己可以作出几个决策。每个公司不能看到其他公司的决策情况，尽管这些决策会对它们的销售状况产生影响。

（五）案例分析

案例分析就是给出一个工作中遇到的具体情境（或者根据工作情境改编而成），要求被测者运用自己的知识、经验、技能去整合、分析、判断，最终形成一个解决方案。案例分析以事实为基础，主要考查被测者整合所学知识以及知识运用的能力，也能在一定程度上考查其对于所申请岗位相关问题的处理能力。案例分析广泛运用于人员选拔和测评过程中。

（六）即席演讲

即席演讲是被测者根据特定的主题和资料，通过短时间的准备，运用语言、肢体、表情等多种形式进行即兴演讲，根据自己的理解向测评者阐述观点和理由。测评者在这个过程对被测者的语言、行为等进行全面观察并记录，根据评分标准进行评价，确定被测者的分析能力、语言表达、反应能力等相关能力和素质水平。

业务演练

任务 6-1　分析案例：预算该如何分配

【实训目的】

理解评价中心常见类型。

【实训步骤】

1. 全班 5~6 人一组，分为若干小组；

2. 提供案例：预算该如何分配。

L 公司近期运营经费紧张，预算只有 20 万元，但待办事项较多，包括：

（1）解决办公打电话难的问题；

（2）装修会议室大厅等以迎接上级单位委托承办的大型会议；

（3）支付职工的高额医疗费用；

（4）五一劳动节为单位职工发些福利。

在现有 20 万元预算条件下，以上四件事情无法全部得到圆满处理。

3. 根据本案例，请回答下列问题：

若你是管理者，在不影响公司正常运营的前提下，将如何分配这笔预算？

4. 以小组为单位，以书面形式提交讨论成果。

【实训要求】

能够抓住问题的关键点进行分析，联系学习的理论，紧密联系案例事实加以论证；小组代表发言应对小组的讨论活动情况作真实概括，要求总结性强。

案例分析思路点拨

1. 告诉职工单位目前有困难，五一劳动节大家都辛苦了祝大家节日快乐，福利可以象征性地发一点，让大家感到单位的关心，相信大家能体谅。

2. 支付职工的高额医疗费用，根据具体人数、有病职工的家庭情况适当地先给予一些补贴，其他的慢慢想办法。

3. 可以先装领导办公室的办公电话，没必要每个科室都有。

4. 重点放在装修上，这是上级的任务，而且这个会议对提升单位的形象和知名度很重要，给职工交代一下相信大家能够接受。

任务二　无领导小组讨论

知识准备

无领导小组讨论，是一种通过情景模拟方式进行的集体面试，不设定成员的角色，自由展开讨论，目的是让被测者在快速讨论与频繁互动中自然表现出较真实的行为模式。题目一般分为开放式问题、两难问题、多项选择问题、操作性问题及资源争夺问题等，考察被测者的管理能力、沟通能力、反应能力、领导风格、行为习惯及其他特质。这种评价方式设计成本高，实施难度高，对测评者的经验、能力要求高，多用于测评与选拔管理人员。

一、无领导小组讨论的概念及特点

（一）无领导小组讨论的概念

无领导小组讨论是一种通过情景模拟方式进行的集体面试。被测者根据测评者的要求建立小组，通常为5~8人，针对一个案例或议题，在规定时间内进行自由讨论并完成既定目标。“无领导”是不指定小组领导者或其他角色，讨论过程自由进行，测评者不参与其中，而是通过观察各成员在讨论中自然表现出的领导能力、协调能力、应变能力、分析能力、洞察力、非语言沟通能力及行为风格，根据评价指标进行评分，这种方式能够看到许多纸笔甚至面试都很难检测到的能力和素质。

（二）无领导小组讨论的特点

第一，通过交叉讨论和频繁互动，看到笔试、面试或其他方法无法检测到的信息，判断被测者的人际能力和行为习惯，从而进行全面、合理的评价。

第二，讨论中多是随机或快速反应，被测者在相对无意中显露自己的各方面特点，有利于减少伪装行为，提高行为模式的真实性。

第三，集体讨论的模式提供了平等的交流机会。在讨论过程中，被测者有平等的展示机会，表现各自的能力与素质，节约时间的同时也便于将同岗位应聘者进行横向对比。

第四，无领导小组成员之间存在某种竞争关系，容易被他人的表现影响，也有利于激发被测者的潜力，发现更多隐藏的特点与能力。

第五，无领导小组讨论的题目开发难度较大，对测评者的能力要求较高，评价标准复杂，且容易受主观因素影响。

二、无领导小组的实施

（一）实施流程

无领导小组讨论是让被测者根据案例或议题进行自由讨论，制订计划、解决问题或提出方案等，过程中不指定领导，测评者不参加提问或讨论，通过观察进行评分。场地一般呈 U 型或圆桌型，方便小组成员相互交流（如图 6-2、图 6-3 所示）。

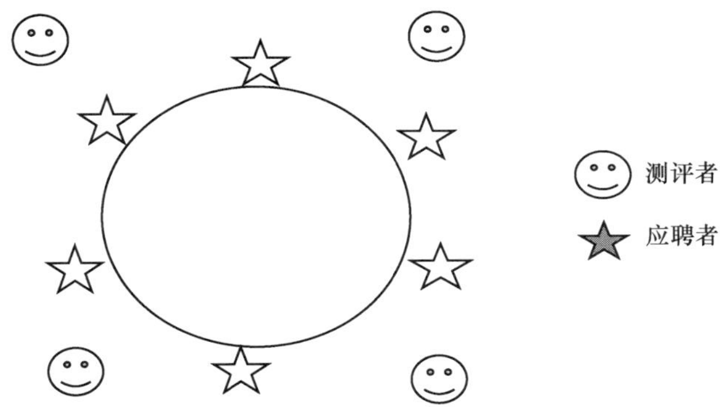

图 6-2　无领导小组讨论座位（1）

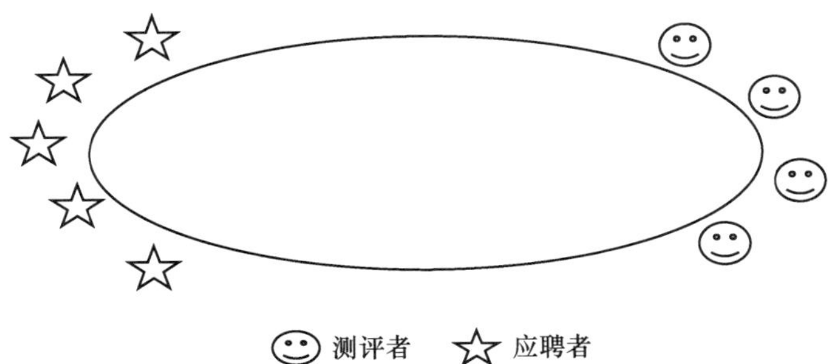

图 6-3　无领导小组讨论座位（2）

无领导小组讨论具体流程分为五个阶段。

1. 组织入场阶段

应聘者由工作人员引导，按照相关要求完成各个步骤，包括候场、抽签、进场、有序入座、宣读引导语、发布题目、确认时间。

2. 准备提纲阶段

应聘者拿到题目之后，利用5~15分钟时间阅读和思考，认真分析题目信息。该阶段需要应聘者带着问题快速阅读并思考，同时进行简要记录，在较短时间完成发言内容的草稿。

3. 个人陈述阶段

应聘者按照序号或指定顺序轮流发言，每人通过2~5分钟的时间完成个人观点的陈述，内容简单精练，语言干净利落，不得超时。在他人陈述时，应认真倾听对方观点，记录关键词，为以后的自由讨论积累素材。

4. 自由讨论阶段

所有应聘者陈述完毕后，进入自由讨论阶段，这是无领导小组讨论中最重要的一个阶段，根据具体情况持续20~45分钟不等。该阶段的任务是完成议题并得出结论，测评者不参与其中，不指定发言顺序，应聘者自行开展。发言次数、内容、质量等都会作为测评依据，应聘者需要在前1/3的时间内多争取机会发言，采用协调、总结、时间提醒等方式推进整体进程，但切忌将讨论变成辩论赛或直接针对某人。

5. 总结陈词阶段

这是无领导小组讨论的最后阶段，需要选出一名应聘者在2~5分钟内对小组讨论的结果进行汇报和总结，总结发言人可以自荐，也可推荐。如果自己做总结陈词，注意准备充分、内容全面、语言精练、逻辑清晰，同时要与现场人员进行眼神交流，保持自信。若是在前面阶段没有明显优势或没有准备好进行总结陈词，也可推荐表现较好的应聘者，以便更好地向测评者呈现讨论结果，注意不可盲目推选表现不佳人员。

（二）评价要素

无领导小组讨论中，测评者不指定角色，在应聘者自由讨论过程中观察记录，根据一些关键要素进行评分，通常包括以下三个方面。

第一，语言要素：发言主动性、语言组织能力、表达能力、说服能力、论点正确性等，以上要素根据应聘职位确认所占权重比例。

第二，非语言要素：肢体语言、面部表情、语调语速。

第三，个性要素：情绪稳定、反应灵活、创新性、抗压、自信、严谨、责任感、进取心、团队意识等特点。

以上要素可细分为6个评价要素和3级标准，分别是语言表达能力、人际沟通能力、组织协调能力、综合分析能力、解决问题能力、团队合作能力，表现为较好、一般、较差，具体见表6-1。

表6-1　　无领导小组讨论的评价要素及标准

评价要素	评分标准		
	较好	一般	较差
语言表达能力	逻辑清晰； 语言简练； 善用眼神手势及语调语速； 有效表达自己的观点意图	逻辑欠清晰； 语言相对恰当； 适当运用眼神手势及语调语速； 能够表达意图，但有时需多次解释	逻辑混乱； 语言复杂； 不会运用眼神手势及语调语速； 词不达意，反复解释，很难表达意图
人际沟通能力	很好倾听他人的观点； 很快理解他人的意图； 采用多种方法使他人接受自己的观点	注意倾听他人观点； 力求明白他人意图； 能够说服他人接受某个观点	不能注意倾听他人观点； 对他人意图一知半解； 很难说服他人接受自己观点
组织协调能力	善于消除紧张气氛，营造良好发言氛围； 善于调解争议，缓和矛盾	不善于消除紧张气氛和营造良好发言氛围； 偶尔能够调解争议，缓和矛盾	自身情绪紧张，不能营造良好发言氛围； 不能调解争议，缓和矛盾
综合分析能力	观点清晰； 角度新颖； 分析问题全面透彻； 概括总结能力较强	观点基本清晰； 角度欠新颖； 分析问题较全面透彻； 概括总结能力一般	观点不清晰； 角度不新颖； 分析问题不够全面透彻； 概括总结能力较差
解决问题能力	准确把握问题要点； 逻辑严谨； 思路清晰； 时间观念强	能够把握问题要点； 逻辑比较严谨； 思路基本清晰； 时间观念较强	不能把握问题要点； 逻辑不严谨； 思路不清晰； 时间观念较弱
团队合作能力	能够尊重他人； 善于将集体观点引向一致； 适当时候善于妥协，有较强团队意识和大局观念	基本能够尊重他人； 协助他人将集体观点引向一致； 适当时候能够妥协，有基本的团队意识和大局观念	不够尊重他人； 观点无法融入集体； 不能妥协，缺乏团队意识和大局观念

（三）角色分配

无领导小组讨论是小组成员针对一个问题自由讨论，得出有效方案或统一结论，需要团队配合才能完成最终目标，该过程虽然没有指定各成员角色，但各自扮演的角色会在讨论过程中逐渐浮出水面。无领导小组讨论的核心角色通常包括领导者、时间管理者、记录者、总结者、跟随者五类，如图 6-4 所示。

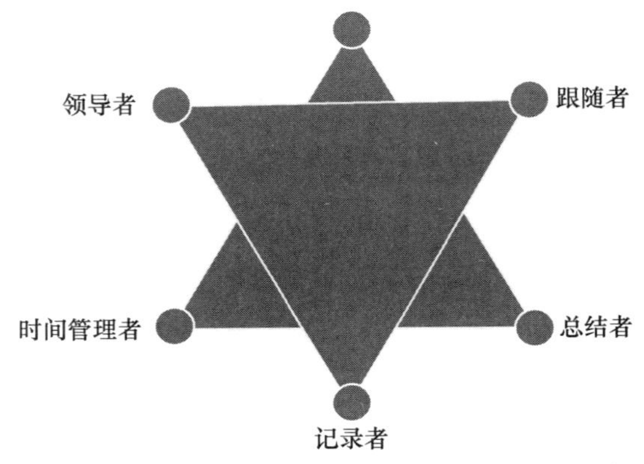

图 6-4　无领导小组讨论角色分配

1. 领导者

领导者在讨论中负责主持整体流程，把握主题及讨论方向，组织协调，控制进度，必要时安排团队分工，一般从讨论开始就提出思考和讨论的时间，引导整个顺序和进程。作为领导者，有利于在开场取得一定的印象分，但需根据自己实际水平谨慎选择，难度系数五颗星，角色要求如下：

（1）合理分工，有序组织；

（2）认真倾听，及时反馈；

（3）仔细观察，合理引导；

（4）鼓励发言，适时总结；

（5）保证方向，控制进度；

（6）逻辑清晰，决策果断。

2. 时间管理者

时间管理者需要根据面试时间设定发言时间、把控时间进程，在参与讨论的同时注意时间进度，及时提醒大家剩余时间及跑题成员，充分发挥时间管理在小组讨论中的作用。时间管理者需要自备计时工具，但切忌因为关注时间忘记参与讨论或忽略内容要点，难度系数三颗星，角色要求如下：

（1）合理规划整体进程；

（2）引导大家充分讨论；

（3）适当打断偏题超时；

（4）提前预留演练时间。

3. 记录者

记录者主要负责小组讨论过程关键信息的记录与归纳整理，对速记和逻辑思维能力要求较高，要善于总结归纳，并向其他成员及时反馈。该角色很有可能转变成最后的总结者，但切忌流水账、思路混乱或忘记参与讨论，难度系数四颗星，角色要求如下：

（1）条理清晰；

（2）不漏重点；

（3）善用速记工具；

（4）注意力高度集中。

4. 总结者

总结者需要具备一定的语言表达能力和全局意识，条理清晰，抓住重点，善于归纳总结，有一定的创新性和独特性。该角色每位成员都有机会获得，在讨论过程和讨论结束时均可提出建设性观点，取得面试官注意。作为讨论结果的总结者，要做到不鸣则已、一鸣惊人，陈述简洁、快速，切忌长篇大论、错误连连，难度系数四颗星，角色要求如下：

（1）脉络清晰，内容准确；

（2）语言简洁，用词精辟；

（3）注意时间，感谢成员。

5. 跟随者

跟随者通常参与度高，能够积极加入讨论，但缺乏自己的观点，附和较多，给面试官的印象是团队配合度较高，但思考能力弱，缺乏独到见解，若应聘支持类岗位会进一步考察，若应聘创意类岗位淘汰可能性较大，该角色难度系数一颗星，角色要求如下：

（1）珍惜发言机会；

（2）适当总结归纳；

（3）积极思考；

（4）主动协调。

三、无领导小组题目设计

无领导小组讨论通常是针对管理岗位人才的选拔，题目侧重考察被测者的问题解决能力、组织协调能力、人际关系能力、沟通能力、管理能力、应变能力、抗压能力、创新能力等，题目设计形式通常分为以下五种。

（一）开放式问题

开放式问题的答案不局限、不固定，范围可以很广。例如，您认为什么样的团队才是个好团队？这类问题被测者可以从团队构成、人员特质、文化氛围、业务能力、发展潜力等多方面回答，主要考察被测者对待一个问题是否能够做到思路清晰、考虑全面、有针对性和自己独特的见解。开放式问题出题难度小，评价难度大，考察范围有限，不容易引起被测者之间的争辩。

（二）两难问题

此类问题是让被测者在两种均有利弊的答案中选择其一。例如，您认为对于工作来说，态度更重要，还是能力更重要？两难问题一般通俗易懂，能够引起被测者的充分辩论，主要考察被测者的思辨能力、分析能力、语言表达能力和说服能力等。此类问题出题方便，但两种答案必须具有同等的利弊程度，不能一方面较另一方面有明显选择性优势。

（三）多项选择问题

多项选择问题是让被测者在多个备选答案中选择一种或几种有效答案，也可能是将备选答案按照一定标准排序。例如，若医生、军人、孕妇同时坠落荒岛，应该先救谁？这类问题主要考察被测者的分析能力、判断能力，是否能够一针见血、抓住核心问题，出题较难，但有利于考察被测者多方面的能力和特质。

（四）资源争夺问题

资源争夺问题是让处于同等位置的被测者对有限的资源进行合理分配。例如，有限的经费如何分配，某项核心业务或客户资源应交给哪个团队负责等。被测者需要提出自己的观点，充分辩论，说服他人。此类问题主要考察被测者的问题分析能力、语言表达能力、总结归纳能力、灵活应变能力等，有利于测评者从多方面观察评价，出题难度较高，要求角色之间地位平等，材料准备足够充分。

（五）操作性问题

操作性问题是在模拟情景中，让被测者利用所给的一些工具或材料，相互配合，完成一个或一些具体性工作，如设计一架桥梁或构建一座房屋，主要考察被测者的合作能力、主动性及在任务中的角色定位。此类问题侧重考察被测者的操作行为和能力，语言表达方面考察较少，出题人需要准备好所用材料，出题难度和对测评者要求都相对较高。

业务演练

任务 6-2　无领导小组讨论练习

【实训目的】

让学生掌握无领导小组讨论的操作流程与测评要素。

【实训步骤】

1. 提供背景材料：

学期结束后，院学生会由于工作出色，获得了学校一笔奖励金。对于怎样分配这笔奖励金，学生会专门从全院学生中邀请了 6 名学生组成奖金分配小组，专门讨论奖金的分配问题，你有幸成为其中一员。学生会有 5 个部门，分别是办公室、学习部、体育部、实践部、文艺部，由于奖金的数额是固定的，某个部门的奖金多了，就意味着其他部门的奖金少了，每个部门的部长都能说出一大堆理由，希望能多分些奖金。

办公室：组织协调各部门的会议，做好会议记录，做好各次活动的考勤工作，做好各部门的协调工作。

学习部：做好大一学生的早晚自习考勤工作，营造学院良好学风，组织学习知识讲座，开展十佳好学子活动，协调各部门的工作。

体育部：组织开展运动会的大型活动，组织篮球赛及各项运动比赛，协调各部门的工作。

实践部：组织跳蚤市场和大型招聘会，协调各部门的工作。

文艺部：组织灿烂金秋晚会，开展文化节活动，宣传校园艺术文化，协调各部门的工作。

2. 问题：作为决策小组的一员，你认为奖金应如何分配？

【实训要求】

1. 请你先用5分钟的时间，提出你认为合理的相近分配方案和主要理由，写在答题纸上。内容包括四个部门的奖金额顺序（由高到低）、哪些部门应高于平均水平、哪些部门应低于平均水平，并分别说明你的理由。

2. 选出5位同学分别代表5个部门，个人陈述3分钟，自由讨论30分钟，总结发言5分钟。

（资料来源：孔凡柱，赵莉. 员工招聘与录用［M］. 北京：机械工业出版社，2018.）

任务三 角色扮演

知识准备

角色扮演法是一种情景模拟方法，要求被测者扮演某个特定角色，在情景模拟中处理一系列问题及工作任务。这种方法在情景模拟测试中应用较广泛，容易调动被测者的参与性，灵活性较高，角色之间需要相互配合，但出题难度较大，且表现容易受其他角色影响，要求测评者经验丰富，准备充分。

一、角色扮演的概念及特点

（一）角色扮演的概念

角色扮演是指被测者按照要求扮演一个特定角色，在情景模拟中处理一系列日常工作问题，测评者通过观察和记录被测者的行为、语言和相关表现，对其领导能力、决策能力、人际关系能力、问题处理能力、性格特质、心理素质及各种潜力等进行评定。该测评方法通常会设置一些具有管理背景的人际冲突或人际矛盾，测评者通过观察被测者在角色条件下对问题的处理模式测评其相关素质。

（二）角色扮演的特点

1. 优点

第一，参与度高。每位被测者都被授予一定角色定位，为获得较高评价，被测者会尽量表现自己，积极参与活动。

第二，灵活性强。角色扮演可以分为多种形式或内容，测评者根据最终目标，灵活设计题目，被测者根据角色定位，也可自由发挥，灵活表现。

第三，配合度高。角色扮演需要各角色之间相互配合，积极沟通，有利于增进情感交流，培养沟通和表达习惯，提升人际交往能力和团队意识。

2. 缺点

第一，设计难度大。如果题目开发者缺乏经验或专业性，角色扮演的题目可能会出现过于简单、浮于表面、虚假人工化等问题，题目设计不合理，与测评内容不符合，会直接影响被测者的理解与发挥，很难实现有效测评相关能力素质的目的。

第二，角色不恰当。有时会出现被测者不喜欢或不适应被分配的角色，在角色扮演过程中参与度和积极性不高，无法迅速进入角色状态，这种情况会直接影响被测者能力和特质的发挥，从而影响最终测评分数。

第三，行为模式化。在接受角色时，有些被测者会将该角色进行标准化定位，在扮演过程中表现出模式化或刻板的模仿行为，而不是展现自己的特征，这种情况会直接导致测评失去意义。

第四，表现不稳定。角色扮演一般都会存在较多合作或交互过程，被测者的表现容易被其他角色的行为或语言影响，从而产生微妙的变化。有时一个人的过度表现，会直接影响团队整体的合作状态。

二、角色扮演的实施

（一）实施流程

角色扮演的流程大概分为以下五个步骤，即设定主题，提供素材；详解角色，选定扮演者；有限指导，把握主题；准备道具，进行表演；实施、观察、评估、反馈。其中比较重要的两点工作是准备及评估。

1. 要做好充分的准备工作

（1）做好周密计划，设计好每个细节，不要乱中出错或忙中出错。

（2）训练测评人员，说话、反映全部要求规范化，在被测者面前做到统一标准。

（3）编制评分标准，侧重评价各角色扮演者的实际能力和心理素质，不要关注角色本身的表演成分。

2. 做好角色评估，收集、汇总、分析角色信息，确定被测者相关能力及心理素质

（1）观察行为

测评者要仔细观察并及时记录所负责的被测者，评价要客观、内容要详细，不要作不成熟的主观评价。

（2）归纳行为

观察角色表现后尽快整理行为结果，并与角色扮演设计的目标要素进行对标整理，将没有关系的行为表现删除。

（3）评价行为

根据上面归纳的行为结果，参照既定标准答案为有关要素打分。

（4）制定报告

打分后将所有信息进行汇总，形成评价报告，报告需要对测评行为及要素评分进行介绍，其他测评者可以提问，进行讨论。

（5）重新评分

每位测评者都报告完毕后，大家进行初步讨论，各位测评者根据讨论内容及自己观察到的行为，参照客观标准，为被测者重新打分。

（6）初步要素评分

第一位测评者重新评分后，将所有测评者的评分进行平均，确定被测者的分数。

（7）制定要素评分表

角色扮演的评价内容一般分为以下四部分。

1）角色把握：被测者能否迅速判断并进入情境，按照角色要求表现对应行为。

2）角色行为：被测者的语言表达能力、问题处理能力、灵活应变能力、人际关系能力、思维敏捷度、行为习惯、价值观等。

3）角色衣着：仪表举止是否符合角色及情境要求。

4）其他方面：如化解矛盾的技巧、达到目的的程度、行为策略的精准度、行为优化程度、情绪控制能力等。

（8）测评者讨论

根据以上内容，测评者再次讨论，对每种要素评分发表意见。

（9）总体评分

整体讨论后，第一位测评者给被测者评出总体得分，公布结果，小组讨论，所得一致意见即为被测者最终得分。

（二）注意事项

为提高角色扮演的有效性，弥补不足，需要对被测者提出一些具体要求，即“五要三不要”：要接受作为角色的事实，要扮演分配角色，要在角色扮演过程注意态度的改变，要使自己保持充分参与的状态，要注意收集角色扮演的原始资料；不要偏离主题，不要向他人咨询，不要过度表现自我。

业务演练

任务 6-3 一个 10 分钟的角色扮演实例

【实训目的】

熟悉角色扮演测评方法的实施要点。

【实训步骤】

提供背景材料：

一、图书直销员（角色一）

你是个大三的学生，想多赚点钱自己养活自己，一直不让家里寄钱，这个月内你要尽可能多地卖出手头的图书，否则你将发生经济危机，你刚在党委办公室推销，党委办公室主任任凭你怎样介绍书的内容都不想买，现在你恰好走进了人事科。

二、人事科主管（角色二）

你是人事科的主管，刚才你已注意到一位年轻人似乎正在隔壁的党委办公室推销图书，你现在正急于拟订一个人事考核计划，需要参考有关资料，你想买一些参考资料，但又怕上当受骗，你知道那个年轻人是从党委办公室主任那里走过来的，你一直非常忌讳别人觉得你没有主见。

三、党委办公室主任（角色三）

你认为推销图书的大学生不安心读书，想利用推销图书的办法多赚一些钱，使自己的生活过得好一点，推销图书的人总是想说服别人买他的书，而根本不考虑买书人的意愿与实际用途。因此你对大学生的推销行为感到恼火。你现在注意到这位大学生马上会利用你的同事想买书的心理，决定去人事科阻止那个推销员，但你又意识到你的行为过于明显会使人事科主管不高兴，认为你的好意是多余的，并让他产生无能的感觉。

【实训要求】

你将与其他两人共同合作，而且你们三个角色的行为是互相影响的，请尽快阅读关于你所扮演角色的描述，然后认真考虑你怎样扮演这个角色，进入角色前，不要和其他两个被试者讨论即席表演的事情，请运用想象使表演持续 10 分钟。

角色扮演评分要点参考

1. 角色一应当：

（1）避免党委办公室的情形再度发生，注意强求意识不要太浓。

（2）对人事科主管尽量诚恳，有礼貌。

（3）防止党委办公室主任的不良干扰。

2. 角色二应当：

（1）尽量检查鉴别书的内容与合适性。

（2）尽量在党委办公室主任说话劝阻前作出决定。

（3）党委办公室主任一旦开口，你又想买则应表明你的观点——该书不适合党委办公室是正确的，但对你还是有用的。

3. 角色三应当：

（1）装作不是故意来为难大学生的。

（2）委婉表明你的意见。

（3）注意不要惹恼大学生与人事科主管。

任务四　文件筐测验

知识准备

文件筐测验是在模拟情景下，要求被测者根据模拟工作环境和一系列文件、材料、任务等，迅速处理各种信息，解决问题，作出决策。作为个人综合性测验，文件筐是一种在选拔高层管理者时比较常用的评价技术，成本高、耗时长、考察全面，对考官和题目都有较高要求。

一、文件筐测验的概念及特点

（一）文件筐测验的概念

文件筐测验，又称公文处理，是将实际工作中管理人员处理各种信息和文件的活动进行模拟，要求被测者在情景模拟中处理一系列文件，如报告、信函、备忘录、邮件或其他亟待解决的工作相关材料，测评者根据被测者在文件处理过程中表现的行为，对其组织、计划、授权、决策、沟通等方面的能力进行评价。因为文件材料数量较多且一般被放在文件筐里，所以得名。

（二）文件筐测验的特点

文件数量较多，范围较广，包括报告、信函、备忘录、任务表、报表、账单、电话、邮件、请示、通知、声明、命令等各种管理工作中可能会出现的文件材料，内容涉及财务、人事、市场信息、客户关系、政府公文等诸多方面。

测验一般只提供背景介绍、纸笔和测验要求，被测者需要在没有任何人帮助的情况下，在预定时间内完成回复邮件信函、审批报告、作出决策、发布指令、安排会议等工作。

文件筐的题目设计、实施、评分都需要较长时间和大量的人力、物力、财力，成本较高，责任较大，一般用来评价高级管理人员的能力素质，基层管理者一般不采用这种方法。

该方法包括纸笔与面谈两种形式，可以多人同时测验，分开进行，能够对被测者行为表现进行直接观察，根据不同岗位要求灵活设计题目，测验时间短则一小时到三小时，长则一天到两天。

文件处理的结果在评价过程中会受到各种因素的影响，不同组织、文化、管理风格具有不同的评价标准，专业人员和实际工作者在评分过程也会存在一些理解和判断的差异。

二、文件筐测验的实施

（一）实施流程

文件筐测验需要选择适当的测评场地，提前准备好测评所需文件材料，在安排被测者进入场地后，宣布要求及注意事项，测评过程对被测者进行观察、监督，最后收回材料，评定小组进行评分，具体可分为准备、测评、评分三个阶段。

1. 准备阶段

该阶段主要包括测验场地和材料的准备。首先，测验场地要求宽敞、安静，若是集体测试需要每人单独一桌，避免相互干扰；其次，测验材料包括请示、报告、邮件、预算、备忘录、政策、报表、指示、电话或传真等，以上文件和答题纸都需提前编号，答题纸应包括姓名、岗位、对应文件号；最后，所有资料都必须仔细核对，同时发放，同时回收。

2. 测评阶段

测评者向被测者介绍有关背景信息和材料情况，发放测试指导语、文件、答题纸等材料，告知被测者现在开始模拟某岗位角色，对文件筐的所有文件进行审阅、处理、决策，与被测者确认，如无疑问则正式开始测验，过程中不允许随便发言或提问。

3. 评分阶段

测评结束后将被测者的文件处理结果交给测评小组，按照既定的评价维度与标准进行评分。评价维度通常包括计划能力、组织能力、预测能力、决策能力、表达能力、领导能力等方面，评分则一般采用五分制量化形式。为保证评分的公平和客观，可以让每位评价者对处理结果同时进行评分，若对评分标准存在明显分歧，则须达成一致后再向下进行。

（二）评价要素

文件筐测验针对管理人员的评价要素很多，最核心的五个考察方面包括计划能力、组织能力、预测能力、决策能力和表达能力。下面以人力资源总监为例进行详细解读。

1. 计划能力

计划能力指被测者根据背景信息，对文件材料和问题进行分析、梳理、归纳，确定之后的工作目标、具体任务、操作方法及实施步骤的能力。对于人力资源总监来说，主要考察在特定外部劳动力市场和内部组织架构、人员特点的情况下，进行人力资源需求分析、整体规划、制订招聘计划和培训计划，以及确定绩效薪酬政策等能力。计划可行性、实施成本及时间、风险程度等是评价管理者计划能力的关键指标。

2. 组织能力

组织能力是指被测者在既定时间内，对工作任务按照重要和紧急两个维度、四个象限进行排序，根据现有人力、物力、财力进行合理分工与调配的能力。例如，某团队员工流失率持续增加，人力资源总监需要从招聘效果、团队业务和员工发展等多方面综合考虑，并与各模块负责经理或主管深入分析与讨论，迅速找出人员流失原因，制定应对策略。工作分工、处理顺序、资源分配、授权以及措施的成本和风险是评价管理者组织能力的关键指标。

3. 预测能力

预测能力指被测者根据模拟工作环境的情况，对要素关系、整体形势、发展趋势等进行准确判断，并制定应对措施的能力。例如，市场上的重要竞争对手近期针对人工智能岗位进行大规模招聘，而本公司也即将设立人工智能研究院作为新的业务开发部门，对于人力资源总监来说，准确预测人才市场形势，发布有效应对措施，在该阶段尤为关键。对工作环境的各类要素关系、整体形势和未来趋势等发生概率的判断、分析，以及为此制定的多种应对措施的合理性是评价管理者预测能力的关键指标。

4. 决策能力

决策能力是指被测者在处理实际工作问题，尤其是处理重要、紧急、关键问题时选择高效渠道或方案的能力。例如，面对互联网和电子商务的大潮，实体零售行业受到严重冲击，在业务调整和转型过程中，公司需要裁撤部门门店的员工，面对大规模裁员的情况，人力资源总监需要全面考虑、慎重权衡、正确决策。决策目标合理性、备选方案可行性、各方案权衡比较及最终确定方式等是评价管理者决策能力的关键指标。

5. 表达能力

表达能力是指被测者通过书面形式处理文件资料，准确表达个人观点和意见的能力。实际工作中，人力资源总监经常会通过邮件、报告、公文或通知等方式与下属各部门经理进行沟通交流和工作对接，根据各部门工作汇报情况进行有效指导和及时调控，这都需要良好的书面表达能力。表达方式合理性、信息的准确性、逻辑的清晰度、文字的流畅度等是评价管理者表达能力的关键指标。

（三）注意事项

1. 工作分析

通过面谈、问卷或访谈等形式，深入分析工作岗位特点，确定岗位职责、能力要求，制定文件筐的测评要素和各自权重。测评要素一般包括书面表达能力、计划能力、组织能力、协调能力、决策能力、判断能力、授权能力、指导能力、特殊素质或知识等。

2. 文件设计

文件类型涵盖请示、报告、邮件、预算、备忘录、政策、报表、指示、电话或传真等，数量较多，测试时间一般一小时至三小时，因此需要确认各个文件的预设场景、具体内容、测评要素的设计，制定好评价标准与规则，尽量避免测评要素同时得分或某一要素无法得分的情况。

3. 测验评分

文件筐测验一般由专家或有丰富经验的人员进行评分，通常是该岗位的直属上级或人力资源部门负责人，需要对评分人员进行统一培训，让测评者充分了解评分程序和标准，差异较大的情况需要集体讨论，进行二次评分，最后得出平均分，作为最后评分结果。

4. 测验材料

材料难度需要重点把握，慎重选择，材料过难，选拔的人员容易大材小用，导致人力资源的浪费；材料过于简单，容易出现天花板效应，难以区分被测者的能力差别。材料真实性需要仔细考虑，若完全杜撰，处理结果没有针对性，录取后存在适应工作较慢的风险；若完全真实，过于偏重经验，容易招到与组织文化高度趋同的人员，违背引入新鲜血液的目的，且容易忽略被测者的潜力。

业务演练

任务 6-4　文件筐应用实例—公文处理测验

【实训目的】

让学生掌握文件筐测评方法的基本程序与测评要素。

【实训步骤】

1. 全班 5~6 人一组，分为若干小组；

2. 提供背景材料：

假设你是国内一家知名互联网企业 BA 集团的人力资源高级总监，管理公司 HRBP（人力资源业务合作伙伴）团队，下属各 HRBP 负责其所在业务部门的招聘、培训、绩效、薪酬、员工关系等模块的规划、实施与对接工作，每周向高级总监汇报部门的人力资源工作开展情况。另外，公司令你临时兼管一个新成立的部门——无人车事业部，事业部下分三个部门，分别有三位高级业务经理每周向你汇报工作进度及团队情况。

BA 集团组织架构如图 6-5 所示。

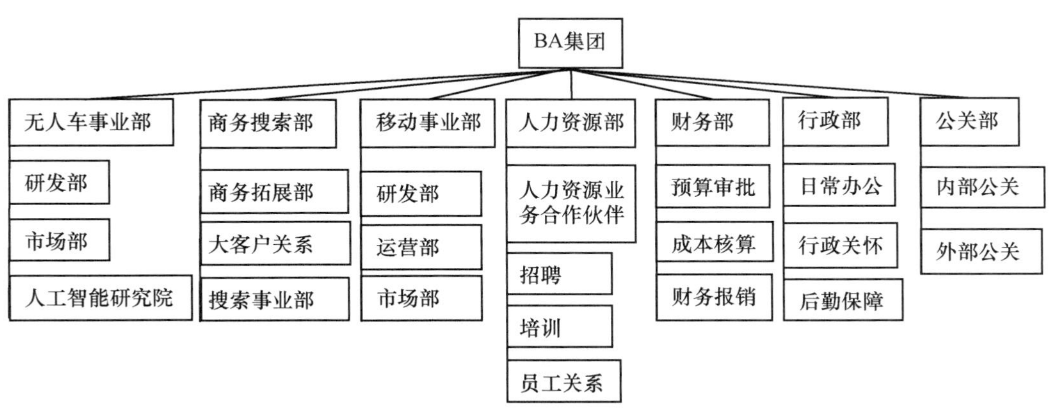

图 6-5　BA 集团组织结构

今天是 2019 年 5 月 21 日，星期二，现在时间下午 16：30，你刚开完一个高管战略会，办公桌和邮箱里有一堆待处理文件，但 17：30 你还要去一个晚餐会赴约，需要在 60 分钟内将所有文件处理完毕。说明你的处理依据和理由。

文件 1

李总：

截至本周，研究院已招八位人工智能博士，其中三位来自美国硅谷，两位来自新加坡，三位来自国内高校。各位专家专业知识都非常渊博，已分别投入工作岗位，但团队合作情况不够理想，进入工作状态较慢，导致原定计划未能如期完成，预计延期两周，请您指示。

人工智能研究院　余浩

2019 年 5 月 21 日

文件 2

李总：

研发团队新调岗的三位核心人员中，有一位对现有岗位和薪资待遇不满意，经过一次深入沟通，发现他有离职倾向，且有可能带走现有团队的两位到四位下属，如果发生这种情况，会影响研发团队的整体工作进程，无人车系统的研发会被拖慢至少一个月。您认为该如何处理？

无人车研发部　杨喆

2019 年 5 月 21 日

文件 3

李总：

您上周提到的为部门员工联系私人健康管理师的工作已沟通完毕，北医三院两位专家下周一至周四上午10：00至下午15：00时间均已预留，请问是否今天邮件通知所有人，或是周三晚间例会再告知大家这个福利。

员工关系　程诚

2019年5月21日

文件4

李总：

本月原计划组织三次职业生涯规划培训，但通过前两次的员工反馈，建议多增加一场个人成长与优势探索方面的课程，目前有两位外部培训师符合要求，业界口碑和培训效果都不错，但这次课程需要增加培训预算6万元，请您审批。

培训部　徐莹

2019年5月21日

文件5

李总：

我们部门总监郭辉需要约您面谈，时间预计20分钟，内容是关于团队人员稳定性和潜力股的开发问题，请问您周四之前哪些时间段方便？

HRBP 甄珍

2019年5月21日

文件6

李总：

总裁助理20分钟前电话您，让您会议结束后速给总裁回电，总裁17：00之前都在办公室，17：00—19：00会在A座二楼浣溪沙会议室开会。另外，您17：00有个和研发中心的视频会议，是否需要延后？

助理　孙源

2019年5月21日

3. 以小组为单位，以书面形式依次提交成果。

【实训要求】

能够抓住问题的关键点进行分析，联系学习的理论，紧密联系案例事实分析公文处理结果；小组代表发言应对小组的讨论活动情况作真实概括，要求总结性强。

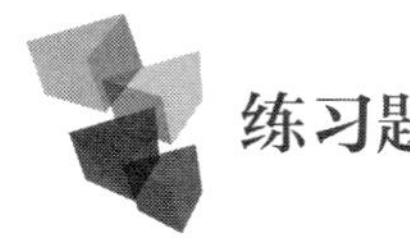

练习题

1. 单选题

（1）（　　）是发布一个待解决的管理案例或情景问题，被测者自由讨论，并在限定时间给出统一结论。

A. 评价中心法　　B. 无领导小组讨论法
C. 情景模拟法　　D. 案例分析法

（2）角色扮演主要考察被测者的（　　）能力。

A. 语言表达　　B. 组织协调　　C. 问题处理　　D. 人际关系

（3）（　　）是让被测者阅读一些案例资料，利用自己的经验确定问题并提供针对性的解决方案，形成报告。

A. 管理游戏法　　B. 角色扮演法　　C. 案例分析法　　D. 即席演讲法

（4）无领导小组讨论题目类型不包括（　　）。

A. 开放式问题　　B. 两难问题　　C. 博弈问题　　D. 资源争夺问题

（5）被测者根据模拟工作环境的情况，对要素关系、整体形势、发展趋势等进行准确判断，并制定应对措施，属于（　　）能力。

A. 计划　　B. 决策　　C. 预测　　D. 表达

2. 多选题

（1）评价中心技术主要包括（　　）。

A. 工作样本测试　　B. 无领导小组讨论
C. 知识测试　　D. 文件筐测验
E. 角色扮演

（2）文件筐测验的文件类型有（　　）。

A. 备忘录　　B. 报告　　C. 计划　　D. 请示
E. 信函

（3）无领导小组讨论主要考察（　　）。

A. 管理能力　　B. 沟通能力　　C. 反应能力　　D. 计划能力
E. 组织能力

（4）角色扮演的缺点包括（　　）。

A. 参与度不高　　B. 设计难度大　　C. 行为模式化　　D. 灵活性较差
E. 表现不稳定

（5）无领导小组讨论中的时间管理者应做到（　　）。

A. 合理规划整体进程　　B. 引导大家充分讨论

C. 适当打断偏题超时　　D. 提前预留演练时间

E. 适当总结及时归纳

3. 简答题

（1）评价中心技术的常见类型包括哪些?

（2）无领导小组讨论的实施流程包括哪几个阶段?

（3）简述角色扮演的实施流程。

（4）文件筐测验的特点有哪些?

（5）简述无领导小组讨论的角色类型及分工。

4. 案例题

（1）某旅行团的飞机在经过一片没有人烟的山区时突然失事，机身多处撞伤并引发大火，驾驶员不幸遇难，其他人员均安好。

旅行团共 10 人，6 名男性、4 名女性，来自不同国家，相通语言是英语，但只能做简单交流且不太流利。现在他们不知道自己所在位置，周围环境十分陌生，且几乎无法搜到网络信号。他们目前共有 17 种物品，分别是：该地区航空地图，一个指南针、一个手电筒、一把小刀、四副太阳镜、四个打火机、两条毛毯、四件外套、两面化妆用小镜子、五瓶矿泉水、一个急救箱、六片面包、两斤水果、一本英汉词典、八部手机、一款照相机、随身携带的现金。

请按照对生存的重要性，从 17 件物品中挑选 5 件比较重要的，将其按照重要程度进行排序，并说明理由。

要求：

1）独自思考 15 分钟。

2）45 分钟自由讨论，最后形成统一意见并以书面形式交给测评者。

3）选一个代表总结陈述，其他人可作补充。

（2）某星级酒店现存在下列问题，假设你是这家星级酒店经理，你认为目前最需要解决的是哪个问题？给下面的选项一个你认为适当的排序，然后给出你的理由。

1）大堂人员服务不到位，不热情，在上班时间打私人电话。

2）酒店水温不稳定，毛巾消毒不够彻底。

3）娱乐休闲设施不够档次，有宰客的行为。

4）大堂钟表除北京时间外，其他各国时间都不准确，且有较大出入。

5）酒店卫生打扫得不彻底，有蟑螂。

6）客房人员服务不到位，有问题不能及时反馈。

7）餐厅饭菜水平低，自助餐分量不够。

要求：

1）每位成员用 10 分钟阅读资料并独立思考。

2）每人用 2 分钟陈述自己的观点及理由。

3）小组用 30 分钟自由讨论，最后达成一致意见并由一人总结发言。

5. 设计题

SY 公司近期由于业务发展需要，现计划招聘多名市场专员，岗位工作内容包括商务拓展、市场开发、客户沟通、关系维护等，要求对公司业务和产品充分了解，善于开发资源和人际沟通，能够洞察客户需求，为客户提供可行方案。

请根据以上信息，为该公司设计一套市场专员选拔评价方法，并制定具体实施流程，确定相应的测评要素与指标。

项目七

组织背景调查与入职体检

【项目说明】

本项目主要对背景调查概念、原则、内容及方法等作了介绍，并强调了企业需要做背景调查的岗位及背景调查的实施程序与注意事项，同时强调了入职体检的实施注意事项。知识结构如下：

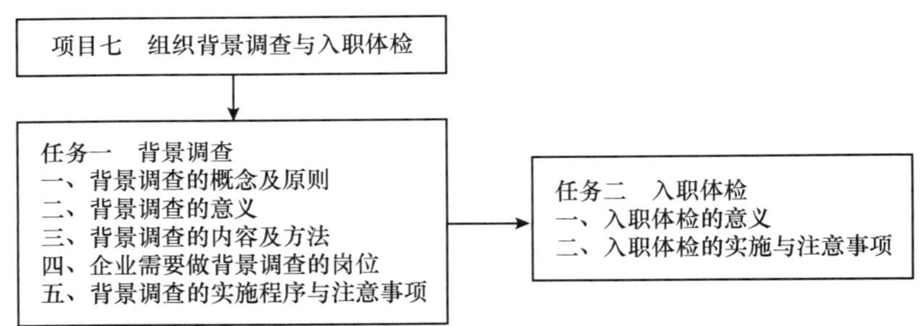

【项目导入】

一、主题案例

失败的背景调查

软件工程师李某是一家国内大型网站的技术主管，上级找他谈话，打算给他升职。与此同时，他接到了另一家大公司伸来的橄榄枝——不仅职位升一级，而且薪水比当前高出80%。他不可能不动心。

于是，他一边上班，一边和新公司接洽，对方的HR提出为了核实他在工作中的表现和能力，要做一个背景调查。李某答应了，但他也考虑到这有可能“打草惊蛇”，于是他强烈要求对方一定要低调进行，绝不能让现在的公司知道。对方的HR答应了。可是没多久，现在的公司就知道了李某要跳槽的事。公司马上“雪藏”了他，新公司最后也没有聘用他。李某的职业生涯因为这次背景调查遭受了重创。

原来，给李某做背景调查的人是一个刚上任不久的人力资源管理人员，做背景调查还比较外行，他用手机打电话到李某公司的人力资源部，称自己是英国领事馆的签证官，李某要出国旅游，所以需要核实一些情况。可是李某所在公司人力资源部接电话的人经过多年挖人与反挖人的历练，都已经成了“人精”，一看对方是用手机打电话来调查公司骨干员工的背景情况，就想到了“挖人”。结果几个回合沟通下来，做背景调查的人反被李某所在公司的HR套了老底。

问题：作为背景调查执行人员的HR如何才能避免此类事件发生？

二、学习目标

1. 了解开展员工背景调查的概念、原则及意义。
2. 掌握背景调查的内容及方法。
3. 掌握背景调查的实施程序。
4. 掌握体检的意义及注意事项。

任务一　背景调查

知识准备

一、背景调查的概念及原则

（一）背景调查的概念

通俗来讲，背景调查就是调查背景。背景调查通常是用人单位在面试结束后、上岗前，通过第三方对应聘者的情况进行了解和验证。这里的第三方主要是指应聘者原来的雇主、同事以及其他了解应聘者的人员，或者是能够验证应聘者提供资料准确性的机构和个人。

背景调查的内容是对应聘者的教育状况、工作经历、工作成绩、个人品质、工作能力、个人兴趣等“背景”情况进行调查。假学历、假成绩单、虚假的工作经历与经验、言过其实的工作能力、精心伪装的个人品质与兴趣等会严重妨碍人员选拔的公正性、准确性，挫伤组织内员工的积极性，从而给组织带来不必要的损失。

（二）背景调查的原则

1. 要经过被调查人授权，背景调查要让被调查人知情。
2. 不涉及被调查人尚未离职的公司。
3. 不涉及被调查人个人隐私。
4. 第三方仅记录客观情况，不评价被调查人是否胜任。
5. 给予认为有问题的被调查人申辩权利。
6. 对被调查人信息保密。

二、背景调查的意义

在企业中可能经常会遇到这样的困惑：企业发展太快了，人才引进总是应急，而这种仓促的招聘又导致了人员能力与企业要求不相吻合。对录用人员，特别是关键岗位、重要人员的背景调查是十分必要的。背景调查主要具有以下三个方面的意义。

（一）帮助企业 HR 筛除有虚假信息的候选人

应聘者在应聘时，往往对自己进行刻意包装，求职简历越做越精美，工作经历越来越丰富，其实水分很大。那些学历较低、经验不足的应聘者为迎合用人单位的需要，纷纷弄虚作假，假文凭、假职称、假证书到处泛滥。资料显示，当前全国持假文凭者已达百万人，相当于一年的普通高校毕业生总数。因此，背景调查可以帮助企业 HR 筛除有虚假信息的候选人。

（二）全面了解求职者的能力与素质

为了获得企业的青睐，顺利通过选拔，有些应聘者会在工作业绩、工作经验等方面造假，甚至杜撰简历以满足岗位任职资格条件。通过对“第三方”的背景调查，可以了解有关应聘者的工作业绩、能力和素养，以更好地预测候选人未来绩效。

（三）帮助企业节省成本、规避用人风险

企业人力资源管理部门有责任去核实候选人的背景以及具体情况。一份彻底的员

工背景调查报告，可以为企业节省未来不必要的花销，规避用人风险，减少企业招聘和培训以及再培训相关的费用开支，更重要的是为企业选用可靠的人才，避免对公司和客户造成的损害，从而促进企业产生更大的效益。

总之，对于企业来说，对候选人的背景调查是很有必要的。它可以帮助企业提高招聘质量，加快招聘进程，作出充分知情的聘用决定。

三、背景调查的内容及方法

（一）背景调查的内容

背景调查内容应以简明、实用为原则。内容简明是为了控制背景调查的工作量，降低调查成本，缩短调查时间，以免延误上岗时间。另外，优秀人才往往几家公司互相争夺，长时间的调查会给竞争对手制造机会。内容实用是指调查的项目必须与工作岗位需求高度相关。调查内容分为两类：一是通用项目，如毕业学位的真实性、任职资格证书的有效性；二是与岗位说明书要求相关的工作经验、技能和业绩。背景调查的内容具体包括以下几个方面。

1. 证件类信息

证件类信息主要包括候选人的身份证、学历学位证书、资格证书、职称证书、技术技能等级证书等。

2. 工作履历

工作履历是指候选人过去在什么时间、什么单位从事过何种岗位的工作、在各岗位承担的主要工作职责、离开原单位的原因。

3. 工作业绩、能力与素养

工作业绩、能力与素养是指候选人在过去工作的单位所取得的业绩、作出的贡献，候选人在工作、社会交往等方面表现出来的业务能力、个人修养、个性品质等。

4. 个人信用

个人信用是指调查候选人有无金融违规纪录，是否与他人（或单位）存在商业利益冲突，是否有违反公司合同或损害公司利益的行为等。

（二）背景调查的方法

背景调查的方法包括电话或当面访谈、发函调查、查阅文献、提供资料原件、委托合法的调查代理机构等。

1. 电话或当面访谈

背景调查执行人员通过电话或者直接面对“第三方”进行访谈。根据应聘者的教育状况、工作经历等，提一些与之相关的问题来收集信息（见表 7-1）。

表 7-1　　背景调查电话交流记录表

［应聘者姓名］已向我公司提交求职申请书，我代表本公司人力资源部想向您了解以下情况。

请您确认［应聘者］在贵公司的工作时间	从［日期］至［日期］
请问贵公司的规模	
［应聘者］在贵公司任职期间的职位	
［应聘者］工作职责的简单描述	
［应聘者］的最终薪金水平	［金额］元/月 ［金额］元/年
［应聘者］的品行	
［应聘者］的工作表现是否令人满意	
［应聘者］与同事、上司的关系	
离职原因	
非常感谢您与我交流。您是否还有其他情况要补充	

记录人：　　　　　　　　记录日期：

2. 发函调查

调查者寄送信函给“第三方”，通过“第三方”的回复来收集资料。

3. 查阅文献

收集报纸、杂志、书籍、网站等第二手资料，如通过国家统计局官方网站、中国产权局官方网站、天眼查等收集资料。

4. 提供资料原件

有些假文凭、假证件做工低劣，如纸质硬度不够、公章模糊、钢印不清等，通过肉眼可以识别出来。但是有些假文凭、假证件制作比较逼真，简单地凭肉眼很难识别。

5. 委托合法的调查代理机构

背景调查可以由本公司自主进行，也可以委托调查代理机构进行。调查代理机构通过对应聘者过去的雇主、邻居、亲戚和证明人的书面或口头上的沟通来收集资料。

四、企业需要做背景调查的岗位

（一）涉及资金管理的岗位

如会计、出纳、投资岗位，出于对资金安全的考虑，企业会对这些岗位的人员进行背景调查，以了解这些准员工的工作能力、犯罪记录和诚信状况。

（二）涉及公司核心技术秘密的岗位

如研发部的工程师、技术人员，核心技术秘密关系到企业的生存问题，一旦被竞争对手弄到手，企业就会出现生存危机。所以，企业招聘这类人员时都会非常谨慎，宁可花费一定资金对拟录用者进行犯罪记录、诚信状况等背景调查。

（三）部分中高层管理岗位

运营总监、销售总监、战略管理总经理这些岗位主要涉及企业的运营战略，企业的运营方向、核心客户资源都掌握在这些岗位人员手上，如果这部分人员有动荡，整个企业的资金链或运营层面都会受到极大影响。所以，大多数企业都会对中高层岗位聘用者做背景调查。

五、背景调查的实施程序与注意事项

（一）背景调查的实施程序

1. 征得应聘者同意，签订背景调查授权书。
2. 参考目标岗位的素质模型确定背景调查的内容。
3. 确定调查的对象和范围。
4. 设计相应的调查问卷或提纲。
5. 设法取得调查对象的合作。
6. 运用一定的方法或技巧解决较棘手的问题。
7. 提交背景调查报告。

（二）背景调查注意事项

1. 一般情况下，要征得应聘者的同意方可做背景调查，或签订背景调查授权书，因为可能涉及隐私。背景调查授权书格式如下：

背景调查授权书

本人__________已许可并授权__________公司，对本人于____年____月至____年____日在__________公司担任职位时的工作经历、取得业绩等情况的真实性予以调查询问，特此证明。希望予以配合，非常感谢！

本人签字：

日期：

2. 为了防止同事报复，一般需要对应聘者工作过的几家单位同时调查，而不是仅调查一家单位。

3. 如果应聘者还没有离开原来的工作单位，那么在进行背景调查时应该注意技巧，不要被原单位发现该应聘者将要离开的信息，否则对该应聘者不利。

4. 只调查与应聘者未来工作有关的信息。

5. 必要时可以委托专业的调查机构进行调查，因为这类机构有更广泛的渠道与证明人联系，并且调查更加专业。

6. 在背景调查过程中要保持严谨和客观的态度，妥善处理背景调查的负面结果。对于疑似负面的信息要排除各种特殊情况，并多渠道求证，不能轻易地下结论。

（三）背景调查可信度的影响因素

1. 应聘者前单位的证明人不想以前的同事失去一次工作机会，所以夸大其词，或者隐去一些不当行为，不愿过多负面评价。

2. 证明人可能害怕不适当的评价而负相关责任或引起纠纷，不愿过多评价。

3. 证明人可能对应聘者的离职心存芥蒂，所以对应聘者的离职评价很差。

4. 证明人对背景调查反感，有抵触情绪，所以对应聘者的评价比较轻率。

5. 前雇主拒绝提供有关证明信息。

任务二　入 职 体 检

知识准备

一、入职体检的意义

为了确定候选人的身体状况是否适应工作的要求，特别是能否满足工作对应聘者身体素质的特殊要求，在甄选之后录用之前还要开展体检工作。入职体检的意义主要体现在以下几个方面。

（一）减少缺勤率和事故的发生，保证企业工作及时完成

通过对应聘者健康检查可以确保入职员工身体健康，减少缺勤率和事故的发生，保证企业工作任务及时完成，同时间接节省用人成本。

（二）防止传染病

通过体检可以发现员工可能不知道的传染病，某些特定行业的从业人员与人群密切接触或从事食品、药品、化妆品等的加工生产，有可能传播传染病，因此对这些职业或工种需要进行强制性体检。

（三）测试身体运动能力

对候选人的运动能力测试可以了解其是否满足特殊工作要求。例如，对建筑人员来说，需要测定其气力、握力、耐力、控制力、调整力、坚持力、手指灵巧度、手眼协调度、视觉听觉的灵敏度、颜色辨别力等。

二、入职体检的实施与注意事项

（一）入职体检的实施

体检这一环节的实施相对比较简单，一般单位会指定一个有资质、有信誉的医疗机构，要求应聘者在一定时间内进行体检。在大单位中，体检通常在招聘单位的医疗

部门中进行。体检费用一般由招聘单位支付，体检的结果也交给招聘单位。

（二）入职体检注意事项

1. 要注意辨别虚假的体检结果，要尽可能防止出现“代理体检”。

2. 其结果不是“健康”或“不健康”，而是看是不是能满足具体工作对身体的要求。

3. 这一过程既要紧跟岗位需求，确保单位利益，又要遵规守纪，避免出现歧视。

业务演练

任务 7-1　分析案例：W 公司的销售经理

【实训目的】

掌握公司做背景调查的意义与实施程序。

【实训步骤】

1. 全班 5~6 人一组，分为若干小组；

2. 提供案例：W 公司销售经理。

W 公司是一家做大型软件销售的公司，有一名销售经理来 W 公司之前是作为同行客户到公司参观过产品，参观完以后就说要来 W 公司上班，W 公司老板觉得这个人不错，就点头答应他来公司入职。办理入职以后不久，发现他在不断地收集公司的产品资料，还要求公司内部 OA 系统公开权限，给他的客户（也有他之前公司的同事）查阅资料，抢其他同事客户，只要是能接触到优质客户的机会，他都会去争取等。他手下还有两个同事，他要求两个人将所有的客户信息全部归到他那里，不让他们去见客户。而且在闲聊中发现，他太太还在原来的那家公司上班，可是这个人来 W 公司面试的时候一再强调自己是单身未婚的。

3. 根据本案例，请回答下列问题：

（1）针对案例中的这类人，该怎么进行背景调查？

（2）如果真的是对方公司派来做间谍的，该如何处理？

4. 以小组为单位，以书面形式提交讨论成果。

【实训要求】

能够抓住问题的关键点进行分析，联系学习的理论，紧密联系案例事实加以论证；小组代表发言应对小组的讨论活动情况作真实概括，要求总结性强。

案例分析实训参考

一、核对简历的真实性

是否结婚，这个很容易核查，一般都是在结婚所在地的派出所就可以查找到了；另外也可以要求他开单身证明，这个连地址也一并验证了。工作经历可以通过社保缴纳来查看，一般情况下是一致的。

至于工作表现，这应该不是我们此次调查的重点，因为他的各种行为已经不是能力的问题，而是态度问题了。

二、我们要什么信息

事实上，背景调查的前提就是需要被调查的候选人本人提供基本信息和线索以及证明人。如果在收集候选人信息不完全的情况下去做背景调查，与其说是背景调查，不如说是侦查。我们其实只是要确定他是否真正意义的离职，但是在对方刻意的掩盖下，很难得到真实的答案。

三、适度的监控

现在的通信很发达，但说起来不外乎手机和网络，可以在法律允许的范围内采取一定的措施。可以找一个理由，如入职满十天的销售必须用公司的号码，并且原号码必须销毁。这个比较难，就有企业一直在这样做，不愿这样做的都离职了。用了单位的号码，就能一定程度上取得通话记录了。如果公司条件允许的话，可以启用考勤跟踪系统，这样他的整个工作时间的活动，甚至24小时的活动范围都尽在掌握了。除了手机，网络监控也不可少。每天电脑的操作记录，一些客户资料的使用范围、频率，都在监控之列。

四、将计就计，反客为主

如果对方的确有可能是间谍，我们可以把其最近的积极表现，作为实施“计谋”的理由。如“鉴于你来公司后的积极表现，领导很欣赏你，经研究决定，特批将你爱人调入公司”，如果他的确已经结婚的话。这样人一般都是有顾虑的，如果本来就没打算长待，又要把家属带进来，他不得不掂量下，这样做的后果会怎样。即使都来了，也可以架空，让他们有劲使不出，知难而退。

五、签订协议，加强保密

客户资料系公司重要的经营信息，能为公司带来经济利益，具有实用性，公司一般都会采取一定的保密措施，属于商业秘密。目前公司尚未造成重大损失，很有必要加强公司的风险防范意识和公司员工的法律意识。加强保密，制定保密制度很有必要。同时签订保密协议，起到一定的约束作用。

六、普法教育，旁敲侧击

根据《劳动法》及《劳动合同法》有关规定，窃取公司内部资料，百分之一百要负责经济赔偿。如公司员工违反双方签订的保守商业秘密协议而获取、使用、披露客户信息，应认定为侵犯商业秘密的行为。如该行为给公司造成了重大损失，包括减少盈利、增加亏损、引起破产、在竞争中处于不利地位等，则依法应认定为侵犯商业秘密罪。

练习题

1. 单选题

（1）对于入职体检下列说法错误的是（　　）。

A. 入职体检不同于一般的身体检查，它包括健康检查、身体运动能力测试

B. 对建筑人员，需要测定其力气、手眼协调度、视觉听觉的灵敏度等

C. 其结果是“健康”或“不健康”，说明能否满足具体工作对身体的要求

D. 某些特定行业的从业人员与人群密切接触，有可能传播传染病，因此对这些职业或工种需要进行强制性体检

（2）收集报纸、杂志、书籍、网站等第二手资料，这种背景调查方法是（　　）。

A. 当面访谈　　B. 发函调查　　C. 查阅文献　　D. 提供资料原件

（3）背景调查的时机是（　　）。

A. 简历筛选后　　B. 笔试后

C. 上岗后　　D. 面试结束后、上岗前

2. 多选题

（1）背景调查通常是用人单位通过第三方对拟聘者的情况进行了解和验证，下列属于“第三方”的是（　　）。

A. 应聘者原来的雇主　　B. 应聘者原来的同事

C. 应聘者的邻居　　D. 应聘者的亲戚

E. 应聘者原来的下属

（2）入职体检的意义是（　　）。

A. 减少缺勤率和事故的发生　　B. 防止传染病

C. 测试身体运动能力　　D. 拒绝传染病病原携带者

E. 保证企业工作及时完成

（3）背景调查的内容包括（　　）。

A. 工作履历　　B. 个人生活　　C. 个人资质　　D. 个人资信

E. 工作业绩

(4) 下列（　　）岗位需要做背景调查。

A. 会计　　B. 出纳

C. 研发部的工程师　　D. 投资

E. 运营总监

3. 简答题

(1) 简述背景调查的意义。

(2) 简述背景调查有哪些方法。

(3) 简述背景调查的流程。

(4) 简述入职体检的意义。

4. 案例分析

上海某广告公司在业内赫赫有名，经过几年时间公司更是发展迅速，总经理万总计划开拓公司业务，事情特别多，几乎每周两头跑，令万总最不放心的是上海的广告业务。因为公司的广告业务以前都是自己亲自抓，为了公司的顺利发展，总经理万总决定引入一位市场总监来管理6个月，张某在岗位上表现出色，万总非常满意。可是，让万总非常意外的是，工作6个月的张某毅然提出辞职，原因是觉得在公司发展不适合自己。万总觉得理由很牵强，于是苦苦挽留，但张某还是走了，万总非常惋惜。让万总震惊的是张某离职后的3个月，公司几个重要客户流失了。经过调查了解，是张某带走的，张某被另一家广告公司以更高的薪酬和提成挖走了。经过对张某的进一步了解，原来张某的简历造假，有个公司的经历都没有满6个月，这些经历都没有在简历上体现出来，而是延长其他工作经历的时间来掩盖这个事实。张某在其他的公司也有类似的行为。万总后悔莫及。

请结合本案例回答以下问题：

(1) 请问该公司的招聘录用工作为什么失败？

(2) 如果你是这家公司的人力资源经理，你将如何改进？

项目八

人力资源录用与招聘评估

【项目说明】

本项目主要对人力资源录用、招聘评估的概念及原则等作了介绍，并强调了录用的流程与方法、招聘评估的内容及方法。知识结构如下：

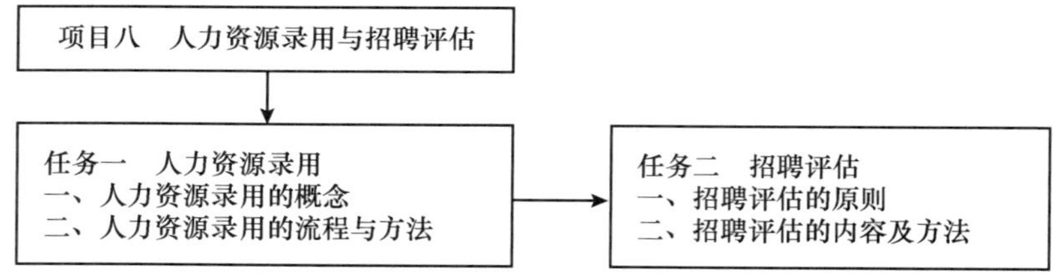

【项目导入】

一、主题案例

红旗轻工设计院选择干部

红旗轻工设计院是我国一所历史较长的大型设计单位，拥有800多名工程技术人员。该院二室共有15位成员。室主任张池是位经验丰富的高级工程师，他手下还有3名高级工程师、11名较年轻的工程师和助理工程师，在他的带领下，室里同志团结协作，各方面的工作一直较好，多次受到院部的表扬和嘉奖。

不久前，张池被市里调到开发区一家正在建设中的大型企业负责引进技术、设备工作，二室主任一职暂告空缺，急待填补，室内的同志们都纷纷猜测，都相信新任室主任准从本室内选拔，有的人提出，是否可以在室内公开选聘？多数人认为，室内有这样的人选，室里大家都相互了解，是否可以通过选举产生呢？究竟哪一位将担此任呢？当然会是三位资深的高级工程师之一了。

室内的同志普遍认为高工王韪的希望最大。王工45岁，是三人中最年轻的，符合“年轻化”的要求，他是美国麻省理工学院的博士毕业生，业务能力很强，而且很富有创新精神，回国五年多来，设计工作一直很出色，他负责的设计项目中有三项已获得部委颁发的优秀奖，有一项已获市里的特等奖，他尊重室里的同志，并能主动与大家协作，多次成功地组织攻关项目。室内同志认为他是最理想的人选。但个别同志也担心，他直言不讳，对上面院里一些领导的工作作风提过不少意见，可能“得罪”过院部的某些领导。不过，室里另一位高工李祖德的竞争力也不容忽视。李工今年49岁，虽业务平平，但和院长私交颇深，他们是同乡，同时调来本院，平时来往密切，这一优势是王工无可比拟的。室内同志认为第三位高工刘仰机会最小。他已54岁了，来本院工作已近三十年，业务能力尚可，但没有什么创造性。此人四平八稳，从不与人争吵，是位有名的“老好人”。不过，他对领导都恭顺谦卑，只要领导叫他干的，他总一声不响地去干。因此，他与院里领导的关系都较好，在领导的眼里，他是“听话”的人。但这些却在室内引起不少人的非议。

好几天不见院里有什么动静。在这期间，李工和刘工表现得特别卖力，对室里的人也特别和气，并经常设法打听别人对室主任人选的猜测和议论。而王工则无任何异常表现，他一如既往地工作着。有人跟王工开玩笑说：“老王，您要升官了，升官后定要请大家吃一顿啊！”王工谦逊地说：“工作都是大家干的，我有何德何能配当室主任？当然，如果大家和领导要我干，我也会尽力的。”

一周后，院里下达了正式的任命。任命刘工为二室的主任，这实在大出室里同志们的意料，在室内引起了很大的震动。刘工当然喜形于色。他认为这不仅是自己运气好，而且是他一贯“听话”“敬上”的努力所致。王、李两位虽也面露微笑，但总觉得不太自然，而其余的人则多表示：“不可理解，不可思议！”

过了没几天，院长把刘工召去，布置给二室一项为内地某省设计一家中型造纸厂的任务，这厂地处穷乡僻壤，设备又全是国产的，显然属于一项没有“油水”的苦差。老刘思索良久，才去找老李，说：“老李，院里下达这个任务很重要，我看你就接了吧，反正你手头的任务马上就完了。”老李说：“对不起，这活我可干不了。我手头的这个项目虽快结尾了，但也有不少问题，一时还很难解决得了。你还是让老王去干吧！”于是，老刘又硬着头皮去找王工：“老王，院里下达了一项支援内地建中型造纸厂的任务，这任务紧迫，独立性又强，我想只有你才能担任了！”老王不加思索地说：

“刘主任，您知道，我手头的一项任务也是十分紧迫的，而且只干到一半啊，我怎么能离开呢？您叫老李去吧。”老刘脸有难色地说：“老李说他尚有许多扫尾的问题要解决。”老王也不客气说：“那么，老刘，那就只好劳您自己大驾了，您身为室主任，理当身为表率，你手头目前又没有任务，只有你自己去担当此重任了。”老刘语塞，不声不响地走掉了。

几天后，老刘召开室里全体同志会议，宣布院长的一项新指示：“我从院长那里知道，给我室一个新的项目，设备要从美国引进，项目开始和进行过程都要到美国去，院长和我商量，决定由李工担任此任，并给李工专门配备一位外语学院毕业的英文翻译。”这时不禁哗然，几个青年业务尖子再也按捺不住，纷纷提出质问：“你们为什么不让王工去？王工业务能力最强，英语没话说，他对美国又熟悉，如让他担此任务，出国不用翻译，又节省了国家外汇。”老王本人也感到不可理解，他转身拂袖而去，门“砰”一声带上。接连二三日，王工和几位较青年的业务尖子均告病没来上班。

待到王工和几个年轻的业务尖子来上班时，刘主任搬来了院长，院长对他们不但不问生病、身体情况，劈头大声批评：“你们也真不像样，都一样生病了，是真生病还是假生病，不管怎样，都一律扣一个月奖金。”不等院长说完，王工第一个站起来说：“院长，不用扣奖金了，工资我都不要了，此处不留我，我自有其他去处，这是我的辞职报告。”紧接着，几个业务尖子也一起纷纷递交了他们的辞职报告。随后，他们便离开，到一家乡镇企业去了，他们在那里心情愉快，均得了重用，他们一个月的收入比原来高三倍多，也做出了几项重要设计，还让这个设计院二室望尘莫及呢！（资料来源：武汉大学 MBA 网，根据贺雁重等同志编写的《红旗轻工设计院》节编而成。）

【思考题】

1. 请分析红旗设计院院长选聘干部的标准。
2. 如果你是该设计院的院长，你将选择谁为院二室的主任？为什么？
3. 该设计院在人力资源管理中主要存在哪些问题？该如何解决？

二、学习目标

1. 理解人力资源录用的概念。
2. 熟悉人力资源录用的基本流程及方法。
3. 掌握招聘评估的内容和方法。

任务一 人力资源录用

知识准备

当应聘者经过各种筛选后，最后一个步骤就是录用与就职。这项工作看上去似乎无关紧要，实际上它是能否唤起新员工工作热情的关键。有不少企业由于不重视录用与就职工作，新员工在录用后对企业和本职工作连起码的认识都没有就直接走上了工作岗位，这不仅会给员工今后的工作造成一定的困难，而且会使员工产生一种人生地不熟的感觉，难以唤起新员工的工作热情，这对企业是不利的。为此，企业应认真做好这项工作。

一、人力资源录用的概念

人员录用是“获取”人力资源的一个重要手段，也是人力资源管理的一项基本工作。录用过程是招聘过程的一个总结，是给招聘工作划上的一个阶段性的句号，是企业人力资源形成和配置过程的一个重要部分，它主要涉及人员选拔后的有关录用的事宜。人员录用阶段具体包括新人上岗引导、新员工培训和访查等工作内容，目的是帮助新员工适应工作岗位，尽快熟悉和驾驭工作内容。为实现用人所长、学用一致、有效利用人力资源的目的，人员录用必须遵守以下原则。

（一）因事择人原则

因事择人，就是以事业的需要、岗位的空缺为出发点，根据岗位对任职者的要求来选择人员。它要求组织招聘员工应是根据工作的需要来进行，应严格按照人力资源规划的供需计划来吸纳每一位员工，真正实现事得其人、人适其事，使人与事科学地结合起来。

（二）任人唯贤原则

任人唯贤，强调用人要出于“公心”，以事业为重，而不是以自己的“小圈子”为重，能否做到任人唯贤，是衡量管理人员是否称职的标准之一。在人员的安排使用过程中，要克服错误心态，避免用人上的失误。要求管理者掌握基本的人才测试、鉴别选拔的方法，对所任用的员工了如指掌，并能及时发现人才，同时使用得当，才能使每个人都能充分施展自己的才能。

(三) 用人不疑原则

这个原则要求管理者对员工要给予充分的信任与尊重。事实上，试用人员与正式员工在使用上并无本质的差异，关键是管理者能不能给他们以充分的信任与权利，让他们在岗位上发挥自己的才能。

(四) 严爱相济原则

员工在试用期间，管理者必须为其制定工作标准与绩效目标，对其进行必要的考核。同时，对试用期的员工在生活上应当给予更多的关怀，还要从法律上保证员工享受应有的权利。这些对员工是否愿意积极努力、长期稳定地为组织工作是非常有利的。

二、人力资源录用的流程与方法

经过面试与笔试并考核合格的应聘者，基本上已符合企业的招聘要求。在录用阶段，人力资源部还要对应聘者进行两次面试，或称最后口头审查，即由录用部门的主管主持，与应聘者进行内容较广泛而详细的面谈，通过观察应聘者各工作现场的言行举止，对其个性与素质情况进行详细分析和评定，并将观察结果记录在评定表内作为最后鉴定。

如果应聘者顺利地通过了最后口头审查，表明企业人力资源部基本同意录用。接着人力资源部就要安排应聘者在指定的医院内接受全面体检，这是防止招收身体健康条件不符合企业从业要求的人员，亦是保证员工身体素质和企业生产经营的重要措施。

劳动合同一般规定，新员工必须经过试用期，如果员工表现显示出其已完成了适应企业工作的试用过程，合同双方互相满意并且能达到统一的意向，这时，应聘者顺利完成了应聘的全过程，被企业录用为正式员工。

人员录用是招工的结果。在招聘考核中选拔出来的合格人员，只有办理一定手续，才能成为企业员工。录用手续是确定员工身份的依据。

作为一个系统而科学的招聘和选拔体系，需要对整个工作过程进行总结评价，以便未来进一步改进工作，提高招聘和选拔的效率和效果。

(一) 选择录用决策者

在许多组织中，录用工作的实施一般由人力资源管理部门具体负责。他们通常为部门经理提供经过筛选的候选人名单，并提供建议，最终由用人部门经理作出最终决策，如果是重要或层级较高的岗位，参与录用决策者也会相应增加。因此如何充分发挥人力资源管理部门和用人部门在录用决策中的作用，就成为许多企业关心的问题。一般录用决策者包括以下几类人员。

1. 人力资源专业人员

人力资源专业人员在录用选拔中是最基本的决策者，他们一般会参与人员选拔的全过程。尤其现在强调人力资源专业人员是业务部门的合作者，人力资源专业人员在录用决策中的分量就会更重。人力资源专业人员会基于本身的工作内容和相关的经验、阅历，可以为用人部门经理提供一些其没有觉察到的对于应聘者的领悟和判断。如人力资源专业人员能提供应聘者的人际技能等状况，人力资源人员通过专业培训和训练，对这些问题更为敏感，此外，人力资源专业人员具有人员选择和素质测评的专业知识和技能，使得他们的建议更有权威性和合理性。

2. 用人部门经理（总监）

用人部门经理是直接领导和管理员工的人，他们是组织业务方面的决策者和专家，他们通常对于录用何种应聘者具有更加权威的权力，而且他们往往能够选择更为合适的候选人。因而录用决策通常也必须吸纳直线经理的参与。但是在实践中必须注意的是只有用人部门经理参与到其熟悉的业务领域才是有效的，如果参与到业务经理不熟悉的领域，那么其录取决策的有效性是值得质疑的。

3. 组织的员工

由于受到当前管理学中流行的自我管理团队的影响，也就是说，为了有助于员工更好地认同组织目标，培养员工的主人翁意识，组织会有意识地赋予员工在录用决策中越来越多的发言权。例如，在公开竞聘中，民主评议在总体评价中占有重要的决定权。让员工与求职者进行面谈，员工可以表达他们愿意选择谁。这些尝试是有效的，但无疑给招聘工作带来了新的挑战。

（二）录用决策的程序

在招聘过程中，素质测评甄选的目的就是有效选择出合适的应聘者。为了保证评价应聘者过程中信息的完整性，合理有效地完成录用决策，还需要科学的程序保证信息的分析使用和科学决策。人员录用决策是指从通过招聘选拔层层筛选出来的候选人中选择符合组织需要的人员，作出最终录用决定。一般而言，这个决策也常是最难作出的，特别是决定一个对组织发展相当关键的岗位的候选人时，组织常常会在几个脱颖而出的候选人中难以取舍。

在制定决策时，通常考虑两种模型：选择“最优秀的人才”的模型和选择“最合适的人才”模型。“最优秀的人才”指的是那些在各评价指标上得分最高的候选人；“最合适的人才”指的是那些在每一个评价指标上的得分有明确的要求，并与这一要求最接近的候选人。显然，越来越多的企业接受“最合适的人才”这一模型，并根据这一模型的思想来作出最终的录用决策。

1. 总结分析有关应聘者的信息

关于应聘者的信息有很多，组织会关注应聘者和岗位有关的信息，如每位应聘者“现在能做什么”“愿意做什么”“将来可能做什么”“志向是什么”等方面的信息。但是组织并不是关注所有收集到的信息，而是会根据组织发展和岗位需要，重点关注“能做”与“愿做”两个方面。其中，“能做”是指应聘者具有的与岗位相关的知识和技能以及获得新的知识和技能的能力（或潜力）；“愿做”则是指应聘者的工作动机、兴趣以及其他个人特性。“能做”的因素可以从素质测试得分和有关核实的背景信息中获得；但是“愿做”的因素的判断则较为困难，更多的只能进行推测，如可以从面试的回答和申请表的相关信息中推测。

2. 分析决策的影响要素

根据能级对应原理，不同的权级职位配置不同能级的人员，相应的录用决策也一定会出现差异。例如，对高级管理人员的决策方法就不同于一般的组织人员。因此组织在作出录用决策时，一般要考虑以下因素：

（1）组织招聘岗位的需要；

（2）企业现有的薪酬水平与应聘者要求的差距；

（3）以目前对工作的适应度为准，还是以将来发展潜力为准；

（4）合格的标准是否存在特殊要求；

（5）如何在合格者当中进行选择。

3. 选择合适的、科学的录用决策方法

要进行人力资源的录用决策，完全凭借决策者的经验只是在一定的范围内有一定的效果，通过选择合适的、科学的录用决策方法可以增加决策的有效性。一般而言，进行决策需要把各种评价方法得到的评价结果进行系统化处理，然后给每位被评价者一个合适的评价分数或排序，从而为后面的录用决策提供重要的参考依据。

在录用决策时，必须采取定性和定量相结合的方法来决策录用哪位候选人。所谓定性的方法是指对候选人针对工作要求而言具备的各方面胜任特征进行描述性的评价，列举出该候选人的优点和不足，然后再对各候选人进行总体比较，作出录用决策。所谓定量的方法是指对候选人各项胜任特征进行评价，并分别赋予分数，通过统计的方法来进行录用决策。

在组织真实的录用决策过程中，单独使用任何一种方法可能都会存在缺陷。例如，定性方法虽然易于实施，然而决策结果更多地依赖于决策者，常见的误区一般有晕轮效应、首因效应、个人偏见，但定性方法作出的对被评价者的总结，对于形成评价报告以及被录用者后续的人力资源开发工作都具有重要的参考价值。定量的方法可以把很多定性的评价原则贯彻其中，得出的结果直接应用于选拔；但定量的方法也容易因过于追求量化而忽视候选人的特点，或者忽视个性化的岗位需求。因此，定性和定量方法需要结合使用。

4. 进行最终的录用决定

录用决策的最终决定权应该由用人部门经理（或专家小组）作出。人力资源部门在决策过程中起到参谋和咨询作用，因此需要让最有潜力的应聘者与用人部门经理进入诊断性面谈后再由部门经理决定是否录用，然后再将结果反馈给人力资源管理部门。最后，由人力资源管理部门通知应聘者有关的录用决定，办理各种录用手续。

5. 确定薪酬

在录用决策后，就可以与录用人员讨论薪酬福利问题并达成共识。这时企业要遵循以下两个原则与录用人员进行面谈。

第一，企业要实事求是地把给予录用人员薪酬的范围告诉录用人员。因为企业要在这个范围内，根据选拔的具体结果给录用人员定一个具体的工资等级。

第二，在讨论薪酬福利时，企业需要询问录用人员过去的薪酬或期望薪酬是多少。

如果录用人员是工作过的人员，企业可以直接询问他在另一家企业的工资和待遇是多少，然后询问他的期望薪酬是多少；如果录用人员是刚刚毕业的大学生，可以询问他的期望薪酬是多少。这样才可以在企业与录用人员之间取得平衡。这个工作是非常重要的，因为这很可能决定了录用人员刚进入企业的工作积极性。

6. 背景调查

所谓背景调查就是对应聘者与工作有关的一些背景信息进行核查，以便确定其是否真正具备资格的过程。背景调查的一般核查内容包括以下一些方面：学位、工作经历、过去不良记录、道德和品质方面。这些信息的取得可以通过多种渠道获得，例如，我们国家的人员档案，与他过去工作过的或毕业的学校相关部门取得联系，这都是取得录用者背景信息的方法。这时要注意从多方面，也可以间接地去了解录用者的相关信息，以便相互印证、相互补充，对录用有一个全面的考虑。

7. 发放通知

在录用决策完全确定后，一定要通过书面或其他方式通知所有的候选人，既要通知录用者（见表8-1），也一定要通知未被录用者（见表8-2）。在通知时，要遵循统一格式，在录用和未被录用通知中要注意书写的内容和措辞。尤其对于未被录用者，一定要注意要以委婉和客观的原因，简要说明对方未被录用。这样对未被录用者来说也是企业对他的一种尊重，未被录用者或许会成为下一次录用的对象。

表 8-1　　某企业聘用意向书

聘用意向书

尊敬的×××女士/先生：

经过我单位考察，现拟聘请您担任×××岗位。

一、工作主要内容

（一）市场营销；

（二）客户关系管理培训；

（三）营销战略计划的制订。

二、工作方式及时间要求

您的工作方式为非坐班制，每年实际工作日不少于 120 天。

三、工作报酬

（一）基本待遇：您的月薪拟为人民币×××元；

（二）其他待遇：如您成为公司正式员工，将按劳动合同履行；

（三）拟聘用期限：2018 年至 2023 年。

四、工作期间，您必须遵守公司的各项规章及《中华人民共和国劳动法》的规定，依据您的工作表现公司保留有缩短或延长任命期限的权利。

×××企业人力资源部

××××年××月××日

表 8-2　　某企业拒绝信

招聘反馈

尊敬的×××女士/先生：

非常感谢您对我单位职位的兴趣，您的应聘材料和表现给我们留下了深刻的印象。但是我们很遗憾地告诉您，我们单位目前还没有适合您的岗位。不过，您的个人信息已经收入了我们单位的人才库中，并且会在其中保留 2 年。在这段时间内如果有合适的岗位，我们一定会及时与您联系。

再次感谢您的参与和支持，祝您在今后的职业道路上好运连连。

此致

敬礼

×××企业人力资源部

××××年××月××日

8. 人力资源入职

在录用决策做完后，下一步就进入了人力资源的入职阶段。这个阶段主要有以下四个方面的常规性工作需要实施。

（1）转档案

企业在决定录用相关工作人员后，首先需要把对方的档案转到企业来。在我们国家，档案转入后才真正代表相关人员可以来单位报到了。

（2）入职体检

多数企业都会要求新员工参加体检，以便确保员工的身体条件符合岗位和单位的相关要求。

（3）填写登记表

新员工到单位后，第一个工作就是要填写登记表，把一些相关的个人信息登记在册。人力资源部门应将人员的信息进行分类管理，并建立员工档案，甚至把一些基本信息录入人力资源管理信息系统，以便应用于今后的人力资源工作。

（4）签订合同

当前我国的劳动法律背景下，企业一定要与录用人员签订劳动合同。

9. 入职培训

对于新录用的人员，一定要进行入职培训。在当前竞争越来越激烈的形势下，入职培训对于企业和员工都非常必要。入职培训可以使员工了解企业的整个情况，以便加强对企业的认同感；可以使员工深入理解企业文化，以便让员工尽快融入企业文化；可以使员工尽快熟悉工作的相关制度，以便尽快适应工作的要求。

（三）录用决策的方法

1. 主观决策法

主观决策法也称为诊断法，是指依赖决策者或者决策团队对于应聘岗位的了解，通过主观判断的方式确定录用人员的一种方式。这种方法操作简单，成本低，对硬件要求低，所以使用起来更加便捷、经济。但由于主观影响因素干预，决策团队最终可能存在比较差异化的决策，难以作出最终决定，作出的决定也往往缺乏说服力。

2. 客观决策法

客观决策法也称为定量决策法、统计法等。相对于主观决策法，客观决策法更为客观和科学。在使用客观决策法进行员工录用决策的时候，要辨别评分指标的重要性，赋予其权重，最后根据统计的评分结果进行加权运算，按照最终得分进行择优录用。使用统计法进行员工录用时，通常以补偿模式、多切点模式和跨栏模式应用最为广泛。补偿模式是指评价指标中得分高的指标可以替代一些得分低的指标，即并联指标的使用；多切点模式要求应聘者达到所有指标的最低限度，然后再从所有达标的候选者中按照统计分数高低进行决策；跨栏模式采用串联指标，应聘者要通过测试才可以顺利进入下一个阶段的筛选环节，每个环节的评分都要在合格以上。跨栏模式对应聘者的综合素质有一定要求，同时，对指标体系的区别与设计要求高。在实际应用中，企业最常用的是变通的跨栏模式，即在每个测评环节并不设定合格线，而是按照进阶比率进行筛选，只有通过第一环节的候选者才能进入下一个环节，直至通过最后一个测评环节，到达最后录用。

（资料来源：孔凡柱，赵莉. 员工招聘与录用［M］. 北京：机械工业出版社，2018.）

表 8-3 显示的是两位销售主管候选人在各项胜任特征上得分的比较。如果按照表中所示结果，从总分来看应该选择王强，因为他的平均分要比何刚高。这样决策的一个原则是，各素质对销售主管岗位是同等重要的。但实际上，每一种胜任特征对岗位的重要性不同，相对来讲，有的要重要一些，有的要次要一些。所以，考虑各胜任特征对岗位重要性的加权计算方法比较合理。

表 8-3　　两位销售主管候选人在各项胜任特征上得分的比较

（最高分 5 分）

胜任特征	王强	何刚
逻辑思维能力	5	4
团队合作意识	3	3
应变能力	4	3
创新能力	4	3
沟通能力	2	4
责任感	4	4
总平均	3. 67	3. 5

表 8-4 是两位销售主管候选人在各胜任特征上的加权平均得分的情况比较。结果显示根据加权平均数的计算结果，应该录用何刚。由于这种方法把各胜任特征对岗位的重要性考虑在内，因此相比第一种方法要合理。当然权重的确定主要依靠专家讨论，虽然也可以通过比较复杂的回归分析来计算得到，但那样做相对比较复杂，一般在实践中也不会这样做。

表 8-4　两位销售主管候选人在各项胜任特征上的加权得分比较
（最高分 5 分）

胜任特征	权重	王强		何刚	
		原始分数	加权分数	原始分数	加权分数
逻辑思维能力	2	5	10	4	8
团队合作意识	4	3	12	3	12
应变能力	2	4	8	3	6
创新能力	2	4	8	3	6
沟通能力	5	2	10	4	20
责任感	4	4	16	4	16
总平均		10. 67		11. 33	

从以上比较可以看出，即使使用定量的方法，由于计算方法的不同而导致最后的结果也可能差异很大或完全相反。所以在使用定量方法时，必须明确录用的目标，并采用合适的系统处理数据的方法，选择合适的定量决策方法。

（四）录用决策时需要注意的问题

1. 遵循录用合适的人的原则

在录用阶段，一般都会认为要选择最优秀的人。对一群候选人评价完后，往往还会再等等，认为也许还会有更优秀的人。其实这样想和做并不是招聘和选拔应该做的。因为，如果招聘了一位毕业于名牌大学的非常优秀的硕士研究生，来承担一个远远低于其能力的岗位，首先在待遇等方面可能满足不了对方的要求；即使对方来了，可想而知他也不会很安心地工作，因为无论是待遇还是工作本身都不能足以给他带来价值感和成就感，很可能几个月后就另谋高就了。

其实，这对企业和个人来讲都是一个损失，对企业来讲，新员工来到岗位上不好好工作，甚至没有完成工作的要求，工作目标没有很好地实现，这对企业来讲是一个损失。从他个人来讲，到一个不愿意做的岗位上，很短时间就离职，对其个人的职业生涯来讲是一个时间和精力上的巨大损失。这段时间无论对企业还是个人来讲都是不成功的。

所以，企业在录用时，一定要招聘合适的人，而不是把标准定得太高，录用一位最优秀的人。当然，如果企业在录用后可以给最优秀的人才提供更为合适、更高的岗位的话，也可以录用最优秀的人才。

2. 留有备选人员

企业在录用决策时，一定要给录用工作做好后期的准备。因为后面还需要与初步录用的人员进行背景调查，还会与他们进行进一步的面谈。如果在背景审查或面谈时发现一些不合格者，或不愿意来单位的初步录用人员，那么企业就不得不舍弃而录用其他人。所以，在备选名单中一定要留有备选人员，而且要对备选人员排一个顺序，如果前面的不行，可以考虑后面第二位的候选人，以免在录用的最后阶段企业招聘不到人。

任务二　招聘评估

知识准备

招聘评估是招聘过程必不可少的一项工作，通过评估，可以对本次招聘工作进行总结和评价，找出各招聘环节的不足之处，为以后开展招聘工作提供改进依据，从而不断提升组织的招聘工作质量。评价和反馈可以通过定性的总结，也可以根据数据的统计。这个阶段既是本次招聘和选拔活动的结束，也是下次招聘与选拔的开始，从而实现循环的过程。

一、招聘评估的原则

一次招聘活动成功与否，至少要符合以下五个方面的原则。

（一）准确性

招聘的准确性应从所选用甄选工具的评估内容、合理程度以及它与工作性质相吻合的程度来判断，这取决于负责招聘的人员是否真正了解空缺岗位的要求。例如，招聘高级会计师，必须测评其会计、统计、金融、资产评估、会计法规等方面的专业知识，否则甄选将没有意义。

（二）可靠性

可靠性是指评价结果在多大程度上反映应聘者的实际情况。这主要取决于甄选方法的效度。例如，通过面试与知识考试相结合的方法测评营销人员的市场营销知识比较可靠，而要了解应聘者的个性特点就应该借助于专门的心理测验等方法。

（三）客观性

客观性是指不受主观因素的影响，对应聘者进行客观的评价。它包括两个方面：一是招聘者不受个人的偏见、价值观、感情等主观因素的影响，客观地对应聘者进行评价；二是应聘者不因社会地位、种族、宗教、性别、籍贯、容貌等因素受到不公正待遇。

（四）全面性

全面性是指测评内容是否具有完整性，能否全面反映胜任该岗位所必需的技能。要想全面地对应聘者进行评价，首先需要明确各岗位各方面的任职资格要求，包括职业道德素养、专业素质、身体素质等。就专业素质来讲，不仅包括专业知识，还包括专业技能及专业领域的工作经验等。

（五）适合性

适合性是指招聘录用人员与岗位需求是否匹配。“合适的就是最好的”，如松下公司的招聘理念之一是“招聘 70 分的人才，再将他们培养成 100 分的人才”。招聘活动是否成功最终要看录用人员与岗位的匹配度，这将决定他们的稳定性、工作能力的发挥程度以及对组织的贡献度。

二、招聘评估的内容及方法

（一）招聘评估的人员数量质量分析

招聘评估的人员数量质量分析主要包括招聘成本评估、录用人员评估和综合评估三个方面。

1. 招聘成本评估

人力资源的招聘和选拔工作是企业的一种经济行为，必然要纳入企业的财务核算中，这就要求企业应用价值原理，即以最低的成本来满足企业的招人需求。作为一种经济行为，招聘成本应被列为评估招聘和选拔的主要内容。这时应考虑四个方面的成本：一是招聘的直接成本，它主要是指在招聘和选拔过程中一系列直接、显性的花费；

二是招聘的重置成本，它主要是指由于招聘不妥导致必须重新招聘所花费的费用；三是机会成本，它是因离职和新聘人员的能力不能完全胜任工作所产生的隐性花费；四是风险成本，它主要是指企业的稀缺人才流失或招聘不慎，导致未完成招聘岗位目标，给企业管理带来的不必要花费和损失。

招聘的效益往往不直接体现出来，它表现在招聘到的员工为企业所做的贡献大小。

一般来说，有五种指标是常用指标：①总成本效用＝录用人数/招聘总成本；②招聘成本效用＝应聘人数/招聘期间的费用；③选拔成本效用＝被选中人数/选拔期间的费用；④人员录用效用＝正式录用的人数/录用期间的费用；⑤招聘收益成本比＝所有新员工为组织创造的总价值/招聘总成本。

2. 录用人员评估

录用人员的评估可以从录用人员数量和录用人员质量两个方面进行。

（1）录用人员的数量评估

录用人员在数量上评估的指标主要包括录用比、招聘完成比、应聘比三个指标。

第一，录用比。录用比就是被录用人数占整个应聘人数的百分比。录用比越小，说明被录用者的素质相对越高；反之，录用者的素质可能比较低。公式如下：

录用比＝录用人数/应聘人数

第二，招聘完成比。招聘完成比就是实际录用的人数与计划招聘人数的比例。招聘完成比等于或大于100，说明在数量上完成或超额完成招聘和选拔的计划，否则就是没有完成计划。公式如下：

招聘完成比＝录用人数/计划招聘人数

第三，应聘比。应聘比是应聘人数与计划招聘人数的比例。应聘比越大，说明企业发布的招聘信息效果越好，也说明被录用的人员素质可能较高。公式如下：

应聘比＝应聘人数/计划招聘人数

总之，以上三个指标反映了招聘和选拔方面的工作效果，也能反映本次招聘和选拔宣传的效果，以及能够深层次地反映出组织对外部人力资源的吸引力。

（2）录用人员的质量评估

在录用人员的质量评估方面，主要考虑被录用人员在以下三个方面的表现。

第一，受教育程度，这是被录用人员知识水平方面的一种体现。

第二，参加工作年数，这是被录用人员工作经验和工作能力的一个体现。

第三，承担的岗位，这反映被录用人员对单位的重要性程度。

3. 综合评估

所谓招聘选拔的综合评估，是指对招聘和选拔整个过程的小结。这种评估思路把整个过程进行分解，对招聘广告、招聘来源、选拔方法、招聘体系等都进行评价总结。

这种评估主要由一些不同层次的客观指标组成。招聘和选拔综合评估指标示例如下。

（1）一般评价指标

1）补充空缺的数量或百分比；

2）平均每位新员工的招聘成本；

3）业绩优良的新员工的数量或百分比；

4）留职至少一年以上的新员工的数量或百分比；

5）对新工作满意的新员工的数量或百分比。

（2）基于招聘者的评价指标

1）参加面试的数量；

2）被面试者对面试质量的评价；

3）推荐的候选人被录用的比例；

4）推荐的候选人中被录用且业绩突出的员工的比例；

5）平均每次面试的成本。

（3）基于招聘方法的评价指标

1）引发的申请的数量；

2）引发的合格申请的数量；

3）平均每个申请的成本；

4）从方法实施到接到申请的时间；

5）平均每个录用的员工的招聘成本；

6）招聘的员工的质量。

（二）过程控制评价

对招聘过程的控制评价，主要包括以下几个方面的内容。

1. 事先是否做好前期准备

合格的招聘人员会花相当多的时间了解空缺岗位的情况，用人部门也应该明确提出本部门岗位所需要的关键技能和条件。

2. 招聘工作是否快速高效

真正高效的招聘部门应该了解其他公司中干得出色的人，并及时拥有各种候选人的资料。这就需要公司内部其他职能部门在平时就为招聘人员提供消息和便利，负责招聘的人员就可以为潜在的候选人建立档案，甚至可以给他们打电话以了解其兴趣所在。如果公司每个部门的人员都能这样做，公司就可以拥有一个宝贵的人才库。

3. 安排面试是否及时

如果面试安排不够及时，就会错过真正优秀的人才。当今人才竞争异常激烈，许多候选人常在一周之内决定是否接受新职位。

企业推迟面试，实际上是在传递两个信息：一是使面试人觉得自己并不是很重要；二是使本公司的招聘人员觉得自己的工作没有受到重视。

4. 相关部门配合是否密切

在人事流程、制度的设计和执行方面，人力资源管理人员承担的责任比较大，但高层管理人员也要积极参与，才能确保人力资源管理符合企业的需要，以及和企业整体战略的一致性。在对员工的领导和管理方面，直线经理的责任更大，人力资源管理人员起辅导性作用。

现代企业普遍意识到人力资源管理的重要性和急迫性，意识到“人才”是企业最重要的资本，直线经理必须参与和配合人力资源招聘的选才和育才工作。

（三）招聘方法的评估

1. 信度评估

信度主要是指测试结果的可靠性或一致性，是指通过某项测试所得的结果的稳定性和一致性，可分为稳定系数、等值系数、内在一致性系数。

稳定系数又称重测信度，是指用同一种测试方法对一组应聘者在两个不同时间进行测试结果的一致性，可用两次结果之间的相关系数来测定。

等值系数是指对同一应聘者使用两种对等的、内容相当的测试时，其结果之间的一致性，可用两次结果之间的相关程度来表示。如对同一应聘者使用两张内容相当的个性测试量表时，两次测试结果应当大致相同。

内在一致性系数是指把同一应聘者进行的同一测试分为若干部分加以考察时，各部分所得结果之间的一致性，主要反映同一测试内部不同题目的测试结果是否具有一致性。

2. 效度评估

效度即有效性或精确性，是指实际测到的应聘者的有关特征与想要测的特征的符合程度。效度主要有三类：内容效度、预测效度、同侧效度。

内容效度即测试方法能真正测出想测的内容的程度。例如，某测试方法可以测试应聘者的人际交往能力，那么高分就意味着此人有很强的人际交往能力。

预测效度是说明测试用来预测将来行为的有效性。可以把应聘者在甄选中得到的分数与他们被录用后的绩效分数相比较，两者的相关性越大，则说明所选的测试方法越有效。

同侧效度是指对现在在岗员工实施某种测试，然后将测试结果与员工的实际工作绩效考核得分进行比较。用两者的相关系数说明此测试方法的有效性。

业务演练

任务 8-1　分析案例：A 公司录用决策是否出了问题

【实训目的】

理解人力资源录用的程序及方法。

【实训步骤】

1. 全班 5~6 人一组，分为若干小组；

2. 提供案例：A 公司录用决策是否出了问题。

A 公司是一家跨国公司在中国的子公司，主要业务是生产和销售医疗药品。随着生产业务的扩大，为了对生产部门的人力资源进行更为有效的管理和开发，他们希望在生产部建立一个处理人事事务的职位，主要工作是生产部与人力资源部的协调。人力资源部经理汪大力对应聘者作了初步的筛选，留下了 6 人交由生产部经理马刚再次进行筛选，马刚对其进行选择，留下了 2 人，由生产部经理与人力资源部的经理两人协商决定人选。这两个人的简历及具体情况如下。

刘全：男，34 岁，企业管理硕士学位，有 6 年的人事管理及生产经验，在此之前的两份工作均有良好的表现。面谈结果是可录用。

钱军：男，34 岁，企业管理学士学位，有 5 年的人事管理和生产经验，以前曾在两个单位工作过，第一位主管评价很好，没有第二位主管的评价资料。面谈结果是可录用。

看过上述的资料和进行面谈后，生产部经理马刚来到人力资源部经理办公室，与汪大力商谈何人可录用。汪大力说："两位候选人，看来似乎都不错，你认为哪一位更适合呢？"

马刚说："两位候选人的资格审查都合格了，唯一存在的问题是，钱军的第二位主管给的资料太少，虽然如此，我也看不出他有什么不好的背景，你的意见呢？"

汪大力说："很好，马经理，显然你我对钱军的面谈表现都有很好的印象，人嘛，有点圆滑，但我想我会容易与他共事的，相信在以后的工作中不会出现大的问题。"

马刚说："既然他将与你共事，当然由你作出决定更好，明天就可以通知他来工作。"

于是钱军被公司录用了，进入公司6个月以后，他的工作不如期望做得好，对于指定的工作，他经常不能按时完成，有时甚至表现出不胜任其工作的行为，所以引起了管理层的抱怨，显然，钱军对此职位不适合。

3. 根据本案例，请回答下列问题：

（1）在甄选录用过程中直线经理与人力资源经理的职责是什么？结合案例说明为什么会错选钱军？

（2）如果你是人力资源部经理，你该如何正确处理这件事情？

4. 以小组为单位，以书面形式提交讨论成果。

【实训要求】

能够抓住问题的关键点进行分析，联系学习的理论，紧密联系案例事实加以论证；小组代表发言应对小组的讨论活动情况作真实概括，要求总结性强。

案例分析实训参考

企业组织的生存与发展取决于它们在竞争环境中所处的优势地位，而在所有的竞争优势要素中人力资源的质量是最为重要的，因此人力资源被称为组织发展的"第一要素"。企业组织中人力资源管理的各个环节和组成部分都必须以人力资源的质量要素为前提。如果将人力资源管理看成是一个动态的系统的话，那么，人员的招聘与录用工作就可称为人力资源管理系统的输入环节。

人力资源招聘与录用工作的质量将直接影响企业、组织人力资源的输入和引进质量。如果人员招聘与录用的质量高，将会促进组织健康、快速、高效发展，更好地实现组织的战略与发展目标；相反，如果人力资源招聘与录用的质量较低，或录用的人员不符合组织的要求，则会阻碍组织的发展。在组织需要用人的时候，找不到合适的人选，这对组织的正常发展极为不利。所以，人力资源招聘与录用，将随着企业组织的发展，在人力资源管理中占有越来越重要的地位。

在人力资源招聘与录用过程中，招聘人员将会遇到各种各样的问题，需要招聘人员具备公正态度及相应知识和技能，才能在招聘过程中避免各种误区，保证所招人员符合组织的要求，否则，不仅不利于组织的发展，同时也不利于个人的职业生涯发展。在此案例中，由于招聘人员的个人原因导致的错误应该避免。

为什么会错选钱军？该公司会错选钱军的原因：第一，背景调查不够充分，钱军的背景资料缺失，没有第二位主管对钱军的评价；第二，人力资源部经理汪大力个人的主观性因素太强，以致忽略钱军学历上的劣势。

如果你是人力资源部经理，你该如何处理这件事情？其一是帮助钱军进行工作分析，工作分析的实质之一就是实现人岗匹配，人得其岗，岗得其人；其二是实现组织目标的分解，让组织中的每个人对自己的作用、责任和权限都一清二楚，组织目标有每个岗位上的人来分担；其三是根据工作分析中发现的问题制定针对性的短期培训，一段时间后，如果还是不行，只能辞退钱军了。

练习题

1．单选题

（1）对招聘效果数量方面的评估采用（　　）指标，计算公式为（　　）。

A. 应聘比率；（应聘人数/计划招聘人数）×100%

B. 录用比率；（录用人数/应聘人数）×100%

C. 招聘成本；招聘实际费用/招聘预算费用

D. 招聘单价；招聘费用/应聘者人数

（2）下列选项中，不属于招聘评估内容的是（　　）。

A. 成本效用评价　　B. 过程控制评价　　C. 人员质量评价　　D. 面试过程评价

（3）面试人员采用的测试方法能否有效测出应聘者的能力，这指的是（　　）。

A. 招聘维度　　B. 招聘信度　　C. 招聘效度　　D. 招聘深度

（4）招聘成本评估中招聘单价评估的计算公式为（　　）。

A. 招聘单价=广告经费（元）/实际录用人数

B. 招聘单价=招聘总成本（元）/实际录用人事

C. 招聘单价=招聘总预算（元）/计划录用人数

D. 招聘单价=广告经费（元）/计划录用人数

（5）企业完成人员招聘工作后应对（　　）和录用人员进行评估。

A. 招聘效果　　B. 招聘成果　　C. 招聘部门　　D. 招聘成本

（6）关于人力资源选拔，正确的陈述是（　　）。

A. 这一阶段中对应聘者绩效的准确预期是最为关键的事情

B. 这一阶段主要依据管理者的判断，技术性含量不高

C. 组织所需要的人员一定是最优秀的人

D. 最终的录用决策应当由人力资源部门作出

2. 多选题

(1) 在招聘录用阶段，员工的岗位安排应综合考虑（　　）。

A. 招聘的要求　　B. 应聘者的应聘要求

C. 领导的要求　　D. 上级主管单位要求

E. 个人的要求

(2) 人员招聘与选拔的基础是（　　）。

A. 岗位评价　　B. 人力资源预测　　C. 工作分析　　D. 人力资源规划

E. 人力资源录用

(3) 招聘评估的信度主要包括（　　）。

A. 稳定信度　　B. 等值信度

C. 内在一致性信度　　D. 评分者信度

E. 同侧信度

(4) 招聘的成本效用评估是对招聘成本所产生的效果进行的分析，它主要包括（　　）。

A. 招聘总成本效用分析　　B. 招聘成本效用分析

C. 人员选拔成本效用分析　　D. 人员录用成本效用分析

E. 招聘总结成本效用分析

3. 简答题

(1) 人力资源录用决策包括的主要工作内容有哪些?

(2) 人力资源录用决策的方法有哪些?

(3) 人力资源的入职工作的主要内容有哪些?

(4) 人力资源招聘与选拔评价的主要内容是什么?

(5) 联系实际论述人员录用应注意哪些问题。

(6) 举例说明如何评估录用人员质量。

4. 案例分析题

谁当经理更合适

某电子电器工业公司是一家由十几家小厂组成的专业公司。公司行政领导班子由一位总经理和三位副经理组成。总经理由于年事已高即将退休，需要物色一个合适的新总经理。该公司的上级主管部门经过一段时间的研究考察，认为现任三位副经理不宜提升，新的总经理须从下面人员中挑选。各方面的意见汇总后决定在李厂长和王厂长两人中选一个。下面是有关他们两人的资料。

李厂长，男，39岁，文化程度大学本科（电子专业），中共党员，原是该厂技术员。他工作十分积极努力，认真学习科学文化知识，并善于把学到的知识用来指导工作，为产品开发、升级换代、提高质量、建立科学的检测手段等都做出了重要贡献。他从技术科长提升为厂长后，对厂里进行了一系列的改革，加强了科学管理，使工厂的面貌明显改观，大大提高了经济效益，工厂年利润和人均创利都在本系统居首位，职工收入也大幅度增加。全厂上下精神振奋，一派欣欣向荣的景象。

李厂长性格开朗，精力充沛，善言谈，好交际，活动能力很强。他积极开展横向联系，在全国十多个省市开设了200多个经销点，效益都很显著。他认为，要发展就要靠技术，因此千方百计不惜重金引进人才，至今该厂已有十多名外来的高级工程师。他还很重视产品的广告，工厂每年要花几十万元的广告费。他参加了市企业管理协会，在协会中活动频繁，对厂里的工作也有所促进。

李厂长事业心强，一心扑在工作上，早出晚归，一年到头风尘仆仆，不辞辛苦。该厂曾被评为市企业管理先进单位，李厂长获市优秀厂长称号，该厂的产品也被评为市优质产品。但李厂长有一个明显的缺点，就是骄傲自满、自以为是，常常盛气凌人，有时性情急躁，还会暴跳如雷，不把公司的领导放在眼里，经常顶撞他们，公司的“指令”常常被他顶回去，公司领导对他这一点颇为不满。各科室也不大愿意和他打交道，他同公司下属的其他几个兄弟单位关系也不融洽，这些厂的厂长对他敬而远之。对上级表彰他也颇有微词。他也不善于做思想工作，认为这是党支部的事，所以平时遇到思想问题，他都要党支部去做工作。他和几个副厂长关系处得不大好，领导几次出面协调也无济于事。

王厂长，男，37岁，文化程度大专（企业管理专业），中共党员，有技术员职称。组建该厂时他就担任厂长，至今已近10年。他经历了该厂由弱到强、几起几落的整个过程。他对电子行业的特点非常熟悉，自己又有设计能力。他最大的特点是精通企业管理，他率先把计算机运用到企业管理中去。他对整个厂的机构设置、行政人员的配备，以及各副厂长、科长、车间主任和各级管理人员的职责都有明确的规定，每年考核两次、奖惩分明。因此，平时大家各司其职，他却显得很悠闲自在，常常到这个科室转转，到那个车间看看，以便了解情况，发现问题。公司及有关部门召开的会议，他从来不缺席。

王厂长性格内向，沉稳，不喜欢大大咧咧地议论，对什么事情总要深思熟虑，三思而行，人们说他“内秀”。他对自己厂今后五年的发展，有一个远景规划，听起来切实可行，也颇鼓舞人心。对一些出风头的社会活动，他不太喜欢参加，但对各种开阔思路的业务技术讲座却很感兴趣。他善于做职工的思想工作，他认为企业职工的思想问题都是在生产过程中产生的。作为一厂之长，要抓好生产也要做好员工的思想工作。因此，对一些老大难问题，他从不推诿，都是亲自处理。他还要求各级行政干部了解职工的思想，并把它们作为考核的内容。他和党支部、工会的关系都很好，积极支持他们的工作。他待人谦和、彬彬有礼，和公司上下左右关系都不错，公司有什么事，只要打一声招呼，他就帮助解决了。因此，他的人缘挺好，厂里进行民意测验，大家几乎异口同声地称赞他。

和李厂长不同，他不喜欢花高价引进工程技术人员，他认为关键时刻还是要靠自己，宁愿多花些钱来培养自己厂里的技术人员。这几年来，厂里也确实培养了一批技术骨干，有些人还很拔尖。他也不喜欢高价做广告，他说我们的产品质量自己有数。他把做广告的钱用来购买先进的技术设备，提高质量服务，说等质量经得起“吹”的时候再做广告。但实际上他们厂的产品质量还是不错的，开箱抽查，合格率达98%。

该厂是市企业管理先进单位、区文明单位，工会是区先进职工之家，党支部是区先进党支部，他本人则荣获市优秀厂长和局优秀党员称号。但也有不少人认为，王厂长缺乏开拓精神，求稳怕变，按部就班，工作没有多大起色。按照厂里的基础和实力，应该发展得更快些。和李厂长比，王厂长显得保守、过于谨慎、处事比较圆通、怕得罪人。王厂长听了这些议论，不以为然，依旧我行我素。

李厂长和王厂长谁当总经理更合适，上级领导部门至今议而未定。

问题：

（1）依据有关个性理论，对两位厂长的能力、气质、性格进行分析和比较。

（2）通过对他们个性的分析比较，你认为谁当总经理更为合适，怎样才能做到扬长避短、人尽其才？

参考文献

［1］王丽娟. 招聘与录用：第2版［M］. 北京：中国人民大学出版社，2018.

［2］郑晓明. 人力资源管理导论［M］. 北京：机械工业出版社，2005.

［3］王贵军. 招聘与录用：第四版［M］. 大连：东北财经大学出版社，2018.

［4］陈丽琳. 员工招聘与配置［M］. 长春：东北师范大学出版社，2011.

［5］曹晖，陈新玲. 人员招聘与配置［M］. 北京：中国劳动社会保障出版社，2008.

［6］孔凡柱，赵莉. 员工招聘与录用［M］. 北京：机械工业出版社，2018.

［7］高秀娟，王朝霞. 人员招聘与配置［M］. 北京：中国人民大学出版社，2020.

［8］陶琳，王伟杰. 玩转招聘［M］. 北京：中国劳动社会保障出版社，2017.

［9］王丽娟. 员工招聘与配置：第二版［M］. 上海：复旦大学出版社，2013.

［10］中国就业培训技术指导中心. 企业人力资源管理师（三级）［M］. 北京：中国劳动社会保障出版社，2014.

［11］中国就业培训技术指导中心. 企业人力资源管理师（四级）［M］. 北京：中国劳动社会保障出版社，2014.

［12］边文霞. 员工招聘实务［M］. 北京：机械工业出版社，2010.

［13］赵永乐，姜农娟，凌巧. 员工招聘与甄选［M］. 北京：电子工业出版社，2018.

［14］韩燕，李淑贞，等. 招聘甄选与录用［M］. 北京：人民邮电出版社，2014.

［15］王慧敏. 员工招聘［M］. 北京：清华大学出版社，2015.

［16］姚裕群，刘家珉，原喜泽. 招聘与配置［M］. 大连：东北财经大学出版社，2012.

［17］李庆海，吴雪贤. 中小企业人力资源管理实训演练教程［M］. 北京：北京交通大学出版社，2010.

［18］廖泉文. 招聘与录用［M］. 北京：中国人民大学出版社，2010.

［19］格伦·福克斯，迪安·泰勒. 招聘与甄选完全工具书［M］. 李海龙，金凤斐，译. 上海：上海远东出版社，2011.